清华大学文科出版基金
QINGHUADAXUEWENKECHUBANJIJIN

文明互鉴与民主想象的更新
中西协商思想探源

谈火生 著

Democracy in the Perspective of Civilizations
An Exploration of Chinese and Western Thoughts of Deliberation

清华大学出版社
北京

图书在版编目（CIP）数据

文明互鉴与民主想象的更新：中西协商思想探源 / 谈火生著 . —北京：清华大学出版社，2022.11 （2024.9重印）

ISBN 978-7-302-62174-4

Ⅰ . ①文⋯　Ⅱ . ①谈⋯　Ⅲ . ①民主协商—研究　Ⅳ . ① D034.4

中国版本图书馆 CIP 数据核字 (2022) 第 214235 号

责任编辑：周　菁
封面设计：常雪影
版式设计：方加青
责任校对：王凤芝
责任印制：丛怀宇

出版发行：清华大学出版社
　　网　　　址：https://www.tup.com.cn, https://www.wqxuetang.com
　　地　　　址：北京清华大学学研大厦 A 座　　　　　邮　编：100084
　　社 总 机：010-83470000　　　　　　　　　　邮　购：010-62786544
　　投稿与读者服务：010-62776969，c-service@tup.tsinghua.edu.cn
　　质 量 反 馈：010-62772015，zhiliang@tup.tsinghua.edu.cn
印 装 者：涿州市般润文化传播有限公司
经　　销：全国新华书店
开　　本：170mm×240mm　　　印　张：17.25　　　字　数：278 千字
版　　次：2022 年 12 月第 1 版　　印　次：2024 年 9 月第 3 次印刷
定　　价：98.00 元

产品编号：096796-01

序：文明互鉴打开民主的想象空间

历史视野在民主研究中并不新鲜。早在 1960 年代，巴林顿·摩尔就通过对英、美、德、日、中、俄、印等国的比较研究，考察了从专制向民主过渡的特定社会政治条件。[①] 在其后的近半个世纪中，学界涌现了大量关于民主历史的研究著作，这些著作所描绘的经典历史图景是：民主起源于雅典，在中世纪走向沉寂；中世纪晚期随着城市共和国的兴起而复活，并在现代的三场革命中脱胎换骨，由古典的直接民主走向现代的代议制民主；伴随着西方殖民活动，民主与炮舰一起被传播到了全世界。[②]

近年来，这一经典历史图景逐渐被打破。这要得益于民主研究的一个新动向——对民主的历史本身进行"民主化"。它既不是着眼于对作为民主模板的雅典历史的深入发掘，也不是着眼于对欧洲民主化或第三波民主化历史进程的系统梳理，而是试图超越西方中心论的民主叙事，以更开阔的视野来反思民主发展的历程。它将目光扩展到全球，广泛探索各大文明不同历史时期的非西方民主实践，从比较政治理论的视角，重新反思民主的基本性质及其未来前景。

这一研究视角的出现，原因有三。首先，西方自由民主本身表现不佳。近年来，各种关于民主危机的论调不绝于耳。西方国家的周期性民调显示，公民们对政党政治、腐败现象和经济的极度不平等深感不满。[③] 以近期美国弗吉尼亚大学无党派政治中心发布的民调为例，被调查者中 80% 以上的人都认为"对方政党的官员对美国民主构成'清晰而现实的威胁'"；45% 的人认为"不管

---

① 巴林顿·摩尔：《民主与专制的社会起源》，王茁、顾洁译，上海，上海译文出版社，2013。
② 约翰·邓恩主编：《民主的历程》，林猛等译，长春，吉林人民出版社，1999；约翰·邓恩：《让人民自由：民主的历史》，尹钛译，北京，新星出版社，2010；芬利：《古代民主与现代民主》，郭小凌等译，北京，商务印书馆，2016；李剑鸣主编：《世界历史上的民主和民主化》，上海，上海三联书店出版社，2011。
③ 达维德·范雷布鲁克：《反对选举》，甘欢译，2～4 页，北京，社会科学文献出版社，2018。

谁成为美国总统，撇开国会和法院采取必要行动，结果会更好"①。人民对其政治体制的不信任当然不限于美国，几乎所有被称为民主的政治秩序都被制度失调、日益增长的社会不平等和公众理想幻灭等问题所困扰。② 皮尤研究中心2019 年发布的一项针对 27 个国家的调查显示，51% 的受访者对民主的运行方式表示不满意。③ 这也是近年来西方各国民粹主义抬头的重要原因，而民粹主义的兴起被视为对民主的一记重击。尤为严重的是，在多种力量的综合作用下，民主的精神与实质被逼到了悬崖的边缘。

其次，战后欧美各国民主推广工作的糟糕记录。几十年的民主推广（Democracy Promotion）工作，不仅没有给发展中国家带来经济的发展和社会的稳定，反而给很多国家带来了巨大的灾难。尤其是 2011 年所谓的"阿拉伯之春"以来，社会政治的动荡和严重的人道主义灾难让西方的民主推广工作名誉扫地。2021 年，美国从阿富汗撤军更是演变成了一场大溃败，连美国驻阿富汗美军前指挥官军事顾问杰克·米奇利都不得不承认："我们在过去 20 年中对阿富汗政府做的，相当于摧毁了它，并且没有建立起一个运行良好的政府机构。"纽约大学法学院教授斯蒂芬·霍姆斯（Stephen Holmes）和保加利亚"自由主义问题研究中心"主任伊凡·克拉斯捷夫（Ivan Krastev）提出了一个很有意思的问题：为什么在世界美国化的过程中，美国自己成了最大的输家？他们给出的答案是，美国的民主输出和被输出国对美国民主的照搬照抄败坏了民主的声誉。经过 30 年的实践，照搬美国的东欧国家对美国充满了怨恨，从一开始对自由民主充满幻想到今天跌入失望的深渊。④

最后，非西方大国的崛起迫使西方学术界不得不正视非西方民主体制的正面价值。当中国等非西方国家强劲崛起之时，西方国家的光环也慢慢褪色。曾几何时，在一些非西方国家人民的心中，美国就像一座山巅之城，闪耀着耀眼的光芒，自由民主制度被认为是人类历史上最有利于和平与繁荣的政体形式，

① 王若弦：《最新民调：美国人支持国家分裂》，载《新民晚报》，2021-10-03。

② John Keane. The New Despotism. Harvard University Press，2020. 5.

③ Richard Wike，Laura Silver，Alexandra Castillo. Many across the Globe Are Dissatisfied with How Democracy Is Working. Pew Research Center，April 29，2019. https://www.pewresearch.org/global/2019/04/29/many-across-the-globe-are-dissatisfied-with-how-democracy-is-working.

④ Ivan Krastev，Stephen Holmes. The Light That Failed：Why the West Is Losing the Fight for Democracy. Pegasus Books，2020.

以至于福山禁不住发出了"历史终结"的感叹。1990 年代，那些从威权政体转型而来的国家都将自由民主视为其终点。但这种情况已然不再。大多数国家在转型过程中都驶向了灰色地带。这些混合政体不是对西方模式的暂时偏离，而是构成了与众不同的政体类型。① 从一开始就坚定地走自己的路的中国变得越来越自信，并对其他发展中国家越来越有吸引力。② 越来越多的国家意识到，本国的民主改革之路没有必要对西方亦步亦趋，完全可以像中国一样，根据各自的条件走出一条属于自己的道路。这些新的情况迫使西方学界正视非西方国家的政治经验，并反思自身民主制度的不足。

在新的全球视角下，学界对民主的历史进行了重新发掘，其中，有几个发现是发人深思的。

第一，民主不是欧洲文明独有的政治现象，甚至也不是最早产生于欧洲。1993 年，《世界历史》杂志发表了一篇题为《民主在世界历史中的位置》的文章，文章指出，民主有着远为丰富和复杂的历史。文章考察了迥异的环境中民主治理的例子，如中国传统的乡村、非洲的部落大会、印度的共和国、美洲的原始土著等，认为在部落等联系紧密的团体中，某种形式的民主的产生是一件很自然的事情，通过多数决或全体同意的方式来选择领导人、进行决策，类似的机制广泛存在于世界历史之中。因此，世界上绝大多数的人民均可借助其传统资源来构建现代民主。③ 2006 年，杰克·古迪（Jack Goody）在《偷窃历史》一书中，特别关注民主是如何被欧洲化的。他认为，自 19 世纪开始，由于殖民活动和工业革命，世界历史的建构便由欧洲所支配。正是在这一过程中，欧洲中心论的民主史观被构建起来，民主被认为是希腊人的发明，是犹太—基督教文明的独特特征。但这显然有违历史的真相。④ 2009 年，马克思主义学者约翰·基恩（John Keane）以一人之力完成了一部厚达 958 页的巨著《生死民主》，系统梳理了从公元前 2500 年前两河流域的民主实践到战后现代民主形态的演变，

① Richard Youngs. Exploring "Non-Western Democracy". Journal of Democracy, Vol. 26, No. 4, 2015. 140 ～ 154.

② Ivan Krastev, Stephen Holmes. The Light That Failed: Why the West Is Losing the Fight for Democracy. Pegasus Books, 2020.

③ Muhlberger S, Paine P. Democracy's Place in World History. Journal of World History, 1993, 4 （1）: 23 ～ 47.

④ Jack Goody. The Theft of History. Cambridge: Cambridge University Press, 2006.

在很大程度上突破了西方中心论的民主叙事和东方主义的偏见。①

2011年，澳大利亚两位学者本杰明·艾萨坎和斯蒂芬·斯托克韦尔主编的《民主：被遮蔽的历史》，进一步拓展了这一主题。②该书的各位作者认为，人类历史上很多重要的民主时刻因西方中心论的偏见而被遮蔽，被摒弃于民主的历史画卷之外。该书考察了古典文明中的民主实践。值得注意的是，此处的古典文明没有被局限于西方文明，而是包括古代两河流域、印度和中国在内。通过比较古代中东地区和古雅典的民主，作者指出，雅典民主既不是最早的，也不是最好的。作为民主之象征的公民大会在古代中东的历史很长，比克里斯提尼的改革要早2000年；并且，其包容性程度比雅典高，女性和外邦人都可以参加公民大会，而他们在雅典是被排斥在外的。我们今天将雅典奉为民主的源头，在很大程度上是由于欧洲中心主义的偏见所致，欧洲中心论阉割了民主丰富的历史画卷。

基恩等人开创的"民主的全球史视角"（global history perspectives on democracy）具有强烈的示范效应，在他们的带动之下，越来越多的学者投身到比较民主理论（comparative democratic theory，CDT）的研究之中。③2015年，《民主理论》杂志推出了一个专刊，主题就是"非西方民主理论"。该专刊致力于"拆毁禁锢民主概念和文化的高墙"，考察了南非、印度、越南和太平洋岛屿的民主实践及其民主观念，试图从丰富多彩的民主故事中寻找民主理论创新的灵感。④

第二，选举不是民主的标配。长期以来，一提到"民主"，人们想到的就是"选举"，仿佛选举是民主唯一的内容。但是，如果回顾一下历史，我们会惊讶地

---

① 约翰·基恩：《生死民主》，安雯译，北京，中央编译出版社，2016。

② Benjamin Isakhan，Stephen Stockwell. The Secret History of Democracy. Hampshire：Palgrave Macmillan，2011.

③ Alexander Weiss. Comparative Democratic Theory. Democratic Theory，Vol. 7，Issue 1，2020. 27 ～ 47；Fred Dallmayr. Democracy to Come：Politics as Relational Praxis. Oxford：Oxford University Press，2017；Emma Hunter. Political Thought and the Public Sphere in Tanzania：Freedom，Democracy and Citizenship in the Era of Decolonization. Cambridge：Cambridge University Press，2015；Sungmoon Kim. Democracy After Virtue：Toward Pragmatic Confucian Democracy. Oxford：Oxford University Press，2018；Matthew J，Walton. Buddhism，Politics and Political Thought in Myanmar. Cambridge：Cambridge University Press，2017.

④ Mark Chou，Emily Beausoleil. Non-Western Theories of Democracy. Democratic Theory，2015，2（2）：1 ～ 7.

发现，在通常被视为民主源头的雅典，选举不仅不是民主的标配；相反，它被视为寡头政治的标志。亚里士多德在《政治学》中明确地指出，抽签才是民主的，选举是寡头制的。① 那么，选举作为民主的标配，这种观念是什么时候产生的呢？其实它的产生很晚，是在"二战"以后。1942 年，著名的经济学家熊彼特在其名著《资本主义、社会主义与民主》一书中提出：民主就是一种选择政治精英的制度安排；区分民主与非民主的标准就是，是否存在竞争性选举。② 后来，他的这个定义就成为西方民主研究的标准定义。但是，熊彼特的最小化民主定义不仅极大地限制了民主理论发展的空间，而且带来了严重的实践后果。在这一定义的限制之下，民主被紧紧地捆绑在选举机制之上，其他的民主机制遭到了忽视。在实践中，人们天真地以为，只要迈入竞争性选举这一门槛，便进入了民主阵营。欧美等西方国家在全世界推销民主时就是按照"竞争性选举"的标配来设计民主制度的，结果不仅造就了大量的空壳民主，还出现了选举民主的持续增加和自由民主的停滞这两种趋势齐头并进的局面。③ 并且，选举民主在很多地方激化了固有的社会矛盾，甚至引发了严重冲突，包括族群冲突和宗教冲突，甚至种族灭绝。④

对此，西方学界进行了很多反思。反思的一个重要成果是，从理论上让民主与选举脱钩。1986 年，特莉·卡尔提出了"选举主义"（electoralism）的概念，质疑民主的选举标准。10 年后，她与菲利普·施米特发表了题为《民主是什么，不是什么》的论文，指出不能简单地把民主"等同于定期举行选举"，她将这种观点视为"选举主义谬误"（the fallacy of electoralism）。⑤

① 亚里士多德：《政治学》，1294b13，吴寿彭译，201 页，北京，商务印书馆，1965。
② 熊彼特：《资本主义、社会主义与民主》，吴良健译，北京，商务印书馆，1999。
③ 戴蒙德：《第三波过去了吗？》，载刘军宁编：《民主与民主化》，390 ～ 417 页，北京，商务印书馆，1999。
④ 迈克尔·曼：《民主的黑暗面》，严春松译，北京，中央编译出版社，2015；乔姆斯基、弗尔切克：《以自由之名：民主帝国的战争、谎言与杀戮》，宣栋彪译，北京，中信出版集团，2016；蔡爱眉：《起火的世界》，刘怀昭译，北京，中国大百科全书出版社，2005；杰克·斯奈德：《从投票到暴力：民主化与民族主义冲突》，吴强译，北京，中央编译出版社，2017；保罗·科利尔：《战争、枪炮与选票》，吴遥译，南京，南京大学出版社，2018。
⑤ Terry Karl. Imposing Consent？ Electoralism Versus Democratization in El Salvador, in Paul Drake & Eduardo Silva eds., Elections and Democratization in Latin America: 1980—1985. San Diego: Center for Iberian and Latin America Studies, 1986. 9 ～ 36. 施密特、卡尔：《民主是什么，不是什么》，载刘军宁编：《民主与民主化》，20 ～ 40 页，北京，商务印书馆，1999。

可以说，"选举主义谬误"限制了民主的想象。从历史上看，一方面，选举既可能与民主关联在一起，也可能与寡头制或威权体制结合在一起；另一方面，民主除了选举这种机制之外，还有很多其他的机制，例如，抽签、协商等。从某种意义上讲，1970 年代以来兴起的参与民主和协商民主理论就是对以选举为中心的民主想象的修正。

第三，无论是选举还是协商都广泛存在于不同的文明之中。在相当长一段时间里，西方学界都将民主视为西方文明的独特现象，甚至是新教文明的独特现象。在他们看来，民主是欧洲通过上千年的历史缔造出来的。它得益于欧洲的双重遗产：犹太—基督教宗教和伦理；希腊—罗马的国家治理经验和法律。[①]其他的文明传统不仅没有产生过这些因素，而且与民主文化是不相容的。其中，伊斯兰文明和儒家文明首当其冲。例如，塞缪尔·亨廷顿认为儒家文明是反民主的；[②] 朱迪斯·米勒将伊斯兰教描述为激进的、基要主义的反民主运动，认定它对西方文明构成威胁。[③]

但是，揆诸历史，这些看法都是非常偏颇的，他们对过去历史的描述也是不准确的。以伊斯兰文明为例，无论是选举还是协商，在伊斯兰历史上都不陌生。在伊斯兰教之前的阿拉伯世界，就是通过选举产生部落领导人的，选举部落领袖的基本标准包括年齿、智慧、勇气、大度。按照主流伊斯兰教的观点，尽管哈里发要服从上帝的法律，但他必须由人民选举产生。只有通过选举，才能赋予哈里发以合法性。并且，选举建立在人民集体参与的基础上，参与者不限于男性，女性也可以参与。从先知时代开始，伊斯兰世界建立了自己的选举制度。不仅如此，伊斯兰世界从一开始就建立了专门的协商制度——舒拉（shura）制度。

在《穆罕默德言行录》中记载了大量协商的例子，协商的事务涉及生活的方方面面，如民事、战争、宗教、行政管理等。协商可能是伊斯兰世界最核心的民主原则，它要求政治领袖通过征求共同体成员的意见来实施对国家的管理。

---

① Benjamin Isakhan, Stephen Stockwell. The Secret History of Democracy, Hampshire：Palgrave Macmillan，2011，chapter 5.

② 塞缪尔·亨廷顿：《第三波：20 世纪后期的民主化浪潮》，欧阳景根译，285 页，北京，中国人民大学出版社，2013。

③ Miller J. The Challenge of Radical Islam. Foreign Affairs. 1993，72（3）：43 ～ 55.

这一原则在《古兰经》中就确立了，与人民协商是先知善治的重要特征。[1] 正如基恩所言，厄金斯·梅伊对伊斯兰世界的指控——"绝对权威是其政体的基本结构"——完全没有根据。他和其他学者所着迷与恐惧的"东方"专制主义国家，还要再等很长时间才会出现，并且在很大程度上是西方殖民征服的后果。[2]

就儒家文明而言，尽管中国传统政治确实没有发展出西方式的国家层面的选举制度，但是，正如有的学者所指出的，当我们追踪民主的历史轨迹时，不应将注意力集中在选举民主之上，因为即使是在西方，选举民主在很大程度上也是一个 20 世纪的现象，而是应该将注意力集中在公民权利之上。按此标准，早在春秋战国时期，中国就发展出了与西方类似的公民权利，包括对于民主而言非常重要的言论自由权利。并且，在西方的选举民主传入之前，中国在农村保持了基层的自治，同时发展出了自己的选举制度，村长由村民自己选举产生，就像 19 世纪上半叶法国使团所观察到的。[3] 如果我们将民主的形式扩展到协商，则儒家文明的协商传统源远流长。

2014 年，政治学领域的权威杂志《政治理论》（*Political Theory*）出了一期专刊，主题是"超越西方协商民主"，明确提出协商民主研究要跳出西方中心论，通过对不同文明的政治协商传统进行历史考察和比较研究，深化学界对协商民主的认知。其中两篇文章是以中国为例，讨论儒家文明中的协商传统，如言官制度、公论政治。[4] 笔者也曾指出，中国传统政治在实践中建立了一套复杂的协商系统，它包括三个层次：最核心的是国家政治制度中的协商（如朝议、谏议、经筵），中间是相当于哈贝马斯的弱公共领域的协商（如学校、书院、会馆），外层则是以大众舆论形态存在的协商（如祠堂）。士大夫阶层将这三个层次的协商机制有机衔接起来，成为颇具中国特色的协商系统。[5]

第四，不同文明之间的互鉴，有助于打开民主的想象空间，为民主的发展

---

[1]　Benjamin Isakhan，Stephen Stockwell. The Secret History of Democracy. Hampshire：Palgrave Macmillan，2011，Chapter 5.

[2]　约翰·基恩：《生死民主》，安雯译，116 页，北京，中央编译出版社，2016。

[3]　Benjamin Isakhan，Stephen Stockwell（eds.）. The Edinburgh Companion to the History of Democracy：From Pre-history to Future Possibilities. Edinburgh University Press，2012，Chapter 4.

[4]　Baogang He，Deliberative Culture，Politics：The Persistence of Authoritarian Deliberation in China. Political Theory，Vol. 42，No.1，2014. 58 ～ 81；Tan S. Early Confucian Concept of Yi（议）and Deliberative Democracy. Political Theory，Vol. 42，No.1，2014. 82 ～ 105.

[5]　谈火生：《中国传统政治中的协商系统》，载《天府新论》2016（5），8 ～ 11 页。

提供新的思想资源。文明视野对于民主的发展而言至关重要，它不是将某种普遍的规范和价值应用于特定场景之中，而是平等地对待来自不同文明的规范，促成它们之间的对话。[①] 在古典时期，雅典文明提升了源自两河流域的民主技术；在中世纪晚期，基督教文明为现代代议制民主的发展提供了思想养分和技术准备。在未来，西方的自由民主可能会被证明不是民主道路的终点，它不过是众多可能性中的一种而已。继续将西方人在 20 世纪通过其力量建立起来的标准作为民主的标尺，只会限制我们对民主的想象。因此，现在亟须超越西方，从丰富多彩的民主故事中寻找它们能给我们的教益，以创新 21 世纪的治理、代表和政治参与。[②] 从这个意义上讲，文明之间的交流交融至关重要。只有秉持"各美其美、美美与共"的立场，不同文明之间相互欣赏，在交流交融的基础上，通过文明互鉴实现民主想象的更新，才是民主保持青春与活力的不二法门。

笔者尝试加入这场关于民主的文明间对话，笔者关注的重心不是选举，而是协商，因为在中国的政治传统中，虽然没有西方意义上的选举，但是其协商的传统则非常深厚。因此，本书力图从思想史的视角切入，来探讨西方文明和儒家文明中协商的思想资源。全书分为以下三个部分：

第一部分，探讨西方文明中协商民主的思想源头。笔者认为，在西方文明中，协商民主的思想源头不在自由主义传统之中，而在共和主义传统之中；不在古典共和主义传统之中，而在现当代共和主义传统之中。尽管人们常常将协商民主的思想源头追溯到亚里士多德，但是，这样的溯源是没有根据的，它是一种斯金纳所批评的"预期的神话"，将现代观念投射到研究对象身上，"力图在经典文本中找到我们所期待的某种学说"。[③] 在第一章中，笔者选择亚里士多德的《政治学》第三卷第 11 章中的"宴会之喻"作为分析对象，这是学者们用来证明亚氏协商民主思想的核心证据。笔者的研究表明，"宴会之喻"中的多数是通过慎思、投票，而不是协商、讨论的方式来行使权力，这一比喻不是协商民主的先声。将"宴会之喻"视为亚氏协商民主的证明，是将现代民主观

---

① Alexander Weiss. Comparative Democratic Theory. Democratic Theory，Vol. 7，Issue 1，2020. 27～47.

② Mark Chou，Emily Beausoleil. Non-Western Theories of Democracy. Democratic Theory，Vol. 2，No. 2. 2015，1～7.

③ 昆廷·斯金纳：《观念史中的意涵与理解》，见：《什么是思想史》，上海，上海人民出版社，2006。

念投射到古代先贤身上所造成的误读。①

　　协商民主真正的思想源头在卢梭和哈贝马斯那里,是卢梭的"共同意志"(general will)概念为协商民主提供了最富洞见的思想资源和协商民主的规范性要求。协商民主理论继承了"共同意志"概念的内核,重提共同意志和众意之间的分别,强调在投票之前要有一个以公共理性为凭据、以公共利益为归依的协商过程。卢梭的公民教育思想为协商民主理论的发展提供了诸多启发,协商民主理论与卢梭一样,预设了积极公民的形象,反对自由主义的"原子化个人"假设。这是协商民主被称为"新卢梭运动"(Neo-Rousseauian movement)的原因。② 因此,在本书的第二章中,笔者探讨了作为现代民主理论之基础的人民主权观念的兴起。本书的第三至第六章集中讨论了卢梭的"共同意志"概念和公民教育思想,以及卢梭的双层民主制度构想。

　　严格来讲,卢梭只是为现代协商民主的兴起提供了思想资源,他并没有参与现代协商民主的理论构建工作。并且,卢梭设想的只是"慎思型"(deliberation within)的民主模式,尚不是现代协商民主所主张的对话型(deliberation with each other)的民主模式。真正提出大众对话型协商民主模式的是大家熟悉的曼宁、科恩、哈贝马斯和罗尔斯等人,由于这个思想脉络已为大家所熟知,因此,本书在此就不赘述了。③

　　第二部分,探讨中国儒家思想中的协商传统。关于中国协商民主的"根"与"源"问题,学界既有的研究有两个努力方向:一是从中国历史传统中寻找协商文化的源头;二是从中国共产党人的政治实践中寻找社会主义协商民主的源头。④ 笔者关注的主要是前一个方向。就这一方向而言,又有两个进路:有

---

① 当然,我们也不排除亚氏关于 deliberation 的思考可以成为当代协商民主理论的思想资源。

② Dudley Knowles. Political Philosophy. Routledge, 2001. 334.

③ 关于这一问题,目前最为系统的梳理是,Antonio Floridia. From Participation to Deliberative: A Critical Genealogy of Deliberative Democracy,ECPR Press,2017。笔者也曾经撰文探讨哈贝马斯的双轨制协商民主构想,未收入本书。谈火生:《哈贝马斯的双轨制审议民主理论》,载《政治理论研究》,2008(1)。关于协商民主的理论发展脉络,可以参考:斯蒂芬·艾斯特:《第三代协商民主》(上、下),蒋林、李新星译,载《国外理论动态》2011(3),2011(4);谈火生:《协商民主理论发展的新趋势》,载《科学社会主义》,2015(6);钱再见、唐庆鹏:《国外协商民主研究谱系与核心议题评析》,载《文史哲》,2015(4)。

④ 黄寿福:《中国协商政治发生与演变逻辑》,上海,上海人民出版社,2009;李君如:《协商民主在中国》,北京,人民出版社,2014;谈火生:《中国共产党对社会主义协商民主的百年探索》,载《行政管理改革》,2021(8),13～21页。

的学者专注于从中国传统政治思想中探寻协商文化的源头；有的学者注意发掘中国传统政治实践的协商性质。① 在对中国协商文化的研究中，有学者指出传统和合文化"为社会主义协商民主提供了深厚文化土壤"；② 有学者认为，《尚书·洪范》中纳谏应"谋及庶人"、《诗经·大雅·板》中"询于刍荛"是中国协商文化的源头。③ 但是，到目前为止，尚没有人注意到作为六经之首的《周易》曾对"协商"进行过较为全面的论述。

　　笔者认为，作为中国最古老的文本，《周易》是中国协商文化的重要源头之一。因此，在第二编中我们集中从《周易》这一文本出发，探讨儒家文明传统中的协商思想。其中，第七章以《兑》卦为中心，通过古老经典与现代思想之间的对话，一方面对《兑》卦做出新的诠释，另一方面也使其成为现代协商民主的思想资源。事实上，《兑》卦对协商内涵的理解是多层次的，对协商的把握是系统性的，对协商过程复杂性的体认是深刻的，它为协商民主建设提供了有益的启示。第八章则以北宋最重要的思想家程颐为中心，考察《周易程氏传》中的"君臣共治"思想。君臣关系是中国传统政治思想的一个重要主题，君臣共治是儒家思想中的理想君臣关系模型，君臣共治的表现形式之一就是君臣之间的协商，一如兑卦所示。程颐在其易传中所展示的四种理想类型的君臣共治形态是协商的政治基础。尽管君臣共治属于精英协商，与今日之协商民主所倡导的大众协商并不相同，但是，我们必须清醒地看到，即使按照哈贝马斯的双轨制协商民主的构想，大众协商的成果必须传递到正式的政治制度内部，并转化为精英协商的原材料，才有可能对决策产生实质性影响。被称为协商民主理论创始人的贝赛特，当年在提出"协商民主"这个词时并没有想到大众协商，他想做的恰恰是复活美国国会和政府中的精英协商传统。④

　　为了更准确地对协商思想进行定位，第九章以亚里士多德和先秦儒家为中

① 何包钢注意到中国传统的谏议制度所包含的协商性质。Baogang He. Deliberative Culture and Politics: The Persistence of Authoritarian Deliberation in China. Political Theory, Vol. 42, No.1, 2014. 58～81. 李亚则将西汉时期的盐铁会议视为古代政策协商的典型。李亚：《两千年前的政策协商？——西汉盐铁会议的再考察》，载《中国行政管理》，2021（5）。
② 孙存良：《协商民主：人类政治文明的中国智慧》，载《人民日报》，2019-09-20，第009版。
③ 江泽林：《协商文化的"根""源"与创造性转化》，载《中国政协理论研究》，2019（4），35～38页。
④ 约瑟夫·贝赛特：《协商民主：共和政府的多数原则》，载陈家刚主编：《协商民主与政治发展》，35～50页，北京，社会科学文献出版社，2011。

心，比较了中西方政治思想中的家国观。这是一个比较政治理论研究，它可以为我们更好地理解中国传统的协商思想提供必要的思想背景。

第三部分，将民主和协商民主观念置于中西方对话的背景中来加以考察。毋庸讳言，民主思想来源于西方。无论是19世纪末到20世纪初民主理论的输入，还是21世纪初协商民主理论在中国的兴起，都是中西文明对话的结果。正是在文明间对话的过程中，中国古代典籍中"民主"一词被赋予了新的意义，并逐渐与英文的"democracy"建立了固定的联系；中共政治传统中的"政治协商"被激活，中国历史上的廷议、谏诤等政治实践逐渐引起政治学界的关注，并可能成为协商民主进一步深化的思想资源。在某种意义上，西方的"民主"观念只是中国"民主"思想生长的一个触媒，它为中国民主思想的发展提供了动力，也提供了重要的思想资源。但它既不是中国民主的模板，也不是中国民主的终点。最终，中国人一定会走出一条属于自己的道路，并对世界民主的发展做出自己的贡献。

第十章以关键词的方法来探讨作为一种外来思想的"民主"是如何进入中国的。事实上，中国人对"民主"的理解从一开始就加入了自身文化传统的要素，从某种意义上讲，这一理论旅行的过程是在文明对话的基础上对民主观念的重新创造。在传教士和中国思想家的共同努力下，《尚书》中的"民主"一词被发掘出来，并在重新诠释的过程中，从"民之主"（君主）走向了自己的反面"人民群众当家做主"。这一过程相当曲折，最终中文里的双音词"民主"与英文里的"democracy"建立了稳定的对译关系。"民主"一词也因此获得了新生，成为当代中国最重要的政治词汇之一。

第十一章运用知识社会学的方法来考察"deliberative democracy"是如何进入当代中国的政治话语的。与一个世纪之前类似，"deliberative democracy"的进入同样面临着与既有传统之间的结合问题。不过，与一个世纪之前不同的是，在此次调适的过程中，学界和政界更为主动。该章考察了他们的各种策略选择，以及其策略选择所产生的实践效果，并基于浙江温岭的经验，提出了"嵌入式发展"（embedded development）概念，来解释协商民主是如何与中国的政治实践结合起来的。通过嵌入既有的政治话语和政治实践，协商民主理论和技术的引入激活了既有的话语（群众路线）和机制（人大、政协）。因此，协商民主在中国并没有被视为一种外来的成分，而是被视为一种内生性因素。一方面，对于中国人来说，相比于选举而言，协商是我们自己的传统；另一方面，中国的协商民主实践为国际协商民主理论的发展做出了理论贡献，激发了西方学界重新思考协商民主类型，并关注政党在协商中的作用。

　　本书的核心关切是破除民主想象中的选举谬误和西方中心论。民主并不仅仅是选举，协商在新的民主想象中占有重要地位。协商不是西方的特产，而是广泛分布于不同的文明中。对不同文明的协商传统进行梳理，不仅有助于该文明自身民主实践的发展，而且有助于在世界层面上，通过文明互鉴来提升民主的品质，从而走出目前民主实践所面临的困境和危机。

目　录

图目录

表目录

第一编

西方共和主义传统与民主想象的转换

在西方文明中，协商民主的思想源头不在自由主义传统之中，而在共和主义传统之中；不在古典共和主义传统之中，而在现当代共和主义传统之中。

协商民主理论继承了卢梭的"共同意志"概念的内核，重提共同意志和众意之间的分别，强调在投票之前应有一个以公共理性为凭据、以公共利益为归依的协商过程。

第一章 亚里士多德的"宴会之喻"是民主的认识论证明？
——《政治学》第三卷第 11 章解读 *

如果有人告诉你亚里士多德是民主论者，你一定会觉得很吃惊，因为亚里士多德本人在《政治学》中明确地将民主制界定为一种变态的政体形式（1289b8）。① 从亚里士多德的相关论述来看，他至少在以下两个方面具有明显的反民主倾向：

命题 1：在谁是人民的问题上，他采取的是一种排斥性的公民身份概念，认为大多数人（不仅包括自然奴隶、妇女和外邦人，甚至包括手工艺人、商人和体力劳动者）是没有统治能力的，因此，他们不应该参与城邦政治生活。②

命题 2：在如何统治的问题上，他认为民主是穷人仅仅为了自身的利益而进行统治，因此，它是一种变态政体。在第六卷第 2 章中，亚里士多德花了很大的篇幅来讨论，自由的原则如何使民主偏离了城邦的真正目的（1317a40-1317b17）。

但是，这并不妨碍现代的民主论者将其引为同道，他们认为亚里士多德至少在以下两个意义上是支持民主的：

---

* 本章曾发表于《政治学研究》，2019 年第 3 期。在成文过程中，刘玮、刘训练、李筠、袁贺等同仁和匿名评审人提出了宝贵的修改意见，在此谨致谢忱！

① 亚里士多德：《政治学》，179～180 页，北京，商务印书馆，1997。本文的中译参考该译本，由于文中涉及对核心词汇的不同理解，译文多根据里夫的英译本有所改动，以下不再一一注明。同时，为节省篇幅，凡引《政治学》，仅随文标注标准页码。Aristotle. Politics. Trans. C. D. C. Reeve. Indianapolis: Hackett Publishing Company, 1998.

② 亚里士多德：《政治学》，第一卷以及 1277a26-1277b6，1278a16-25。

命题 3：政治参与是一种内在的善，因此，他主张全体公民都应该积极参与城邦政治生活，城邦也应该为公民的政治参与提供相应的条件。

命题 4：在特定条件下，一群人集体决策要比一个人或少数人决策更好。

从命题 3 出发，现代人构建出"参与民主"的亚里士多德形象；从命题 4 出发，则构建出"认识论民主"（Epistemic Democracy）或"协商民主"（Deliberative Democracy）的亚里士多德形象。[①] 本章拟以学界关于《政治学》第三卷第 11 章的相关讨论为例，来探讨命题 4 的真伪。之所以选择这一章作为讨论对象，是因为近年来西方学界围绕这一章展开了激烈的争论，并据此来证明命题 4。并且，相关的争论深化了我们对雅典民主的认知和当代民主实践的反思。

这场争论的始作俑者是法学家杰里米·沃尔德伦，20 年前，他提出《政治学》中的一个关键段落没有受到应有的重视。[②] 该段落位于第三卷第 11 章的开头（1281a40-1281b20）。在第 10 章中，亚里士多德提出了一个问题：城邦的权威应该寄托何处？在第 11 章，他首先考察的是如下的观点：将权威寄托于少数贤良（the few best people），毋宁交给多数人（the multitude）（1281a39-40）。[③] 亚里士多德认为，这一观点尽管存在一些疑难，却包含某些真理，因为"就多数而论，其中每一个别的人常常是无善足述；但当他们合而为一个集体时，往往超过少数贤良"（1281b1-3）。为了证明这个观点，亚里士多德运用了两个比喻："宴会之喻"和"艺术鉴赏喻"。本章的讨论主要集中在"宴会之喻"："多人出资举办的宴会可以胜过一人独办的宴会。作为多数，他们每一个人都具有部分的德性和明智，当他们结合起来时，大众就好像一个具有许多手足、

---

① 本文主要辨析认识论民主和协商民主的亚里士多德形象能否成立。关于参与民主的亚里士多德形象本文不予讨论，相关文献可以参考：Delba Winthrop. Aristotle on Participatory Democracy. Polity，Vol. 11，No. 2，1978；Richard Mulgan. Aristotle and the Value of Political Participation. Political Theory，Vol. 18，No. 2，1990；Kevin M. Cherry. The Problem of Polity: Political Participation and Aristotle's Best Regime. Journal of Politics，Vol. 71，No. 4，2009；Derek Barker. Oligarchy or Elite Democracy？ Aristotle and Modern Representative Government. New Political Science，Vol. 35，No. 4，2013.

② Jeremy Waldron. The Wisdom of the Multitude: Some Reflections on Book 3，Chapter 11 of Aristotle's Politics. Political Theory，Vol. 23，No. 4，1995. 563 ～ 584，here 563.

③ 亚里士多德在行文中交替使用"the multitude"和"the many"，以下不再一一注明。本文在对此词进行翻译时，视不同语境分别将其译为"多数"或"大众"。当它与"少数贤良"相对照时，用"多数人"或"多数"来翻译；当强调"多数人"作为一个整体时，采用"大众"这一译法。

许多感觉的人一样，他还具有多方面的性格和明智"（1281b3-6）。

沃尔德伦将亚里士多德此处的论证概括为"多数智慧"原理（doctrine of the wisdom of the multitude，DWM）。他认为，过去以"合计式论证"（the summation argument）的思路来解释这个段落是有问题的，[1] 他主张从认识论的角度来对之进行阐释，即亚里士多德此处的论证尽管强调的是作为多数的普通民众所具有的知识、经验、判断和洞见的重要性，但它不是指对个体经验和知识的机械式汇集，而是强调协商（deliberation）在其中的作用。在他看来，亚里士多德此处的想象是对话式的，通过集体协商对话，可以让每个公民的知识、经验、判断和洞见相互交锋、融合，这样，大众作为一个整体能比集体中的任何一个个体成员做出更好、更明智、更可行的决策，不管这个个体成员多么优秀。因此，"宴会之喻"是对协商式参与的认识论价值的规范性证明。[2]

沃尔德伦要矫枉过正，通过夸大其重要性的方式来引起人们的注意。应该说，他确实做到了。在这场跨学科的讨论中，其热烈程度大概只有最佳政体问题和自然奴隶问题能与之匹敌。[3] 学者们努力发掘多数智慧原理对于当代民主理论的启示意义[4]，有人甚至认为亚里士多德是发现民主程序具有认识论价值的第一人。[5] 但也有很多学者对此持反对态度，认为这一解释路向是错误的。

本章将沿着正反双方争论的三个焦点问题展开，即哪个"多数"、在什么事情上、通过何种方式可以实现对精英的超越。本文认为，这场讨论并没有证

---

① 例如，戴维·基特即持此观点。David Keyt. Aristotle's Theory of Distributive Justice. In A Companion to Aristotle's Politics，eds. David Keyt and Fred D. Miller，Jr. Cambridge，MA：Blackwell，1991.

② Jeremy Waldron. The Wisdom of the Multitude：Some Reflections on Book 3，Chapter 11 of Aristotle's Politics.

③ 仅 2013 年，就有 4 篇相关文章发表在《政治科学评论》《政治理论》等主流学术刊物上。2013 年出版的《亚里士多德〈政治学〉剑桥手册》和 2015 年出版的《亚里士多德〈政治学〉：批判性指南》都专列一章来讨论这个问题，可见其影响之大。有意思的是，这两章的观点针锋相对，这也反映出这一议题的争议性之大。Marguerite Deslauriers，Pierre Destree. eds. The Cambridge Companion to Aristotle's Politics. Cambridge University Press，2013，Chapter 10；Thornton Lockwood，Thanassis Samaras. eds. Aristotle's Politics：A Critical Guide，Cambridge University Press，2015，Chapter 8.

④ Melissa Schwartzberg. Aristotle and the Judgment of the Many：Equality，Not Collective Quality. The Journal of Politics，Vol. 78，No. 3，2016.

⑤ Filimon Peonidis. Aristotle's Relevance to Modern Democratic Theory. Archives for Philosophy of Law and Social Philosophy，Vol. 94，No. 3，2008.

明亚里士多德支持认识论民主或协商民主，但是，它确实为我们理解雅典民主和现代民主提供了一些有益的启示。

第一节 哪个"多数"？公民政体 vs 民主政体

"多数智慧"中的"多数"究竟指谁？他们具备什么特征？对这一问题的不同回答，会对本文关心的核心问题做出不同的判断。

亚里士多德在提出城邦权威所寄何处的问题时，他列举了五种可能的选项："多数""富户""高尚人士""全邦最好的一人""僭主"（1281a10-12）。如果我们联系亚里士多德的政体理论就会发现，后面四个选项分别对应的是寡头制、贤人制、王制和僭主制，但"多数"既可能对应公民政体（polity），也可能对应民主政体（democracy）。在此，"多数"的品质是理解"多数"属于何种政体的关键。

亚里士多德在两个比喻之后，马上提出了一个疑问：这种集体的优越性是否对于所有的团体或所有的人都是适用的？他认为，这一原则对于某些人来说是不适用的，但对于由特定的人所组成的团体来说则是适用的（1281b16-21）。那么，这个"特定的人"有何特征呢？亚里士多德指出："作为多数，他们每一个人都具有部分的德性和明智，当他们结合起来时，大众就好像一个具有许多手足、许多感觉的人一样，他还具有多方面的性格和明智。"（1281b4-5）

请注意，亚里士多德在论述民主政体时，似乎没有将德性和明智赋予给民主政体中的多数。即使是在最好的民主政体，即由农民构成多数的民主政体之中，亚里士多德也没有说他们具有什么德性和明智，最多也只是指出农民具有某些优点，例如，安分守己，既不占富人的便宜（1291b31），也不嫌忌高尚的才德之士（1318b35）。更有甚者，亚里士多德在第四卷第 4 章讨论极端民主制时，将大众相容为集体形式的僭主（1292a9-19）。值得注意的是，在第四卷第 4 章中出现的短语"不是作为个体而是作为集体"同样也出现在"宴会之喻"中。换言之，作为集体的大众完全可能不是走向"卓越"，而是变得更加"低下"。这里的关键在于，组成这个集体的多数自身的品质。所以，适用集体优越性的特定多数一定是具有德性的多数，否则，他们所组成的集体一定不可能比贤良的少数更卓越。从亚里士多德的论述来看，民主政体中的多数不具备"宴会之喻"中多数的特征：部分的德性和明智。

那么，这些特定的多数所具备的"部分的德性和明智"到底是哪些品质呢？关于这一问题，学者们分歧较大。

丹尼尔·坎马克认为，尽管 aretē 在一般意义上包括道德德性和理智德性，但此处将 aretē 与 phronēsis 对举，应该是在狭义的意义上使用 aretē，即专指道德德性。道德道德的内容很多，亚里士多德此处所指为何？坎马克认为，此处所指应该是公民勇敢、正义与节制这三种德性，理由是亚里士多德在《政治学》一书中真正谈到的就只有这三种德性（1259b20–1260a34，1277b13–23，1323a27–34，1334a20–25）。① 而凯文·彻里在论述特定多数的德性时，专列一节，将武德（即公民勇敢）作为特定多数的重要德性。他指出，在现存的城邦中，作为多数的成员不是通过正式的教育，而是通过军事活动来获得其德性的。②

就 phronēsis 而言，其具体内容也非常多，起码包括慎思、理解、体谅，以及实践的努斯、警觉与机敏等。③ 亚里士多德此处的具体所指为何？坎马克对此没有明确的说明，只是强调应避免将 phronēsis 和知识关联起来，政治领域的 phronēsis 是一种辨识公共利益的能力。④ 彻里则认为，理解（sunesis）才是亚里士多德对特定多数所应具备的部分明智的要求。按照彻里的解读，亚里士多德在第三卷和第四卷中多次强调公民借助于政治理解的德性做出正确判断的能力（1281b40–1282a23，1291a26–28）。一个具备理解力的公民，尽管他可能没有能力提出好的政策，但是，他能从若干政策选项中识别出哪一个更好。⑤

本书认为，彻里此处的解读值得商榷。首先，这一解读缺乏文本上的依据，在整个第三卷第 11 章中根本没有出现过"理解"这个词汇。

其次，在他所引用的第四卷第 4 章出现"政治理解"的段落只是顺便提了一句"政治理解旨在审议（deliberation）"，不能以此为据证明第三卷第 11 章的 phronēsis 指的就是"政治理解"。况且，在《尼各马可伦理学》中，亚里

---

① Daniela Cammack. Aristotle on the Virtue of the Multitude. Political Theory, Vol. 41, No. 2, 2013.

② Kevin M. Cherry. Aristotle's 'Certain Kind of Multitude'. Political Theory, Vol. 43, No. 2, 2015.

③ 刘宇：《实践智慧的概念史研究》，118 页，重庆，重庆出版社，2013。

④ Daniela Cammack. Aristotle on the Virtue of the Multitude.

⑤ Kevin M, Cherry. Aristotle's 'Certain Kind of Multitude'.

士多德明确指出，理解不同于明智，它既不在于具有明智，也不在于获得明智（1143a6-10）。[1]

最后，将"部分明智"确定为"理解"仍是认识论的思路，所以彻里会借用约翰·亚历山大·斯图尔特（John Alexander Stewart）的解释：一个具备理解力的公民，尽管他可能没有能力提出好的政策，但他能从若干政策选项中识别出哪一个更好。只不过，将"智慧"换成"理解"之后，要求降低了，不再要求多数人自己通过协商制定出好的公共政策，而是要求多数人具备识别政策好坏的能力。但是，这一解读与文本不符。

在彻里引用的段落（1281b40–1282a23）中，亚里士多德讨论的问题是，是否只有具备专业知识的医生才有资格对医师之功过和医疗事件之得失做出判断？他的回答是，没有必要，那些只具备基本医疗知识但不具备行医资格的人，其判断能力并不弱于医师和专家。在这个比喻中，有两点值得注意。其一，只具备基本医疗知识但不具备行医资格的人，比喻不担任重要官职但要对官员行使审查职能的大众；其二，判断的内容是医师之功过和医疗事件之得失，而不是医师所开处方的科学性。这些人之所以不具备行医资格，就是因为其专业知识不够。如果让他们来判断"应该采取何种措施来对病人进行施治"，他们是没有资格的。但是，如果让他们来判断"某位医师对病人的处置是否得当"，他们是有这个能力的。因为前者需要非常专业的医学知识和丰富的临床经验，而后者只需要常识和经验即可。据此，我们从这个比喻中引申不出识别政策好坏的要求，判断的对象是人（官员的德性、能力）和政策的效果，而不是政策本身，它不要求在事前对政策选项做出判断（关于这一点，我们下一节会详细讨论）。

但是，彻里从"判断"的角度来解释"宴会之喻"中的 phronēsis，这个方向还是对的。那么，此处与判断相关的品质究竟是什么呢？笔者认为，应该是"知觉"（perception）。因为知觉本身就是关于事实的判断，在特定情境下该如何行动，"我们对它们的判断常常取决于我们对它们的知觉"（1109b14-23，1126a31-b11），知觉是我们对事实做出正确判断的基础。从文本来看，这一

---

[1]　关于理解和明智之间的关系存在争议。简略的辨析可以参考：亚里士多德：《尼各马可伦理学》，183 页注释 1，北京，商务印书馆，2003。

观点是能够得到支持的。在第 11 章中，亚里士多德两次提到"知觉"。第一次是在开头提出"宴会之喻"时指出，"当他们结合起来时，大众就好像一个具有许多手足、许多感觉（sense）的人一样"，在此，"感觉"是多数集体优越性的重要表现之一。第二次是在论述应将多数的政治参与局限于选举和审查时，亚里士多德强调，就他们每一个人而言，可能无法做出良好的判断，但是，当他们集合为一个集体时，他们的知觉是可以胜任的（1281b35）。他再一次明确地点出"知觉"在其中的重要性。

需要说明的是，尽管在英译本中，"知觉"和"感觉"被分别译作"perception"和"sense"，但是它们在希腊语中是同一个词，即"aisthēsis"。它被用以指称两种心理现象或心理过程。"感觉"是指行为者凭借感觉器官而形成的关于事物的某一具体方面的信息，所以又被称作"具体感觉"（idia aisthēsis）；"知觉"不是通过感官来获取具体事物的局部信息，而是在感觉的基础上形成关于具体事物的整体认知。在这个意义上，知觉又被称作"共同感觉"（coinē aisthēsis）。①

在此，亚里士多德对"知觉"的强调是值得玩味的，因为知觉与明智有直接的关联。明智意味着行为者能够恰当地感知和准确地洞察当下情境的具体状况，但是，这种感知和洞察所赖以成立的心理机制是知觉。在《尼各马可伦理学》第六卷第 8 章的结尾处，亚里士多德明确地强调明智的发挥依赖于知觉的运用。通过对当下情境事实的直接洞察和整体把握，知觉构成实践思维的起点。在进一步的慎思（deliberation）过程中，知觉所提供的事实"激活"了行为者的实践目的或欲望倾向。知觉虽不等于慎思，但它在慎思中发挥着关键的作用。慎思的成功与否，取决于知觉是否为行为者构造了正确的大前提，是否为行为者提供了正确的小前提。凭借习俗的教化和经验的积累，行为者知觉的迅捷程度将大大提升，以至于呈现为直觉。作为知觉的特殊形态，直觉是实践推理的加速器和强心针。只有当知觉达到直觉的程度，行为者的实践理性才能臻于卓越而堪称明智。②

综上，亚里士多德"宴会之喻"中的多数是特定类型的多数，他们勇敢、

---

① 李义天：《知觉为什么重要——基于亚里士多德主义美德伦理学的解释》，载《学术月刊》，2018（1）。

② 李义天：《知觉为什么重要——基于亚里士多德主义美德伦理学的解释》。

节制和一定程度的正义，并且具备实践经验和知觉能力。这些都是做出健全判断和政治参与的前提条件。但是，多数缺乏大度、慷慨等道德德性，以及完全的理智德性。因此，他们只适合于以集体的方式来分享统治的权力，而不是以个体的方式参与（如担任官职）。①

根据《政治学》第三、第四卷的相关论述来看，多数所具备的这些德性正好是公民政体中的公民所具有的德性。② 由此，我们可以判断，亚里士多德所说的"多数"不是民主政体中的"多数"，而是公民政体中的"多数"。尽管我们可以说亚里士多德在这里是在为"多数"辩护，但是，这并不意味着他是在捍卫民主。③ "宴会之喻"更像是对共和的期待，而不是对民主的赞美。④

第二节　参与何事？政治决策 vs 控制官员

亚里士多德在第三卷第 11 章开篇即指出，由"多数"来掌握权威，既存在一些问题，也包含真理的成分（1281a40–41）。那么，究竟存在什么问题？又包含什么真理呢？亚里士多德答道，就多数而论，他们作为个体德性不足，并非卓越之人（1281a41–42）。亚里士多德将德性作为城邦的目标，他如何可能让没有德性的人成为统治者？这就是问题所在。但是，让"多数"分享权威也包含着真理的成分，那就是他们作为一个集体要胜过最优秀的"少数"（1281b1）。于是，问题转换为："自由人或公民集团中的多数，既无财富又少德性，他们应该对什么具有权威？"（1281b23-25）亚里士多德认为，这是一个两难的问题：一方面，让他们担任最重要的职务很不安全，因为他们"既少正义又欠明智，就不可避免地会犯罪过和错误"（1281b25-28）；另一方面，

---

① Kevin M，Cherry. Aristotle's "Certain Kind of Multitude".

② 在第三卷第 7 章讨论公民政体时，亚里士多德非常明确地将勇敢德性与公民政体关联在一起（1279a40-1279b3）。在《政治学》第四卷第 11 章中，亚里士多德提出一种在大多数城邦和大多数人可以实现的最佳政体——中道政体，这种中道政体其实是亚里士多德关于公民政体的一种比较成熟的表述，中道政体中掌握政权的中间阶层具有"节制"的德性。

③ Daniela Cammack. Aristotle on the Virtue of the Multitude.

④ 辛普森也认为，亚里士多德在此章中所论并非民主政体，而是公民政体。Peter Simpson. A Philosophical Commentary on the Politics of Aristotle. Chapel Hill，NC：University of North Carolina Press，1998. 168. 但是，潘戈认为，此章是在为民主政体进行辩护。托马斯·潘戈：《亚里士多德〈政治学〉中的教诲》，180 ～ 189 页，北京，华夏出版社，2017。本文不同意潘戈的观点。

完全不让他们参与也会造成严重的危害，因为"一个城邦中大群的穷人被摈于公职之外，这就等于在邦内保留着许多敌人"（1281b28）。于是，在这种两难处境中唯一的出路就是，既要让多数参与，又要对其参与的范围进行限制，仅仅只能让他们参与"审议"和"判断"这两项事务（1281b30-31）。

亚里士多德还以梭伦为例来说明其具体含义。他指出，梭伦和其他一些立法家不允许作为个体的多数人享有担任官职的权利，但是，他们赋予作为集体的大众两项权力：①选举执政人员；②在执政人员任期届满时，由他们审查行政的成绩或功过（1281b30-31）。① 值得注意的是，亚里士多德在这里对多数的参与进行了严格的限制：第一，他们自己不得担任重要官职；第二，他们只能作为集体参与，而不能作为个体参与，因为作为个体，他们无法做出健全的判断（1281b37）；第三，他们作为集体参与的事务仅限两项。换言之，多数的参与不是一般意义上的政治参与②，而是限定在官员的选任上，仅此而已。亚里士多德主张的多数参与和公共政策的制定没有关系③，当然也不具备沃尔德伦所谓的认识论民主的功能。

亚里士多德还设想有人会对此进行责难：多数连选举官员和审查官员的权力都不应该有，因为他们缺乏专业的知识（1282a7-13）。亚里士多德在对这一责难进行辩解时，除了继续沿用前面提到的"宴会之喻"外，又提出了制造者和使用者的论证："在某些技术中，创作者不一定是最好的评判家，当然更不是唯一的评判家"，"对于一席菜肴，最适当的评判者不是那位厨师，而是食客。"（1282a18-23）在这个比喻中，菜肴比喻官员的表现，对官员的表现进行评判的最佳人选不是官员自己，而是大众。这个比喻反过来讲就是，食客可能是好的品尝者，但他决不应该把自己当成厨师，幻想着自己烧得一手好菜。在此，亚里士多德在肯定大众应该享有审查官员的权力的同时，也进一步排除了大众对公共事务的参与，大众应该仅限于对政治家制定的公共

---

① 关于这一点，亚里士多德在第二卷中有几乎完全一致的表述："照梭伦当初立法的本旨，仅赋予平民最低限度的实权，即选举行政人员并对官员进行审查"（1274a15-16）。

② Kraut R. Aristotle：Political Philosophy. Oxford University Press，2002. 405；Schofield M. Aristotle and the democratization of politics. In：Episteme etc.：Essays in Honour of Jonathan Barnes，eds. B Morison，K Ierodiakonou. Oxford University Press，2011.

③ Melissa Lane. Claims to Rule：The Case of the Multitude. In：Cambridge Companion to Aristotle's Politics，ed. Marguerite Deslauriers，Pierre Destrée. Cambridge：Cambridge University Press，2013.

政策的效果进行评判，并据此来决定政治家的去留，而不是自己参与公共政策的制定。①

从多数参与范围的角度来观察，亚里士多德运用"宴会之喻"所意图阐明的多数"集体优越性"的命题，其目的是为了证明多数作为一个集体应该具有对官员进行控制的权力。控制的方式是通过听其言、观其行，对官员的德性和能力做出健全的判断，通过选举和审查的方式来决定官员的去留。

这种克制的观点可以规避长期以来困扰亚里士多德研究者的一个难题：凭什么相信一群没有任何公共财政知识的人（甚至对公共财政存在误解的人），在规定的时间内，仅仅通过内部讨论就能形成健全的税收政策。②将多数的参与限定在官员选举和对之进行审查之上可以避免这一难题。结合我们前面关于知觉的讨论，这一点就更明确了，如果我们将多数的参与扩展到公共政策，显然多数并不具备就公共政策做出正确判断所需的专业知识和完全的明智；但是，如果将多数的参与局限于对官员的品质和政策效果做出判断，那么，他们作为一个集体是具备做出判断所需的知觉和明智的。因为对政治家个人的人品做出判断靠的是常识和经验，对政策效果进行评价靠的是知觉。这些都是多数人所具备的。

当然，此处的观点——应将大众的权力局限于选举和审查——仅为亚里士多德的主张，这并不是对雅典政治实践的客观描述，它并不否认在当时的政治实践中，雅典公民拥有在公民大会和法庭上就城邦公共事务进行决策的权力。行文至此，有人可能会问：按照亚里士多德的设想，多数人不参与公共事务的决策，只负责选举官员并对其进行审查。这似乎与他在第四卷和第六卷中描述的最好的民主政体（1318b27-31）非常相似。这是否意味着亚里士多德支持民主呢？本文认为，答案是否定的。尽管二者在制度形态上非常相似，但是，我们不能忽视其中的两个重要差别：第一，在第三卷第11章所描述的政体中，多数的权力是受到严格限制的，仅限于选举官员并对之进行审查；而在最好的民主制中，多数的权力并不局限于此，他们可以在公民大会和法庭上行使其他

① 罗德也认为，亚里士多德此处强调的是大众有能力评判他人所设计的政策的效果。Carnes Lord. Aristotle，In History of Political Philosophy，Third Edition，Edited by Leo Strauss and Joseph Cropsey，The University of Chicago，1987.

② Filimon Peonidis. Aristotle's Relevance to Modern Democratic Theory.

权力，就重大的公共事务进行决策。同时，多数可以担任官职，这是第三卷第11章中所描述的政体所不允许的。第二，在第三卷第11章所描述的政体中，多数具备一定的德性，这是多数集体优越性的基础；而在最好的民主体制中，亚里士多德并没有赋予农民以类似的德性，因此，尽管亚里士多德也认为最好的民主制常常可以做到政治修明，但其实现机制不是多数的集体优越性，而是由于政务被交给了最优秀的公民（1318b34-35），他们的德性和智慧保证了城邦的善治。

第三节　deliberation：个体慎思 vs 集体讨论

现代人对雅典民主的描述常常散发着思古之幽情。自1990年代协商民主兴起以来，很多人都将雅典民主视为协商民主的样板，将亚里士多德视为协商民主的先驱。协商民主理论的代表人物之一阿米·古特曼就认为，亚里士多德相信普通公民集体决策能比专家做得更好。[①] 并且，从认识论民主角度的解读与从协商民主角度的解读经常交织在一起。

坎马克对公元前4世纪雅典的公民大会进行了考证，结合历史学和语言学的知识对多数智慧原理提出了质疑。在坎马克看来，沃尔德伦等人对雅典公民大会以及公民大会上的活动 deliberation 的理解是完全错误的。[②]

deliberation 有两个含义，一是慎思，即个体对不同政策选项及其理由的权衡，它是一种内在的反思性活动；二是协商，即集体讨论，它是一种外在的集体讨论活动。尽管这两个方面的含义之间存在着互动关系，外在的集体讨论必须以个体的深思熟虑为基础，同时又会促使每个参与讨论的个体对自身的偏好进行反思。众所周知，1990年代兴起的协商民主凸显的是 deliberation 的第二个含义。[③]

那么，雅典究竟是在哪种含义上使用这一概念的呢？根据坎马克的考

① 阿米·古特曼：《民主与分歧》，148 页，北京，东方出版社，2007。
② Daniela Cammack. Deliberation in Classical Athens: Not Talking But Thinking（and Voting）. paper presented at the Midwestern Political Science Association annual meeting，Chicago，IL，April 13，2012.
③ 现代协商民主理论的代表人物罗伯特·古丁已经注意到这一分别，并对之进行了充分的阐释。Robert E. Goodin，Reflective Democracy. Oxford：Oxford University Press，2003.

证，在希腊词汇中，与英语的 deliberation 相关的词汇有三个：第一个词是 "dēmēgoreō"，从词源学上讲，这个词由两部分构成：dēmos（"people"或 "assembly"）和 agoreuō（"speak publicly"），因此，它的意思是"在人民面前说"，它常常用于指称公民大会上的演讲。德摩斯提尼就将自己的职业描述为"参与政治并在人民面前发表演讲"。作为动词，dēmēgoreō 从来没有被翻译为 deliberate 或 discuss。但是，该词的名词形式 dēmēgoria 和形容词形式 dēmēgorikos 被翻译为 deliberation 的形容词形式 deliberative。由此，英译者将雅典公民大会上单向的公开演讲等同于双向的集体讨论，从而造成了误读。

第二个词是 symbouleuō，其含义也是"说"。这个词经常被英译为"建议"（advise）或"咨询"（counsel），但在亚里士多德《修辞术》的英译本中，它偶尔也会被译为"deliberative"。①

第三个词就是亚里士多德在这里所使用的 bouleuō。在荷马时代，bouleuō 的意思是"考虑""咨询""建议"。但在古典时期，"咨询""建议"等义项都由"symbouleuō"一词来表达了。相反，人们常用 bouleuomai（bouleuō 的中动语态）来表达"考虑"的含义，尤其是与公民大会相关的事务时。事实上，在这三个词汇中，bouleuomai 是唯一一个用来描述公民大会作为一个整体而行动的词汇。在《政治学》的第三卷第 1 章中，亚里士多德就是用该词来界定公民的含义的（1275b19-20），并在第 11 章中用其来界定多数作为集体所应具备的权力（1281b30-31），英译本一般将其译为"deliberative"。②但是，值得注意的是，bouleuomai 也经常被英译为"讨论"（discuss 或 debate）。通过翻译实践，作为"集体协商"的 bouleuomai 就这样在英语世界中被建立起来了。

那么，公民在公民大会、500 人议事会和法庭上的 bouleuomai 到底是什么含义呢？坎马克认为，无论是在公民大会还是在法庭上，bouleuomai 均应做"内部慎思"解。在公民大会上，公民们确实要 deliberate，但是，这个 deliberate 的过程是个体的慎思过程，而不是相互之间讨论的过程。公民的任务是听数量

---

① 在《修辞术》的第一卷第 3 章中，"ho symbouleuōn" 被译为"deliberative speaker"，"hoi symbouleuontes" 被译为"deliberative orators"。Aristotle. The Art of Rhetoric. Trans. Hugh Lawson-Tancred. NY：Penguin Books，1991. 18 ～ 19.

② 例如，Aristotle. Politics，. 67.

有限的政治家或建议者们发言，并对之做出判断和投票。① 在法庭上，当诉讼人陈述完毕，诉讼人会请求公民法庭成员认真考虑案情，这时他们最常用的短语就是"eu bouleuesthe"或"bouleuesthe kalōs"，常常被译为"deliberate rightly"。今人读到这里，往往会将其理解为请求公民法庭成员认真讨论案情，就像今天的陪审团一样。但是，在古雅典，包括古希腊的其他城邦，明确禁止公民法庭成员在做出判决之前讨论案情（1268b8-10）。因此，此处只能是指个体的慎思。换言之，无论是在公民大会还是在法庭上，都没有协商民主所想象的讨论。亚里士多德不可能有这种想法：通过公共讨论，将分散的知识汇集起来，以此作为多数政治权威的基础。②

但是，在 500 人议事会中，bouleuomai 有可能作"外部集体讨论"解。议事会的功能是为公民大会安排议程、准备议案等，这些活动如果没有集体讨论是无法完成的。如前所述，由于在"宴会之喻"的论述中，亚里士多德赋予多数的主要权力是选举和审查官员，而不是对城邦的各种公共事务进行决策，因此，在"宴会之喻"中，bouleuomai 不涉及议事会的集体讨论这一义项。

基于以上分析，在"宴会之喻"中，bouleuomai 应做"个体慎思"解。在此，我们可以将其与协商民主的理念进行比较。在协商民主模式中，群体成员之间轮流发言和倾听，这是一个相互交换理由的过程。但是，在亚里士多德的语境中，"说"和"听"这两种角色分别由不同的人来承担，并用不同的词汇来加以描述，在公民大会和法庭上，政治家和政治活动家负责"说"，负责提出政策选项，这项活动一般会使用"dēmēgoreuō"和"symbouleuō"来加以描述；多数则负责"听"，通过审慎思考做出判断，进行决策，这项活动一般使用"bouleuomai"来描述。在雅典，多数确实拥有权力，但是，这些权力不是通过"说"来实现的，而是通过慎思和投票来实现的。从这个意义上讲，那种将亚里士多德视为现代协商民主理论先驱的观点是站不住脚的，尽管我们并不否认亚里士多德的思想

---

① 汉森指出，公民大会上的交流是从演讲者到听众单向进行的：根据法律条文，除了投票本身以外，不存在由听众到演讲者的交流，也不存在演讲者之间的交流，也不存在听众之间的交流。摩根斯·赫尔曼·汉森：《德摩斯提尼时代的雅典民主》，196 页，上海，华东师范大学出版社，2014。

② Daniela Cammack. Aristotle on the Virtue of the Multitude.

可能为协商民主理论的发展提供了某些洞见。[1]

如果不是通过协商以及由此产生的更优决策，那么多数是通过何种方式实现其"集体优越性"的呢？这就涉及"宴会之喻"中最核心的意象"宴会"了。沃尔德伦和约西亚·奥伯都认为，此处的"宴会"指的是"聚餐"，即每个客人都自带食物，然后大家分而食之的聚餐。在《民主的智慧》一文中，奥伯意识到，要想达到亚里士多德所设想的效果必须具备一些前提，首先，每个人带来的菜品必须是不一样的，并且不同的风格要搭配好。如果没有多样性，没有色香味，就不会比一个专业厨师办的宴席强。但是，多样性和上好的品质如何保障呢？如果由每个人独立地做出判断（每个人都不知道别人会带什么来），6个人参加的聚餐，很可能是6碗红烧肉，并且还不能保证都烧得很好。其次，可能还有人想搭便车，带来的东西是比较便宜、品质不佳的。因此，有两个条件必须满足，一是参加宴席的人有共享的知识（知道参加宴会的每一个人都擅长做什么菜）；二是大家遵守社会规则（不搭便车）。奥伯说，这些条件都不苛刻。他还举了自己的亲身经历来加以说明。他有几个朋友，多年来一直定期野餐，他们很少提前安排谁带什么，但是，他们都很清楚各自会带什么，并且一定会带最好的东西来。他认为亚里士多德此处所说的"宴席"就是类似的"自愿结合的实践"，想必当年雅典也很流行这种做法，并且亚里士多德的学生们对此也非常熟悉。[2]

对此，坎马克提出了质疑。他注意到，"宴会"的比喻在《政治学》中出现过两次，一次就是在此处讨论的段落中，另一次是出现在稍后的第15章中，并且，两处的表述几乎完全一样。唯一的差别在于，亚里士多德在两处所使用的"宴会"一词不同。在第11章中，他用的是 ta symphorēta deipna（collectively provided dinners，1281b2）；而在第15章中，用的是 hestiasis symphorētos（a collectively provided feast，1286a30）。deipna 是一般性用语，hestiasis 在希腊语中则专指为重大活动举办的宴会，常常由私人出资，但是，是出于政治、外

① Paul Nieuwenburg. Learning to Deliberate: Aristotle on Truthfulness and Public Deliberation. Political Theory，Vol. 32，No. 4，2004.

② Josiah Ober. Democracy's Wisdom: An Aristotelian Middle Way for Collective Judgment. American Political Science Review，Vol. 107，No. 1，2013. 此文有中译，载《甘肃行政学院学报》，2014（4）。

交或宗教目的。在雅典，它专指主要节日时部落举行的晚餐。准备这样的晚宴是一项重大的公共服务，主办方会从足够富裕的 1 200 人中提名，由其赞助并具体承办该项活动。如果得到提名，被提名者会感到无上光荣。赞助方式既可以由一人赞助，也可以由一个捐助团来赞助。在不同时期，捐助团的人数有所不同，典型的有 15 人和 60 人两种规模。①

坎马克认为，第 11 章中的 deipna 指的就是第 15 章中提到的 hestiasis 这种宴会。②他从文本出发提出了三点证据：①在第 11 章中，亚里士多德使用了"开支"（dapanē，expense）一词，强调充裕的经费，而不是精湛的厨艺，才是晚宴成功与否的关键（1281b3）；③②他用动词"赞助人"（chorēgeō）来描述宴会是如何形成一个整体的（1281b3）。该词源于名词 chorēgos，它的意思是合唱队的赞助人。④③他还使用了形容词"集体准备的"（symphorētos，collectively provided）来描述宴会的准备方式（1281b3）。⑤这些特征都与 hestiasis 相吻合。

如果亚里士多德的"宴会之喻"指的是这种节日宴会，那它就不可能是奥伯所说的自带食品式的"聚餐"。在集体准备宴会的过程中，大家贡献的不是菜品，而是金钱或其他资源。集体准备的盛宴之所以更好，只是因为它更盛大，而不是因其菜品更精致，因为这种晚宴基本上只提供两种东西，即肉食和面包。

据此，坎马克认为，数量，而不是多样性，才是"宴会之喻"的关键。莱恩赞成他的观点，认为"宴会之喻"强调的是资金或其他资源的汇集，而不是沃尔德伦等人所说的协商和对话。⑥如果换成两个中国的成语可以更好地理解

---

① 摩根斯·赫尔曼·汉森：《德摩斯提尼时代的雅典民主》，148～154 页，上海，华东师范大学出版社，2014。

② 事实上，里夫在翻译时，将 deipna 和 hestiasis 都译为 feast，没有在二者之间进行区分。

③ 和坎马克一样，莱恩也比较了第 11 章和第 15 章对宴会的论述，他一方面支持坎马克的观点，认为亚里士多德在两处所关心的都是开销问题，由集体来承担费用的宴会要比由个人承担费用的宴会更好；另一方面，他不同意坎马克将其坐实为公元前 4 世纪雅典的节日晚宴，他认为亚里士多德此处的类比主要是一种逻辑上的推导，而不是以某种具体的制度实践为基础。Melissa Lane. Claims to Rule：The Case of the Multitude.

④ 在雅典，富人要承担城邦的重大节庆开销，并参与其组织工作。摩根斯·赫尔曼·汉森：《德摩斯提尼时代的雅典民主》，148 页，上海，华东师范大学出版社，2014。

⑤ Daniela Cammack. Aristotle on the Virtue of the Multitude.

⑥ Melissa Lane. Claims to Rule：The Case of the Multitude.

两种解释思路之间的差异。奥伯等人的认识论解释相当于中国的"三个臭皮匠，赛过诸葛亮"；而坎马克的解释相当于中国的"众人拾柴火焰高"。"宴会之喻"要强调的是，当多数集体行动之时，每个人都用其双手为宴会服务，也用其德性和明智为宴会服务，他们能比卓越的个人准备出更为丰盛的宴会。换言之，奥伯等人认识论的解释思路是不成立的，即亚里士多德此处所关心的不是多样性知识的汇集，以及由此所产生的更佳决策，而是因为人多力量大。从这个角度来观察，"宴会之喻"中多数的"集体优越性"源于多数的德性和明智的强化和聚集，集体行动不仅能将大量个体的德性聚集起来，而且能让个体自身的德性得到增强。一个人独处时可能无力做出成熟的判断，甚至行为不端乃至犯错。但是，当他们在一起时，每个人都会变得更勇敢、更正义、更节制，并且能将分散的实践经验汇集起来，因此，他们作为一个集体能比卓越的个体做得更好。①

　　综上，我们可以对亚里士多德的"宴会之喻"做一个总结。首先，亚里士多德运用"宴会之喻"要说明的不是多数更"智慧"，具有认识论上的优越性，能比卓越的个体或少数做出更好的决策，也不是为了说明多数有能力从多个政策选项中识别出哪个政策更好，而是为了说明多数具有一种集体的优越性，可以行使选举官员和对官员进行审查的权力。因此，"宴会之喻"中的多数参与和公共政策的制定无关，不能作为支持认识论民主的证据。其次，多数之所以具有集体优越性，是因为"宴会之喻"中的多数是公民政体中的多数，而不是民主政体中的多数。他们具备部分的德性和明智，能对官员的人品和政策的效果做出健全的判断，应赋予他们控制官员的权力。同时，也正因为他们只具备部分的德性和明智，作为个体，他们不具备担任重要官职所需的条件，应对其被选举权进行严格限制。因此，"宴会之喻"体现的是对公民政体的呼唤。最后，多数权力的行使方式有两个特点：①他们只能以集体的方式来行使其控制官员的权力；②他们是以慎思和投票的方式来行使其权力，而不是以协商讨论的方式来行使其权力。因此，"宴会之喻"不支持协商民主的主张。可以说，沃尔德伦等人从认识论民主或协商民主的角度来解释"宴会之喻"犯了方向性错误。在很大程度上，产生这一错误的原因在于，当代人过分热衷于从古代先贤那里

---

① Daniela Cammack. Aristotle on the Virtue of the Multitude.

寻找自身的正当性。

第四节 结语：民主理论的演变与亚里士多德的命运

很少有人从民主的角度来阐释柏拉图的思想，但有很多人将亚里士多德视为民主之友。尽管一直有学者认为亚里士多德是反对民主的，尤其反对雅典民主，[①] 但起码从 1960 年代初开始，就有学者关注亚里士多德的民主思想，[②] 认为亚里士多德是支持民主的。随着民主理论自身的发展，亚里士多德仿佛是一座永远也开采不绝的富矿，不断地与一波又一波的民主理论挂起钩来。[③] 可以说，从认识论民主的角度对《政治学》第三卷第 11 章所进行的阐释，不过是又一次西西弗斯式的努力。本文认为，这场持续了 20 年的跨学科争论证明，沃尔德伦关于"多数智慧"原理的解释是站不住脚的。但是，这场无果的争论仍然能在如下三个方面给我们以启示：

第一，对思想史研究方法的警示。如果我们系统检视 1960 年代以来关于亚里士多德民主思想的研究就会发现，当年斯金纳所批评的各种"神话"都或多或少地存在。其中，有两个方面的问题尤为突出。一是将现代观念投射到研究对象身上，"力图在经典文本中找到我们所期待的某种学说"。[④] 早在 1970年代，参与民主理论兴起之时，德尔巴·温斯洛普完全以现代民主的观念来阐释亚里士多德，甚至将民主视为最佳政体，现在读来，简直是不可思议。[⑤] 沃尔德伦以降，从认识论民主来解读第三卷第 11 章也存在同样的误区。在认识论民主取得长足进步的背景下，政治理论家们禁不住诱惑，试图从亚里士多德

---

① Barry S Strauss. On Aristotle's Critique of Athenian Democracy. in Essays on the Foundations of Aristotelian Social Science, ed. By Carnes Lord and David K. O'Connor, Berkeley, CA: University of California Press, 1991.

② Mortimer Chambers. Aristotle's 'Forms of Democracy'. Transactions and Proceedings of the American Philological Association, Vol. 92, 1961.

③ 为什么会出现这种情况呢？笔者认为，这与亚里士多德的文本本身有关系。在《政治学》的第四卷和第六卷中，亚里士多德考察了各种关于民主的观念和民主的亚类型，无论谁都可以从中找到只言片语来支持自己的观点。

④ 昆廷·斯金纳：《观念史中的意涵与理解》，见：《什么是思想史》，95-135 页，上海，上海人民出版社，2006。

⑤ Delba Winthrop. Aristotle on Participatory Democracy.

这里找到类似的证明，说明集体判断的质量和民主程序的认识论潜能。二是脱离历史语境来解读经典文本。在"宴会"类型和"bouleuomai"一词内涵的理解上均是如此，从协商民主角度来解读的学者们忽视了亚里士多德时代"节日宴会"的形态和"bouleuomai"一词两种含义之间的细微差别，以及其在古代雅典的具体情境，从而错误地从集体讨论的含义上来加以理解，并导致偏差。

第二，对古代雅典民主的重新认知。尽管这是一个副产品，但这场争论确实深化了我们对古代雅典民主的认知。一方面，我们过去高估了公共讨论在古代雅典（以及其他政治系统）中的重要性。过去，雅典的民主常常被认为是"协商式"的，政治决策是通过公民在公民大会上集体讨论做出的。事实上，公共讨论不是雅典民主的核心成分，"说"也不是分配给普通公民的活动。另一方面，我们过去没有充分认识到法庭在雅典政治中的重要性。公民大会被视为雅典民主的象征，是雅典政治制度的"王冠"。[1]但事实上，雅典人认为法庭是比公民大会更民主的机构，甚至是最高国家机关。公民大会做出的决定要交到法庭再检查一遍，法庭可以推翻公民大会制定的决议或法律，并追究公民大会上倡议者的责任。[2]

第三，对现代民主的启示。首先，按照亚里士多德的设想，精英和大众应有所分工，大众作为集体应享有高于精英的权威，应能通过选举和监督等手段对政治精英实行有效控制。他在"宴会之喻"中对梭伦时期雅典制度设计的提示，也许有助于我们走出"有民主、无治理"的困境。今天，公民有权选举其领导人，但古希腊政治实践中对官员进行常规性问责的机制在今天却没有，无论是在选举前还是在选举后，普通公民很少有手段来控制政治家，对之进行问责。[3]今人可以从雅典的政治实践中汲取营养，并以此来完善"监督式民主"制度，[4]让政治家们真正地负起责任来。其次，亚里士多德的"宴会之喻"强调多数参与的伦理维度，突出多数具备"部分德性和明智"，认为多数的"明

① M I 芬利：《古代民主与现代民主》，35 页，北京，商务印书馆，2016。
② Daniela Cammack. The Democratic Significance of the Classical Athenian Courts. APSA, 2012, Annual Meeting Paper. 摩根斯·赫尔曼·汉森：《德摩斯提尼时代的雅典民主》，第 8 章，上海，华东师范大学出版社，2004。
③ Daniela Cammack. Aristotle on the Virtue of the Multitude.
④ 约翰·基恩：《生死民主》（下），587～593 页，北京，中央编译出版社，2016。

智的部分"离不开其"德性的部分"。如果没有伦理维度的发展，政治将堕落为不同利益集团争权夺利的角斗场，而不是一项促进公共福祉的崇高事业。亚里士多德警告道，民主制下的多数人，由于缺乏德性，他们可能联合起来操纵选举（1266a25-28）；在极端民主中，多数人作为一个集体就像一个僭主。可以说，密尔对民主政体中公民素质的担忧和托克维尔对多数暴政的焦虑是亚里士多德思想在现代的回响，当代共和主义的复兴在一定意义上也是为了回应这一问题。

第二章　从神圣到世俗：人民主权观念的诞生 *

　　人民主权是现代政治的一个核心概念，甚至可以说是现代政治的根基。本章拟从思想史的角度对这一观念进行梳理，以期深化我们对人民主权观念的认识。本章的讨论分为两个部分，首先，本章将追溯人民主权观念的中世纪渊源。人民主权观念并非现代的发明，它是中世纪思想遗产的一部分，它首先诞生于教会之中，是一个宗教观念。然后，本章将考察现代政治思想对人民主权观念的世俗化改造，通过这种改造，人民主权观念成为现代政治的核心理念。但这一改造过程沿着两个方向展开，其一是以霍布斯和卢梭为代表；其二是以洛克和美国革命中的联邦党人为代表。在现代社会中，这两个方向上的人民主权理论版本均遭遇挑战，哈贝马斯近年来曾对此进行回应。限于篇幅，本章仅讨论前面一段历史，即人民主权理论的中世纪渊源及其世俗化。后面一个问题——两种不同的现代人民主权理论及其制度化后果——笔者拟另撰专文加以讨论，此处暂不涉及。

第一节　人民主权观念的中世纪渊源

　　尽管有学者将人民主权的观念追溯到古希腊、古罗马时期，但是本文不拟采用这一立场，而是主张将其限定在中世纪晚期，特别是 11—12 世纪，将这一时期基督教思想家关于这一问题的论述作为人民主权观念的真正起源。诚如朱利安·富兰克林所言："从 11 世纪开始，人民主权的原则作为罗马法的复

---

* 本章曾发表于丛日云、庞金友主编：《中西政治思想与政治文化》，北京，社会科学文献出版社，2009。

兴和对古典哲学的经院研究的结果而逐渐被世人所熟知。"①

　　在此，富兰克林提请我们注意到人民主权观念兴起的两个重要背景：其一，罗马法的复兴。中世纪的经院哲学家们通过对罗马法的重新解读，将《查士丁尼法典》中的格言——"与全体有关者必得全体赞同"（what touches all should be approved by all）——加以创造性地解读，使之成为现代人民主权观念的发轫。之所以说是一种创造性的解读，是因为这句格言在《查士丁尼法典》中其实并不具备现代人民主权观念所要求的品格，因为在罗马法中还有一条与之相反的原则——尽管人民是政治权威的来源，但他们已经把它永久地转让给了君主。②这也是笔者主张将人民主权观念产生的上限限定在中世纪晚期，而不是古典时期的原因。

　　经院哲学家对罗马法的重新解读还产生了另外一个重要的后果，那就是对法律概念本身的改造，将立法权和人民的意志关联起来。这一点成为现代人民主权观念诞生的重要一环，因为所谓的主权，最核心的成分就是立法权。在中世纪晚期之前，立法权一直都是由上帝垄断的，法律是上帝意志的体现，人（即使贵为王侯）只能发现法律，而不能立法。

　　其二，经院哲学对古典哲学的研究。当然，这里所说的对古典哲学的研究主要是指对亚里士多德的再发现（确切地讲，亚里士多德的再发现是在 13 世纪，而不是 11 世纪）。著名的中世纪研究专家乌尔曼在其名著《中世纪政治思想》中曾特别强调亚里士多德思想的复兴对于现代政治思想诞生的意义。就我们此处所关心的问题而言③，其中尤为重要的是亚氏自然主义的国家观和他对人与公民的区分。自然主义的国家观曾帮助阿奎那和巴黎的约翰在自然和超自然、在政治与宗教之间做出区分，从而引申出国家的自主性，使之免于成为

---

① 斯科特·戈登：《控制国家——西方宪政的历史》，应奇等译，362 页，南京，江苏人民出版社，2001，注 30。

② 同上书，118 页。

③ 乌尔曼注意到，中世纪思想家对亚里士多德的解读是通过犹太文版本和阿拉伯文版本，而不是希腊文原版，这就涉及翻译和理解过程中的信息损失和扭曲的问题；并且，教皇格里高利九世曾明令，亚里士多德的作品"只有经过检查和净化"之后才允许被研究。Ullmann, Walter. Medieval Political Thought. Harmondsworth: Penguin Books Ltd., Repeinted, 1979. 170 ~ 171. 因此，从接受史的角度来讲，如何评估中世纪思想家对亚氏的解读，其实是我们在阐释这一段思想史时必须注意的一环。但这显然超出笔者的能力。

精神权力的附属物。[①] 人与公民之间的区分也成为中世纪思想家思考国家问题时重要的思想资源，帮助他们厘清了公民与人、公民和基督徒之间的差别，从而为人民意志的概念铺平了道路。这一点我们随后会在马西略的思想中清晰地观察到[②]，人与公民之间的区分后来也成为人民主权理论的集大成者卢梭思想的核心。

在罗马法和亚里士多德的复兴过程中，人民主权原则逐渐为人们所熟悉，但这一过程在中世纪晚期是沿着两个方向展开的，一个方向是城市—国家（city-state）的方向；另一个方向则是教会内部。[③]

根据佩里·安德森的考察，在罗马帝国崩溃的废墟上建立起来的西欧封建主义有一个结构性的特点，即主权的封建分裂化产生了中世纪的西欧城市。尽管最大的中世纪城市在规模上从来也比不上古代或亚洲帝国的城市，但是它在功能上远为先进。这种先进性表现在它是自治的公社，享有团体性的脱离贵族和教会的政治与军事的自治。这种自治的公社是建立在平等者之间相互忠诚的一个誓约上的联盟，它大约是历史上最接近于正式的"社会契约"的事物之一。[④]尽管城市的自由需要国王的特许令来加以保障，但其治理则完全基于自下而上的原则，无论是在意大利北部诸城，还是在英格兰的伊普斯威奇，市政官员均由定期的选举产生。在这种自治的实践中，其实已经蕴含着人民意志（popular will）和默示同意（tacit consent）的理念。[⑤]城市共和国的实践迫使经院哲学家们对之做出理论上的解释。这其中，帕多瓦的马西略和罗马法学者巴托鲁斯的观点尤为重要。[⑥]

① Ullmann, 1979. 178～179, 201～203.

② 昆廷·斯金纳：《近代政治思想的基础》（上），奚瑞森等译，94页，北京，商务印书馆，2002.

③ Otto von Gierke. Political Theories of the Middle Age, Trans. By F. W Maitland, 1900; reprint, Cambridge University Press, 1987. Ullmann, 1979.

④ 佩里·安德森：《从古代到封建主义的过渡》，郭方等译，153～154、204页，上海，上海人民出版社，2001。

⑤ Ullmann, 1979. 161.

⑥ 限于篇幅，本章不拟讨论巴托鲁斯，可以说，巴托鲁斯和马西略是殊途同归，斯金纳在检讨这一段历史时，就将二人合并在一起讨论。昆廷·斯金纳：《近代政治思想的基础》（上），奚瑞森等译，107～112页，北京，商务印书馆，2002. 不过，值得提出的是，作为罗马法学者的巴托鲁斯从法学的进路明确提出，人民默示的同意（tacit consent）创造了习惯法，他们同样也可以用明示的同意（explicit consent）创造出成文法来。Ullmann, 1979. 215. 这一点却是马西略所不及的。二人之间的不同可以参考 Ullmann, 1979, p.218.

马西略在《和平的保卫者》第一部分就讨论了世俗政治权威的来源和本质，强调"人民的同意"是良好统治的基础。受亚里士多德自然主义国家观的影响，马西略的国家观有两点值得注意，一是他认为国家是自然的，有其自身的目的，拥有完全的自主性。自然的国家和超自然的教会是完全分离的两个领域，马西略也无意去弥合二者之间的鸿沟。[①] 二是他认为国家是一个公民的集会（congregation of citizens）。

他的这个简单结论中蕴含着革命性的内容。一方面，国家完全是由公民所构成，而不管这些公民是否是基督徒，也不管他们是教士还是俗人。这就和传统的观念形成鲜明对照。在传统的观念中，只有虔信的基督徒才有做人的资格，异教徒是没有这个资格的；在虔信的基督徒中又有教士和俗人之分，只有教士才有特殊的品质，并因此而拥有发言权，俗人是没有这个资格的。马西略的公民概念则将这些差别全都抹平了，无论是教士还是普通人，他们作为公民的功能是没有差别的，他们的身份是一样的，每个人都具有同等的价值，据此，民主所要求的量的原则才得以取代传统的质的原则，成为国家的主导原则。[②] 另一方面，"人民"或"公民团体"是政治共同体原初的、最高的也是最后的权威。[③]

至此，人民主权中的"人民"这一元素在马西略这里基本得到了解决，但"主权"二字尚未落实。我们知道，近代兴起的"主权"概念中最重要的元素是"立法权"，而不是法律的执行权。在中世纪，立法权是属于上帝的，人（即使贵为王侯）只能发现法律，而不能立法。马西略如何处理这一问题呢？在《和平的保卫者》中，他首先区分了两种基本的法律：神法，由上帝颁布；人法，由人类立法者（human legislator）建立。他认为，人法和神法应该保持一致，并相互强化，人法不应传播任何与上帝意志相违背的内容。这看上去和传统基督教的信条并没有什么差别，但他拒绝了传统基督教信条中的一个重要特征——人法是否与神法发生抵触，应由教士来加以判定。马西略认为，这一权力应该留给信仰者个体。[④]

就是这个小小的但书，让马西略在事实上悄悄将立法权从上帝那里转移到

---

① Ullmann，1979. 206.

② Ullmann，1979. 207.

③ Cary J. Nederman. Editor's introduction，《"和平的保卫者"和"帝国的变迁"》，xxi 页，北京，中国政法大学出版社，2003 年影印版。

④ Ibid，xxii .

人民的手中。因为在他看来，法律是用来规范生活于国家之中的人的，因此，是人自己（即公民）将法律的这种强制性特征灌注于行为的规则之中，法律不仅不是由具有特殊品质的教士们为人民设定的（given），而且也不是由具有特殊品质的官员们为人民设定的。它是由人民自己创造（made）出来的，它来源于人民的意志。并且，这里的人民并不是指某个或某一部分公民，而是公民的全体，公民的全体就是"人类立法者"。[1]他还补充道，立法者的意志必须由"全体公民大会上发表的言论来表达"，这个大会乃是讨论一切法律和政治事务的最权威的讲坛。[2]

马西略不仅利用亚里士多德论证了世俗国家的人民主权原则，而且试图将这一原则引申到教会内部。他认为，如果"与全体有关者必得全体赞同"的原则在国家中是有效的，那么，它在教会中应该也是同样有效的。教皇应该成为教会的一员，而不是高居于教会之上。但在他生活的时代，他的这一洞见并未得到响应，直到他辞世后，在宗教会议运动中，他的观点才在宗教会议理论（conciliarism 或 conciliar theory）中得到了回应。

宗教会议运动是教会内部的改革运动，它发端于公元 1378 年西方教会因教宗选举纷争而引发的"教会大分裂"（the Great Schism），罗马和法国阿维尼各立教宗，分别是乌尔班六世和克来蒙七世。这种双重教宗制度的后果相当严重，在每一个堂区、教区和各个修会，人们都分裂为两个阵营，两个教宗也相互诅咒对方的追随者。直到 1414—1418 年举行的康茨坦会议时，才借推立双方共同接受的教宗马丁五世而获解决。

当时对于教廷的分裂，基督教内部产生了两派相互对峙的理论，一方认为唯有重振"教皇至上论"（papal supremacy）方能统一教会；而另一方则认为，教宗不但不是解决问题的办法，它就是问题本身，恰恰是因为教宗权力过大才酿成了各不相让的分裂局面，因而主张以"大会议"作为基督徒普世教会的最高权力机构。乌尔曼将这两种理论归纳为"自上而下的统治"（the descending thesis of government）和"自下而上的统治"（the ascending thesis of government），整个中世纪到近代的政治思想就可看成是由前者到后者的逐渐

---

[1]　Ullmann, 1979. 207. Otto von Gierke, 1987. 46～47.

[2]　昆廷·斯金纳：《近代政治思想的基础》（上），奚瑞森等译，107 页，北京，商务印书馆，2002。

逆转。在这个过程中，宗教会议理论扮演了重要角色，这一理论的产生就是要回答如何控制教宗专权的问题。①

在康茨坦会议上，一批来自巴黎大学的宗教学者为宗教会议理论提供了理论基础，据此，会议推导出两个结论：一是 1415 年的诏令，宣告宗教会议——由各教区推派代表而组成的"大会议"（the Grand Council，又称为 General Council 或 Popular Council）——是教会中有关教义或其他问题（如分裂、改革事项等）的最高权威机构；二是 1417 年颁布的诏令，宣告此后宗教会议将可以定期举行，而不是像以往那样必须由教宗召集才能召开。这两个诏令明确地将宗教会议的权威置于教宗之上，它们代表了宗教会议理论的胜利。从此，尽管教宗制度仍然存在，但此时的教宗如同英国的国王一样，英国的国王是"王在议会中"（King in the Parliament），教宗也是"教宗在宗教会议中"（Pope in the Council）。教宗虽是教会领袖，却也只是作为整体的教会的一部分，他只是接受宗教会议的"委托"来领导行政，只是"主事者"而非"主权者"。②这一点在实践中其实是剥夺了教宗的立法职能。③

1431 年开始的巴塞尔会议更将宗教会议理论推向了顶峰，不但重申了康茨坦会议的立场，而且把宗教会议定位为是教会的最高权力机构（conciliar supremacy）。在巴塞尔会议时期，库萨的尼古拉认为，宗教会议理论所强调的"社团"的"同意"（consent）是上帝赐予的权利，它见诸圣经，不容置疑，而教宗专权不过是人类历史演变中的偶然现象，不合天意，因此，"宗教会议至上论"是涉及教会内权力结构问题最自然的结论。

但我们切不可简单地将宗教会议理论简单地视为马西略和巴托鲁斯人民主权理论在教会内部的回声，蒂尔尼（Brian Tierney）和乌尔曼都提醒我们，宗教会议理论在基督教内部有其思想史的资源。④ 蒂尔尼就引用成书于 12 世纪的《诏令集》指出，这本书同时收录了两种不同的教会传统——两种对教会内部权力结构的不同看法。第一种传统即我们所熟知的"教宗至上说"和"教宗无

---

① Ullmann，1979.

② 陈思贤：《西洋政治思想史·中世纪篇》，第 1 章，台北，五南图书出版公司，2004。

③ Ullmann，1979. 222.

④ Brian Tierney. The Foundations of Conciliar Theory. Cambridge，1955；Brian Tierney. Church Law and Constitutional Thought in the Middle Ages. London：Variorum Reprints，1979；Ullmann，1979.

误论"（The Pope is unerring）——教宗永远不会犯错；但同时，它也收集保留了另一个令人惊讶的传统，将教会视为一个有机的"社团"（communitas），成员完全由信徒所组成，本质上是一个"虔信者的集会"，由于圣灵的引领，整个教会不会犯错，因而它是最高的权力泉源。①

这后一个传统是宗教会议理论的重要思想资源。乌尔曼也指出，宗教会议理论是马西略和巴托鲁斯人民主权理论与教会法中的社团理论（theory of corporation）相结合的产物。这种社团理论认为，主教和教区成员大会共同构成一个社团，主教应受教区成员大会决策的约束，在重大问题上，没有教区成员大会的同意，主教不得采取行动。当这种理论被应用于更高层次的教宗时，就产生了一个问题：用什么机构来取代教区成员大会的职能？开始，人们试图用红衣主教大会来承担这一职能，但很快遭到强烈反对，最后，人们达成共识，以各教区推派代表组成的"大会议"作为控制教宗的机构。"大会议"代表整个教会，其权力来源于耶稣基督。②

正是与"全体公民大会"相对应的宗教"大会议"成为马西略人民主权理论与教会法中社团理论的接合点，据此，马西略和巴托鲁斯的人民主权理论进入教会，形成了宗教会议理论这一宗教形态的人民主权理论版本。需要注意的是，这种宗教版本的人民主权理论和后来的人民主权理论还是有所差别的，其中一个重要的差别在于，它认为权威归属于作为整体的教会（当然，这个教会是体现于宗教会议之中），而并没有说宗教会议的成员由人民来挑选。③同时，我们也应注意到，在15世纪中后期，宗教会议理论逐渐被它的倡导者们所抛弃，危机一过，他们又回到了传统的观点。④换句话说，他们并未根据自己的理论致力于教会制度的改革，而是仅仅让它停留在理论的层面上。⑤即便如此，

---

① 陈思贤：《西洋政治思想史·中世纪篇》，第1章，台北，五南图书出版公司，2004。

② Ullmann，1979. 220，222.

③ Black Antony. Council and Community：The Conciliar Movement and the Fifteenth-Century Heritage. London：Burns & Oates，1979.

④ Ullmann，1979. 223.

⑤ 持此观点的并不限于乌尔曼，还包括 J B Morrall 和 Cary J Nederman 等人，但奥克利不同意这种观点，他认为乌尔曼在材料的选择方面存在问题，事实上，在巴塞尔会议上，投票权已经前所未有地扩展到了低级教士的身上。Oakley Francis. The Conciliarist Tradition. Oxford University Press，2003. 232～234.

宗教会议理论确实为后来世俗化的人民主权理论提供了丰富的思想资源。①

第二节 人民主权观念的世俗化

从以上的简单梳理中我们看到，尽管人民主权观念的核心成分在中世纪后期已经基本具备，整体理论框架也已经呼之欲出了，但这些成分仍然寄生于宗教论述的框架之内。如库萨的尼古拉就认为，所有的世俗权力就如人本身一样，都是源于上帝。体现神意（God-inspired）的共同体的意志是宣示这一神圣起源的工具，正是在被统治者自愿的同意之中，政府证明了自身神圣的起源。②换句话说，人民的同意并不是世俗的人的意志的体现，而是神的意志的体现。世俗化的人民主权理论版本还在等待一位划时代的思想家来为它接生，他就是霍布斯。

说霍布斯是一位人民主权论者似乎有些匪夷所思，他不是主张绝对君主制吗，怎么会是人民主权论者呢？这当然涉及我们怎么来理解人民主权学说了。其实正如基尔克所言，人民主权的观念并不必然和民主相联，"在原始的人民主权的基础上很容易建立起一个绝对君主制的政府来"。③宪法史学者唐纳德·鲁茨曾列举了牛津英语辞典中"人民主权"一词的含义，并根据思想史的背景对不同版本的人民主权学说进行了分类。④

牛津英语辞典中对"人民主权"一词界定如下：

一般性的定义：倾向于人民、关心人民或对所有人开放，它反对将权力局限于某些特定的阶级。

定义1：投身于人民的事业。

---

① 这不仅体现在霍布斯身上（如本章第二节所述），而且体现在卢梭身上，有论者指出，卢梭《社会契约论》中的一些核心概念是基督教共同体的世俗版本，如"共同意志（Volonté générale）"概念就曾出现在宗教会议理论和公社的文件之中。Riley Patrick. General Will before Rousseau. Princeton，N J：Princeton University Press，1986. 而共同意志概念是卢梭人民主权理论的关键，在卢梭看来，没有共同意志的指导，人民主权就不复存在了，人民主权理论的有效性是由共同意志来保证的。谈火生：《民主审议与政治合法性》，72～76页，北京，法律出版社，2007。

② Otto von Gierke，1987. 47.

③ Otto von Gierke，1987. 43.

④ Donald S Lutz. Principles of constitutional design. Cambridge，New York：Cambridge University Press，2006. 71～76.

　　　　定义 2：被人民普遍接受或在人民中广泛流行的。

　　　　定义 3：愿意甚至热衷于取得普通民众的赞同。

　　　　定义 4：为人民所拥护；建立在人民同意的基础上。

　　鲁茨认为定义 1 至定义 4 正好反映了四种不同的人民主权理论版本。定义 1 所表现的是一种最弱形式的人民主权，这种人民主权一旦建立起来，它就会为了人民的事业而奋斗，但这种人民主权没有为人民提供相应的途径来检验，主权者是否真的如此。从理论形态上讲，鲁茨认为霍布斯是这种人民主权理论的代表，因此，他将这种版本的人民主权理论称为利维坦模式的人民主权。

　　在定义 2 中，人民主权一旦找到其代理人，代理人就会保证保持并维护那些为人民普遍接受的规则和习惯。在此，尽管人民的统治处于虚而不用的状态，但它仍能约束其代理人，使之支持并强化人民可能发展出来的新的习惯。从理论形态上讲，代表人物为博丹，鲁茨认为，那些高度同质化的传统社会比较符合这种人民主权的观念，因此，他将这种版本的人民主权理论称为传统模式的人民主权。

　　定义 3 揭示的是一种较强形式的人民主权，它接近于议会主权。议会由人民建立，人民是主权者，议会是代理机构，它由人民选出来的人组成。由于面临选举的压力，议会"热衷于取得普通民众的赞同"。这种版本的人民主权最突出的特征是人民利用定期的选举来选择代表，他们自己除了在未来的选举中对代理人的行为行使判断的权力之外几乎无所作为。在两次选举之间，代表们无须人民的敦促，可以自由地追寻公共善，因此，他们可以被称为"信托代表"（trustee representation）。鲁茨将这种形式的人民主权称为宪政共和模式的人民主权。从理论形态上讲，其代表人物为洛克。

　　定义 4 揭示的则是最有活力的一种人民主权观念，它支持"强势民主"或参与民主的理念。其最弱的形式也要求达到"代理代表"（delegate representation）的程度，要求人民能够并且愿意积极地指示他们的代表，并期望公共政策和公共舆论保持高度的一致性；其最强的形式则要求实现直接民主，所有的立法都由人民的集会或公民投票来加以通过。鲁茨将这种形式的人民主权称为宪政民主模式的人民主权。从理论形态上讲，其代表人物为卢梭。

　　鲁茨认为，在 1570—1700 年这 100 多年的时间里，在西方思想史上涌现出各式各样相互竞争的人民主权理论，它们均可被纳入以上四种模式之中。[①]
鲁茨的分类是否恰当，这当然可以做进一步的探讨，[②] 但他的梳理确实显示
了人民主权理论本身存在着不同的版本。就最低的纲领而言，它只要求世俗政
治权力来源于人民即可，至于这个权力最终落脚何处、如何进行运用，那是"家
族内部的争论"；就其最高纲领而言，它则要求人民直接运用这一权力，直接
参与政治决策。因此，从最低纲领到最高纲领之间，不同版本的人民主权理论
构成了一个连续谱，它可以和不同的政体形式相结合，只有在靠近最高纲领的
这一端，人民主权理论才和民主制关联在一起。就此而言，尽管霍布斯主张绝
对君主制，但他的理论不失为一种最弱形式的人民主权论。但他究竟是如何对
人民主权理论进行世俗化的呢？下面我们就来讨论这一问题。

　　所谓的将人民主权理论世俗化，其实是在处理政治权威的最终来源问题上，
如何安排上帝、国王和人民三者之间的关系。当我们追溯这一问题在西方政治
思想史中的脉络时，我们会发现，它可以有几种不同的排序方式（见图 2-1）。

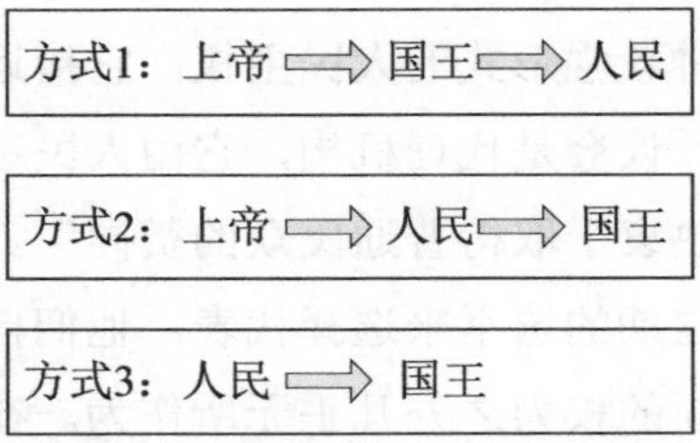

方式1：上帝 ⟹ 国王 ⟹ 人民

方式2：上帝 ⟹ 人民 ⟹ 国王

方式3：人民 ⟹ 国王

图 2-1　上帝、国王和人民三者之间的关系

　　这三种方式中，第一种和第二种在中世纪时期均已出现，并且在鲁茨所说
的 1570—1700 年这个时段中也为不同的理论家所持有，只有第三种是全新的，

---

① 鲁茨列举的人民主权论者是一个庞大的队伍，利维坦模式中只有霍布斯一人；属于传统模
　式的包括：Johannes Althusius，Robert Cardinal Bellarmine，Theodore Beza，Jean Bodin，Richard
　Hooker，François Hotman，Juan de Mariana，Franciso Suarez，Philippe du Plessis-Mornay，
　Benedict Spinoza；属于宪政共和模式的包括：James Harrington，George Lawson，John Locke，
　Richard Mather，William Penn，Algernon Sidney；属于宪政民主模式的则有：Jean Jacques
　Rousseau，Thomas Hooker，Roger Williams. 见 Lutz，2006. 76.
② 如朱莉·莫丝托弗对人民主权理论的分类就和鲁茨不同，她将人民主权理论分为结果导
　向（outcome-oriented）的人民主权理论和过程导向（process-oriented）的人民主权理论两种形
　式。前者以布丹、霍布斯和卢梭为代表，后者以马西略、洛克和联邦党人为代表。Julie Mostov.
　Power，process and Popular Sovereignty. Temple University Press，1992.

而这个全新的说法恰好是霍布斯所提出来的。

方式 1 是中世纪的传统观念，即乌尔曼所谓的"自上而下的统治"理论，认为上帝是政治权威的最终来源，但上帝将其尘世的权柄交给了国王，国王得以以"上帝的荣耀"而登王位。早在 5 世纪，奥古斯丁就说过，上帝通过国王将其律法颁行于人间。这种理论形态在近代亦不难听见其回音，我们知道，直到洛克生活的年代，菲尔默仍在重复这种神圣王权的观念，并且知音不少，以至于洛克要花费整个《政府论》上篇的篇幅来予以驳斥。

方式 2 是中世纪后期出现的新说法，我们在上一节中介绍的马西略和宗教会议理论其实都是持这种看法。到近代早期，这种看法仍不绝如缕，尽管它没有否定政治权威从上帝到国王的这一链条，但是，它在二者之间插入了一个"人民"。如法国的胡格诺教徒 P. 莫耐（Philippe du Plessis-Mornay，1549—1623）就利用神学契约论（covenant theology）来论证人民主权的基础，提供了一个人民主权之宗教基础的标准版本。他认为，上帝确实是主权的最终源泉，但上帝并不是直接选择尘世的君主，而是将这一任务交给了人民，人民是上帝在尘世的代理人。被人民选择出来的君王应根据人民的利益而不是他自己的利益来采取行动。①

方式 3 是霍布斯的一个独特的创造，和前面两种方式相比，它起码具有以下两个特点：

一是上帝隐匿了。作为一个生活于 17 世纪的政治思想家，霍布斯可能是一个例外，当其他的人还在纠缠于宗教和国家之间的关系问题时，霍布斯已将其政治理论主要建立在了世俗的论证之上，将信仰作为理性之补充，对国家的起源及其在此岸世界的使命做了一种理性的合理化论证。正如有些论者所指出的，霍布斯政治思想的出现代表着政治学世俗化进程中决定性时刻的到来。如果说奥古斯丁是基督教时代的入口，那么霍布斯就是基督教时代的出口。② 霍

---

① Lutz，2006. 77 ~ 80. 鲁茨认为莫耐是近代思想史上第一个将神学契约论引入人民主权论证的思想家，并高度评价说，如果没有神学契约论，欧洲和美国就不可能产生出现代版本的人民主权学说。Lutz，2006. 83.

② Damien Grace. Augustine And Hobbes. Ross Fitzgerald：Comparing Political Thinkers，Pergamon Press，1980. 54. 转引自高健主编：《西方政治思想史》（第三卷），236 页，天津，天津人民出版社，2006.

布斯第一次将政治与宗教、道德的分离上升到哲学理论的高度[①]，使系统的政治理论已经能够完全脱离圣经的论证而独立存在。

事实上，在代表作《利维坦》中，霍布斯展开自己分析的逻辑起点是世俗个体的各种激情，已经和上帝的意志没什么关系了。他的论证逻辑人们耳熟能详：在自然状态之下，人们在身、心两方面都是十分平等的，由于缺乏一个共同权力使大家慑服，人们在竞争、猜疑和荣誉等激情的作用下，随时可能陷入"一切人反对一切人的战争"状态，在这种状态下，人的生活孤独、贫困、卑污而短寿，随时都处于暴力死亡的恐惧和危险之中。[②] 在害怕横死这种激情的推动下，"一大群人相互订立信约、每人都对它的行为授权，以便使它能成为一个人格（one person），能按其认为有利于大家的和平与共同防卫的方式运用全体的力量和手段"[③]。

在整个分析过程中，霍布斯都没有借助上帝这个在此前须臾不可离之的理论前提，而是将同意作为主权创立的唯一合法原则。不仅如此，他还明确地表示，人不可能和上帝立约，人只能和人立约[④]，正是人民的同意才是创造一个主权者的唯一基础。

二是上帝隐退后，霍布斯将政治权威的最终来源锚定在"人民"身上。但在霍布斯这里，"人民"的内涵发生了变化。在此，我们应该注意卡莱尔的提示，"人民"是一个容易引起歧义的现代概念，在中世纪，恰当的术语是"共同体""共和国"或"社会"。[⑤] 换句话说，在中世纪时期，"人民"不仅主要是指贵族，而且是指"社团"，而在霍布斯这里，"人民"变成了一个个的个体，并且是充满了七情六欲的世俗的个体，而不是作为基督徒的个体。就连霍布斯最严厉的批评者都注意到，霍布斯的政治哲学是基于"极端形式的个人主义，比洛克的个人主义更为毫不调和、毫不妥协"[⑥]。因此，在霍布斯这里，人民主权所赖以运作的同意不再像莫耐或阿尔色修斯那样是共同体或社团之间的同意，而

---

① William Archibald Dunning. A History of Political Theories，From Luther to Montesquieu，301.
转引自高健主编：《西方政治思想史》（第三卷），237 页，天津，天津人民出版社，2006。

② 霍布斯：《利维坦》，黎思复、黎廷弼译，第 13 章，北京，商务印书馆，1985。

③ 霍布斯：《利维坦》，黎思复、黎廷弼译，132 页，北京，商务印书馆，1985。

④ 霍布斯：《利维坦》，黎思复、黎廷弼译，104 页，北京，商务印书馆，1985。

⑤ 丛日云：《在上帝和恺撒之间》，261 页，注 2，北京，生活·读书·新知三联书店，2003。

⑥ 列奥·施特劳斯：《霍布斯的政治哲学》，申彤译，190 页，上海，译林出版社，2001。

是个体之间的同意。

　　尽管我们说霍布斯在政治思想史上第一次将人民主权理论世俗化了，但我们不能不注意到，霍布斯的人民主权是方生方死的（temporal）。为什么这么讲呢？让我们来看看霍布斯的用词。霍布斯对使用"people（人民）"一词非常谨慎，在描述主权构成、定义主权者、定义人为国家时使用的都是"multitude（一群人）"，只是在主权建立起来之后才首次在第十八章使用了"people"："由群聚的人（people）同意授予主权的某一个或某些人的一切权利和职能都是由于像这样按约建立国家而得来的。"并且，大规模使用"people"是在第三十章论主权代表者的职责中。但这种使用并不意味着赋予 people 以政治意义，而只是指臣民（subject）的集合。

　　为什么会这样呢？为什么霍布斯在论述主权的产生和构成时要刻意避免使用"人民（people）"，而使用了"一群人（multitude）"？为什么在主权产生之后，霍布斯又刻意地使用"臣民（subject）"，而不是"人民（people）"呢？"一群人（a multitude）"不同于"人民（a people）"，在《论公民》中，霍布斯特别区分了二者，认为人民"是个单一的实体，有着单一的意志，你可以将一种行动归于它"，人民就是主权者。① 在《利维坦》中，霍布斯并没有重复这一区分，但在前十六章的文本中，霍布斯在措辞上特别小心谨慎地没有使用"人民"，而是以"一群人"来表达共同生活。共同生活并不是社会，在霍布斯看来，社会（society）就是公民社会（civil society），在自然状态下，没有社会，也没有人民，有的只是一群自然人生活在一起。因此，在国家被创造出来之前，人民（that people）是不存在的，一旦主权被创造出来，人民才诞生，但这时霍布斯又用臣民来指代它。霍布斯这么做的主要原因是为了避免埋下人民反抗主权的理论依据。②

　　在这个意义上，人民的人格方生方死，霍布斯没有为人民留下任何回旋的空间，使之成为主权的承担者。在主权被创造出来之前，人民不存在，有的只是一群乌合之众；在主权被创造出来之后，他们又只是主权者的臣民。但我们并不能因此就说霍布斯的人民主权理论是虚有其表，而只能说人民主权理论在霍布斯的整个理论体系中没有占据核心的位置，他需要人民主权来赋予君主的

---

① 霍布斯：《论公民》，应星、冯克利译，126 页，贵阳，贵州人民出版社，2003。
② 王利：《国家与正义：论霍布斯政治哲学中的利维坦》，北京大学博士论文，2006。

主权以合法性。为了保证君主主权的绝对性，他只能让人民主权方生方死，在完成了合法化的任务之后马上退出舞台。

但在建构这一理论的过程中，霍布斯确实将人民主权观念世俗化了，通过他的改造，人民主权观念成为现代政治的核心理念。但他的这种世俗化的人民主权版本并没有成为民主制度的基石，相反，倒是成为君主专制的辩护词。他在清理了地面、打下地基后，并没有在上面建造出一栋符合现代审美标准并且坚固耐用的房子来，他将这一工作留给了后人，这也是后来洛克和卢梭要继续探索人民主权实现形式的原因。

第三章 卢梭的 "共同意志" 概念：协商民主的现代源头[*]

共同意志（general will）是卢梭政治思想的核心概念[①]，历来众说纷纭，在政治思想史上可能还没有哪个概念像卢梭的共同意志概念这样麻烦[②]。在不同的研究传统中，共同意志这一概念会呈现出截然不同的面貌，有时它被理解为极权主义的帮凶，有时它又被理解为自由的守护神。几乎所有的研究者都承认，他们被卢梭自己对这一概念的分析所迷惑。[③] 对这一概念的不同理解在很大程度上决定了人们对卢梭政治思想的定位。本章试图针对国内目前卢梭研究中的某些缺失面，对这一概念的缘起和内涵做一个初步的考察，力图更贴近卢梭自己的思路。本章的考察将分为两个部分，首先，将从思想史的角度来考察这一概念，将其放回到 17、18 世纪法国思想发展的背景中，考察其含义的演

---

[*] 本章曾以《卢梭的共同意志概念》为题，发表于徐大同主编：《中西政治文化论丛》（第 6 辑），天津：天津人民出版社，2007。此次收入略有修改。

[①] General Will 的通行译法是 "公意"，也有人建议译为 "普遍意志" 或 "共同意志"，还有人主张译为 "公共意志"，在港台文献中也有译为 "公意志" 的。但这些译法都不是很理想，我自己也找不到更好的译法，因此，在本文中采用 "共同意志" 这一译法，有时则直接使用原文。

[②] Richard Dagger. Understanding the General Will. The Western Political Quarterly，Vol.34，No.3，Sep. 1981. 359 ～ 371；克拉克（John A. Clark）早在 1943 年就提出，卢梭的 "共同意志" 概念常常遭到人们的抱怨，温和者怨其模糊，严厉者指责其自相矛盾，但是将其当作 "过时" 的概念予以抛弃不是一个聪明的做法。John A Clark. The definition of the General Will. Ethics，Vol.53，No.2（Jan.）1943. 79 ～ 88. 事实上，关于这一概念的争论一直没有间断过，抛开研究卢梭的专著中的相关评论不说，仅就发表在期刊杂志上的专题文章，我手头收集到的最早的一篇发表于 1894 年，作者是鲍桑葵；"最新的研究成果发表于 2015 年。B. Bosanquet , The Reality of the General Will，International Journal of Ethics，Vol. 4，No. 3，1894. 308 ～ 321；Christopher Bertram. Rousseau's Legacy in Two Conceptions of the General Will：Democratic and Transcendent. The Review of Politics，Vol. 74，No. 3，2012. 403 ～ 419；James Farr and David Lay Williams. Eds.，The General Will：The Evolution of a Concept. Cambridge：Cambridge University Press，2015."

[③] George Kateb. Aspects of Rousseau's political thought. Political Science Quarterly，Vol.76，No.4，Dec. 1961. 519-543.

变；然后，将对卢梭共同意志概念的内涵提出一种可能性的解释。在此基础上，力图揭示卢梭的共同意志概念对当代协商民主理论的启示。

第一节 共同意志：一个概念史的考察

早在 1934 年，著名的卢梭研究专家亨德尔（C.W.Hendel）在其所著《让·雅克·卢梭：道德家》一书中，就从纯政治思想的角度追溯了卢梭的共同意志概念的起源。根据他的考察，卢梭的共同意志概念是通过博丹、霍布斯和被称为"德国霍布斯"的普芬道夫（Samuel Pufendorf）一路传下来的。尽管亨德尔的这本著作非常出色，但是，40 年后，奥克肖特的学生赖利（Patrick Riley）通过详细的文本考证，发现亨德尔的这一说法是站不住脚的。赖利提出，我们不应将共同意志概念的起源置于英国或德国的思想传统中来加以考察，而应将其置于法国的思想传统中来加以考察。

初一看，赖利的这一结论似乎卑之无甚高论，因为卢梭本来就是法国思想家，将其置于法国思想传统中来进行考察是理所当然的。但赖利仍有他的理由。在他看来，卢梭的共同意志概念中的 generality 是处于特殊性（particularity）和普遍性（universality）之间的位置上，而这是法国思想的特点，它与以康德为代表的普遍主义的德国传统和以布莱克（William Blake）为代表的经验主义的英国传统之间有很大的差别。因此，要准确理解卢梭这一概念的含义必须将其置于法国自身的传统中来考察。①

事实上，将卢梭的共同意志概念置于法国自身的思想传统中来考察其发展和变迁的思路并非始于赖利。著名政治理论家朱迪丝·施克莱（Judith N.Shklar）在为《观念史辞典》撰写的"共同意志"的词条中曾正确地提出，卢梭没有发明"共同意志"这一概念，却是卢梭使这一概念进入了历史。② 那么，卢梭究竟是受了谁的影响而使用这一概念？谁又是这一概念的发明人呢？尽管伏汉

---

① Riley. Patrick, Rousseau's General Will: Freedom of a Particular Kind. Political Studies, 1991（39）：55～74.

② Judith N, Shklar, General Will. in Dictionary of the History of Ideas, Vol.2, ed., Philip P, Wiener. New York: Charles Scribner's Sons, 1973. 275.

（Vaughan）早就认为卢梭的这一概念是受了狄德罗的影响①，但施克莱指出这种说法是不准确的，因为他没有进一步考虑他们中是谁"首先"使用的这一概念。事实上，在他们之前，孟德斯鸠在其著名的《法的精神》一书中就使用过"volonte generale"和"volonte particuliere"这一对概念。②在此基础上，赖利对这一问题做了进一步研究，在 1973 年发表了《卢梭之前的共同意志概念》一文，1986 年又将其扩充为一本同名著作，对这一问题进行了到目前为止最为细致的考察。据赖利的考察，"共同意志"这一概念经过了从神学观念到政治观念的转型，这一转型发生在法国的道德政治思想中，其起始时间可以以帕斯卡（第一位论述共同意志概念的伟大思想家）之死的 1662 年为标志，其结束则可以以卢梭发表《社会契约论》的 1762 年为标志。如果说共同意志概念的创世纪在上帝那里，那么作为政治概念的共同意志的创世纪则无疑属于卢梭。③2001 年，奈德（Steven Nadler）进一步将"共同意志"这一概念的发明时间向前推进到 14 世纪。④但就总体而言，奈德的研究并没有推翻赖利的基本结论，不过是为赖利补充了新的论据。下面我们就以这些研究为基础简要叙述共同意志概念的发展脉络。⑤

"Volonte Generale"一词最早是一个神学术语，据奈德的考证，其发明权应归于 14 世纪的法国神父和哲学家吉尔松（Gersonides，Levi ben Gershon），是他在《主的战争》（*The Wars of the Lord*）一书中第一次使用这个词。⑥而据赖利的考证，这个词的最初出现则是在 17 世纪，是安东尼·阿尔诺（Antonie Arnauld）发明了"volonte generale"和"volonte particuliere"这一对概念⑦，却

---

① 狄德罗在他主编的《百科全书》撰写的"自然法（droit naturel）"词条中确曾使用过"volonte generale"和"volonte particuliere"这两个词。

② Judith N，Shklar，1973。

③ Riley，Patrick. The General Will Before Rousseau. Princeton University Press，1986. Preface. 4～8．

④ Steven Nadler. Gersonides on Providence：A Jewish Chapter in the History of the General Will. Journal of the History of Ideas Vol.62，No.1，2001. 37～57.

⑤ 在中文文献中对此问题鲜有论及，就我有限的阅读，唯一的例外是崔之元 1996 年发表在《读书》上的《卢梭新论——彻底的自由主义必须关心公意》一文中有一小段涉及这个问题。可能由于杂志体裁的限制，崔文没有注明出处，但从行文上看，作者显然是读过赖利的文章。

⑥ Steven Nadler，2001。吉尔松，？—1344，法国人，犹太哲学家、圣经学者、数学家、天文学家，他花了 12 年时间（1317—1329）来写作其主要著作《主的战争》。

⑦ 安东尼·阿尔诺又称为大阿尔诺，1612—1694，法兰西詹森派神学家。

是帕斯卡赋予了它们以生命的活力，因为阿尔诺近 43 卷的作品早已无人问津，而帕斯卡不仅直接影响了孟德斯鸠和卢梭，而且其本人的作品至今仍被广泛阅读。① 从 14 世纪到 17 世纪，其间 300 年的时间，该概念含义的变迁目前尚不清楚。不过，这个问题对我们的主题影响不大，因为我们关注的主要问题是这个词从神学到政治学的转型，而不是作为其前史的宗教含义的变迁。

作为宗教术语，共同意志最初是指这样一种意志：上帝将决定谁应升天堂，谁应下地狱。② 但这样的观念中包含着矛盾，如果"上帝的意志是所有的人都得救"（这是有《圣经》的原文作依据的，圣保罗给其门徒的一封信中即如是说），那么他是不是有普遍拯救（universal salvation）的一般意志（general will）呢？如果没有，那么他为什么会有这种特殊意志（particularly），认为某些人不应得救？我们发现，一般意志的概念一开始就直接关涉到上帝的公正性问题。③这里的紧张关系在于，如果上帝要拯救所有的人，那么人的现世努力就没有意义，如果上帝只拯救被挑选出来的人，那么，上帝的普遍性和超越性又成了问题。正是为了化解这种紧张关系，圣奥古斯丁才引入了自由意志（free will）的概念，并对《圣经》做了重新解释。他说，圣保罗书中"God wills that all men be saved"之中的 all 不是 every，而是 all sorts of，在这一意义上，all 实际上意味着 some，即拯救每一种类中被挑选出来的人。阿尔诺就是继承了奥古斯丁的解释。④

这种关于神之正义的性质的争论可能和基督教哲学本身一样古老，圣奥古斯丁和贝拉基（Pelagians）曾就此问题进行过激烈的论战。⑤ 17 世纪，战火再次在詹森派（Jansenism）和耶稣会（Jesuits）两派之间燃起。⑥ 这里我们没有篇幅去关心他们论证的细节，事实上，其论证的细节对于我们也不是关键的问

---

① Riley，Patrick. 1986. 14.

② 崔之元在前揭文中将 general will 在基督教中使用时翻译为"一般意志"，笔者认同这种译法。

③ Riley，Patrick. 1986. 4 ～ 5.

④ Riley，Patrick. 1986. 10 ～ 11。

⑤ 贝拉基，约 354—418 年，可能是不列颠人，基督教隐修士、神学家和异端领袖，他痛感罗马基督教徒道德低落，并将其归因于奥古斯丁《忏悔录》中所宣讲的关于上帝救恩的教义。主要著作有《论自由意志》。

⑥ 詹森派是天主教内部在人的自由意志与得救预定问题上的异端教派，主要于 17、18 世纪出现于法兰西、低地国家和意大利。该派强调人的责任，以至于不惜贬低天主的主动性。耶稣会指责他们完全否认人的自由意志的存在，否认救赎的普遍性。

题。重要的是，在 17 世纪爆发的这场争论重新燃起了人们关于如何理解"God wills that all men be saved"的兴趣，对它的重新解释不仅有宗教上的意义，而且有政治上的意义，因为参与这场论争的不仅有帕斯卡和马勒伯朗士（Nicolas Malebranche）这样的宗教思想家，而且有孟德斯鸠这样的政治思想家，他们都借助 volonte generale 和 volonte particuliere 这样的概念工具来把握问题。对于我们的论题而言，更为重要的是，卢梭不仅十分熟悉这场论战，而且深受帕斯卡、马勒伯朗士、孟德斯鸠等人的影响。

　　贝京格（A.J.Beitzinger）认为，帕斯卡的 volonte generale 概念只具有宗教含义而没有政治含义。寇汉（Nannerl O.Keohane）在仔细地比较了帕斯卡和卢梭对这一概念的使用后提出，帕斯卡和卢梭均认为意志要想被抽象化（generalized），一种超人的干预是必需的。不过，这种超人的干预在帕斯卡那里是由上帝来完成，而在卢梭那里则是由伟大的立法者来完成。①

　　如果说帕斯卡对 volonte generale 的应用还完全局限在宗教的含义上的话，那么，马勒伯朗士则为这一概念抹上了一层政治的色彩。1674 年，当他的处女作问世的时候，马勒伯朗士就将一般 / 特殊（general / particular）之间的区分政治化了（当然，这种政治化是在宗教的论述框架中进行的）。4 年后再版时，他又做了一些修订，使得这种色彩更加鲜明。到 1715 年，马勒伯朗士在去世前出版了他的最后一本著作，他在生命的最后时刻强调，一般意志（volonte generale）具有重要的政治意义，我们可以凭借它拒斥霍布斯式的建立在主权者权力基础上的正义理论。对于马勒伯朗士而言，一般意志是永恒的法则（eternal law），而不仅仅是对主权的占有。他的这些思想成为后来孟德斯鸠和卢梭的 volonte generale 概念的先声。②

　　但孟德斯鸠并不是简单地继承马勒伯朗士对 volonte generale 概念的阐释。他不象马勒伯朗士那样褒扬 volonte generale，贬低 volonte particuliere，这一对曾经用来阐释神之正义本性的概念到了孟德斯鸠的手中，被用来阐释人之正义的本性。他要将马勒伯朗士的空中楼阁建在坚实的大地上。孟德斯鸠在其名著

---

① 　A J Beitzinger. Pascal on justice. The Review of Politics，1984. 212ff；Nannerl O.Keohane，Philosophy and State in France，Princeton University Press，1980. 280. Quoted from Riley，Patrick，1986. 18.

② 　Riley，Patrick，1986. 26、28、31、54、56.

《论法的精神》中用 volonte generale 和 volonte particuliere 来区分立法权威和司法权威，而地方行政长官则取代了上帝的位置，负责将二者结合起来。他的这种重新阐释赋予了这一概念以新的政治含义。①

在《罗马帝国衰亡论》的第 14 章，孟德斯鸠用一个糟糕的立法者——提比略（Tiberius）——为例来展示 volonte generale 和 volonte particuliere 之间的冲突。② 根据他的分析，提比略陷入了一种矛盾的境地，他的 politique generale 和他的 passions particulieres 之间相互征战。他希望有一个自由的议院，但他同时又希望这个自由的议院能随时满足他个人的好恶。于是，作为 general 的 stateman 不得不屈从于 particular 的 man。这和卢梭对公民（citizen）和人（man）的区分何其相似乃尔！在卢梭那里，共同意志只能是个体作为公民的意志，而不是作为人的个体的意志。卢梭苦心积虑地经营共同意志概念的目标就是怎样将自然人转变为公民。

事实上，孟德斯鸠这位被涂尔干称为"现代社会学之父"的政治思想家在 17 世纪和卢梭之间架起了一座桥梁。如果说孟德斯鸠实现了共同意志概念的世俗化的话，那么卢梭则可以说完成了它的政治化。从以上的梳理中我们可不可以认为，volonte generale 和 volonte particuliere 这一对概念早在卢梭之前就已经由马勒伯朗士和孟德斯鸠等人锻造好了，卢梭不过是顺手拿来而已？肯定不行！施克莱认为，volonte generale 这一概念代表了卢梭所有想要表达的东西。③ 这意味着卢梭将这一概念置于其社会政治理论的核心。下面我们就转入卢梭对这一概念的讨论中。

第二节 共同意志：generality 还是 universality？

当我们进入卢梭的共同意志概念时，首先会问的一个问题就是，卢梭的共同意志概念究竟有些什么特点？实际上，前面我们已经对此问题有了一个纵向的比较，他对这一概念的运用和帕斯卡、孟德斯鸠有什么不同。现在我想就此问题再做一个横向的比较，即这一概念和他同时代的狄德罗等人推崇的

---

① Riley, Patrick, 1986. 140-142, 176.

② 提比略，BC42 ~ 37，古罗马第二代皇帝。

③ Judith N Shklar. Men and Citizens: A Study of Rousseau's Social Theory. Cambridge, 1969. 184.

"理性"概念有何不同。唯有这样的比较才能凸显共同意志概念的特质。对此，本文不拟对共同意志概念的特点进行全面评述 ①，只想辨析其中的一点：general will 是 generality 还是 universality？从这个角度来凸显卢梭对这一概念的独特把握。

　　general will 是 generality 还是 universality？对于这一问题，我们恐怕还得回到赖利的论述上，正如前面所提到的，相对于英国和德国而言，法国传统有其自身的特点。我们以往常常陷于英美经验主义和大陆理性主义的二元对峙之中，而大陆理性主义又以德国为其典型，法国被遮蔽在德国的阴影之下。我们要么将卢梭纳入霍布斯、洛克的社会契约论传统（英国式），要么将卢梭纳入康德的契约论传统或马克思的激进传统（德国式），从而无法很好地为卢梭定位。事实上，卢梭的共同意志是介于 particular 和 universal 之间的。② 我们可以通过将卢梭的共同意志概念和霍布斯的"意志"概念、狄德罗等人使用的"理性"概念进行对比来阐明这一点。

　　自 17 世纪以来，意志的概念就已成为现代政治合法性得以成立的前提。但是，自霍布斯以来的意志概念并没能很好地解决这一问题。按照赖利的分析，其缺陷就在于，自霍布斯以来的意志概念一直没能在心理学意义上的意志概念和道德意义上的意志概念之间划出一道清晰的界线。本来在经院哲学中，意志的概念主要是从道德的意义上来加以理解，奥古斯丁引入意志的概念就是要解决善恶的起源问题，在阿奎那那里，意志也主要被理解为一种选择机制，它强调道德主体自治的重要性，其所包含的政治意义则在于，被遴选出来的意志和正当的政治秩序之间有一种对应关系。

　　但是从霍布斯开始，心理学意义上的意志概念渗透进来，意志被用来解释很多不同的经验，既被用来解释建立在"原因—结果"基础上的爱好/欲望等心理现象，也被用来解释建立在理性基础上的道德律令。③ 例如，霍布斯就

---

① 史蒂文・阿费尔德曾将卢梭公意概念的特点归纳为三：①公意是不可须臾而离之的；②公意是不能被代表的；③公意是以流行的意志形式存在的。Steven G. Affeldt. The Force of freedom: Rousseau on Forcing to Be Free. Political Theory，Vol. 27，No. 3，June 1999. 299 ～ 333.

② 在早些时候的《论政治经济》中，卢梭似乎还在 generality 和 universality 之间动摇不定，但我们必须考虑其写作背景，它是为狄德罗的《百科全书》而写的，自然不好太违背狄德罗的意思，至少不直接与狄德罗倡导的普遍主义道德相冲突。

③ Riley，Patrick. Will and political legitimacy. Harvard University Press，1982. 10-11.

从心理学的意义上将"意志"界定为"思考中最后的倾向"（last appetite in deliberating）或"行动前最后的冲动"（last impulse before acting）[1]，按照这样的理解，动物也有意志，意志不再是让人遵守义务的道德原因，因此，尽管他将政治合法性建立在同意的基础上，但他无法解释义务如何从经验性的倾向（appetite）或欲望（desire）中生发出来。[2] 难怪奥克肖特在 1937 年评论施特劳斯的《霍布斯的政治哲学》一书时会说："霍布斯从来也没有给出一个令人满意的，起码是连贯的意志理论"，"而这对于现代政治理论而言不蒂是致命伤。"[3]

卢梭一方面不满意霍布斯的这种意志概念，要为其注入理性的要素；另一方面，他又不能同意狄德罗式的完全排除情感要素的普遍主义的启蒙理性概念。事实上，卢梭对这种"理性"的概念颇有微词。卢梭在《社会契约论》手稿的第一部第 2 章中就明确驳斥了狄德罗的普遍主义和理性主义。但这并不是说，卢梭反对理性，卢梭反对的不是理性，而是狄德罗式的排斥情感的理性，他不是要清除意志中的理性成分，恰恰相反，他倒是要将理性的成分注入霍布斯式的纯粹依凭感觉、情感和以自我利益为归依的意志概念中，[4] 但他又不像狄德罗那样走得那么远。

在这样的基础上建立起来的共同意志概念自然会有很大的不同。狄德罗和卢梭一样都使用"共同意志"一词，并且都强调其重要性。但是，当涉及共同意志安身于何处时，他们分道扬镳了。狄德罗走向一种普遍主义的共同意志概念，他的共同意志是一种普遍性的道德，是全人类所共享的，它是建立在其启蒙理性的信念基础上，是任何一个有理性的人基于理性的思考所应有的一种意

① 霍布斯：《利维坦》（英文），黎思复、黎廷弼译，37～38 页，北京，商务印书馆，1985。

② 洛克和霍布斯相似，可能是意识到这种困难，所以在《政府论》第二版出版时，他做了一些修改，试图克服这一困难。

③ Michael Oakeshott. Dr. Leo Strauss on Hobbes. in Hobbes on civil assocoiation，Oxford：Basil Blackwell，1975. 147～148 . qouted from Riley，Patrick，1982. 201.

④ 卢梭对霍布斯意志概念的改造见：Roger Masters. The Political Philosophy of Rousseau. Princton University Press，1968. 331～332。

志；而卢梭的共同意志则是特例，是特殊的①，它属于某个特定的共同体。卢梭曾以罗马、斯巴达和日内瓦为例，坚持民族特殊性的重要性，强调民族性不应消融于世界主义的普遍主义（cosmopolitan universalism）之中。②卢梭在《山中来信》的第一封信中很明确地提出，共同意志是特定民族的意志而不是整个人类的普遍意志。③

这样的共同意志不是建立在狄德罗式的排除情感（passion）因素的理性的基础上，而是建立在情感和理性的双重基础上。对于狄德罗而言，共同意志在地球上的任何一个角落都可以找到，还都是相同的，是任何一个人单凭理性即可了知的；但对于卢梭而言，共同意志是属于特定共同体的，它是只有通过伟大的立法者提供的公民教育而培养出来的特定共和国的公民才能了知的。④

这就难怪赖利要发出这样的感慨：如果卢梭真的以为清除了情感的理性独

---

① 这似乎是很矛盾，但这恰好是法国思想传统的特点，它是介于 paticular 和 universal 之间。有人也许会问，难道狄德罗不是法国人吗？但他同时也是那个时代反传统的先锋。而卢梭则是一个"有着古人灵魂的现代人"！卢梭在《论政治经济》中曾明言，这些特定社会的意志之间有两种关系：对于这些群体的成员而言，它们是一种 general will，但对于更大的社会而言，它们又是 particular will。对于群体自身而言，它们是正确的，但对于更大的社会而言，它们又是错误的。Guy H Dodge, ed. Jean-Jacques Rousseau: Authoritarian or Libertarian? D.C.Heath & Company, 1971. 2. 这里的问题是，如果按照这个逻辑，全世界所有人的联合才是最 general 的，但卢梭给它设定了边界：国家。在卢梭的思想中，国家是最高的联合体（association），其共同意志就是最general 的。但是，对于其他国家的人来说，其共同意志仍然是 paticular 的，这就要求国家变成一个人（见《社会契约论》第一卷第7章）。事实上，卢梭在《社会契约论》原始手稿中曾考虑比国家更高的联合体——世界联邦——的可能性，但可能是意识到国家和 general will 概念之间的紧张关系，他放弃了这种设想，而将精力集中在以人民主权为合法性基础的国家身上，将主权和公民之间的关系作为思考的重心（见《社会契约论》第四卷第2章）。这可能也是他取消出版《论政治制度》一书，放弃全面考察政治制度计划的主要原因。参考：G.D.H. Cole, Introduction, 1955. 28 ~ 34。
② Riley. Patrick, 1986. 204. 关于这一问题更详细的论证可以参考 F .M. B.arnard. Self-Direction and Political Legitimacy: Rousseau and Herder. Oxford: Clarendon Press, 1988.
③ Patrick Riley, 1986. 210.
④ 在《个人主义：真与伪》这篇著名的论文中，哈耶克曾对洛克、曼德维尔、休谟、弗格森、亚当·斯密、伯克这一知识传统中的"真正的个人主义"和以笛卡儿、卢梭为代表的"伪个人主义"做了严格的区分。前者所称的理性是指个人知道自己所欲，并能通过自己的行动达其所欲，社会和国家无法代替个人选择他的欲求和达到这种欲求的手段，可以说，这是一种源自个体经验的理性；而在后者那里，理性是指一种超越于个人经验之上的普遍法则，是人所共之的。哈耶克：《个人主义：真与伪》，贾湛、文跃然等译，载《个人主义与经济秩序》，1 ~ 31 页，北京，北京经济学院出版社，1991。从这里我们可以看到对卢梭的误解十分普遍，就是哈耶克这样的大师亦难免。

自就能分辨对错，那他永远不会提出他的那句名言——"共同意志永远是对的，但引导它的判断却常常迷失方向"；如果清除了情感的理性独自就能分辨对错，那卢梭思想中的人就永远不会需要一个摩西来帮助他们形成统一的意志和理解了。[①]

我们可以看到，对于卢梭而言，共同意志概念中的 general 和 will 分别代表了他思想中的两个核心元素，即公共善和自由。没有意志就没有自由，这是卢梭所不能忍受的；没有 general，意志将以自我为中心，任性而妄为，这也是卢梭所不能忍受的。[②] 所以卢梭要以 general 来规范 will，要设置一个伟大的立法者来引导人民，要用公民教育和公民宗教来塑造人民，使他们能从自我中摆脱出来，朝向集体，朝向共同的善。共同意志概念是卢梭为了调解古典政治哲学自然目的论的政治观念与近代意志哲学政治合法性必须建基于人民的同意的主张所产生的结果。这样我们就能理解，为什么施克莱会说，共同意志概念承载着卢梭所有要说的东西。

那么，卢梭的共同意志到底是什么呢？它是否像一些学者所指责的那样是一种神秘之物呢？尽管有学者认为卢梭的共同意志概念是一个纯粹的形式性概念，不包含任何实质性内容，[③] 但是，威廉姆斯认为，卢梭的共同意志概念既包括形式性要求，也包括实质性内容。[④]

共同意志的形式性要求包含三个方面：①共同意志必须源自全体。卢梭在《社会契约论》第二卷第 2 章的注释中指出："意志要成为共同意志，并不永远需要它是全体一致的，但必须把全部票数都计算在内；任何形式的排斥都会破坏它的公共性。"[⑤] 这一点是卢梭政治哲学中最民主的成分，也是卢梭强烈反对派系存在的原因所在。②共同意志必须应用于全体。共同意志具体体现为法律，它适用于全体成员，没有任何人可以超越于法律之上。③共同意志必须

---

① Riley. Patrick，1986. 205.

② Riley. Patrick，1991.

③ R. D. Masters. The Political Philosophy of Rousseau. Princeton：Princeton University Press，1968. 327～328；John T. Scott. Politics as the Imitation of the Divine in Rousseau's Social Contract. Polity 26，Summer 1994. 473～501.

④ David Lay Williams. Rousseau's Social Contract：An Introduction. Cambridge University Press，2014. 250～263.

⑤ 卢梭：《社会契约论》，何兆武译，33 页，北京，商务印书馆，2003. 译文有改动。

指向公共利益。在此，尽管"利益"是实质性的，但"公共"是程序性的。卢梭在区分共同意志和众意（will of all）时强调："共同意志只着眼于公共的利益，而众意则着眼于私人的利益，众意只是个别意志的总和。"[①] 在卢梭看来，公共利益不能简单地被分解为共同体成员的私人利益，不能认为每个共同体成员的私人利益加总即公共利益。共同体作为一个整体有其区别于成员个体私人利益的公共利益，这种公共利益不但不是每个成员私人利益的总和，甚至与成员的私人利益相对立。例如，共和国的自由与安全就不能还原为公民个人的自由与安全，因为共和国的自由与安全的丧失，并不必然导致公民的自由和安全的丧失，同时，共和国的自由与安全还要求公民为此付出代价，比如，承担赋税或兵役的义务，甚至还有可能要求他们付出自己的生命。

共同意志的实质性内容包括三个方面：①正义。超越性的正义观念是共同意志的核心成分，"最公共化的意志也是最公正的意志"（the most general will is also the most just），"要确保遵循共同意志，只要公平行事即可"。[②] ②善。在卢梭看来，善与正义是分不开的，"我们所谓的'善'，就是由于爱秩序而创造秩序的行为；我们所谓的'正义'，就是由于爱秩序而保存秩序的行为"。[③] 后面我们将会看到，这种创造秩序的善既体现在立法者的任务之中，也体现在公民的德性之中。③平等。这一点无须多言，平等是卢梭关心的核心价值，在《爱弥儿》和《社会契约论》中，卢梭一再强调，共同意志总是倾向于平等。[④] 正是由于卢梭在共同意志概念中注入了实质性的内容，共同意志才

① 卢梭：《社会契约论》，何兆武 译，35 页，北京，商务印书馆，2003。
② 卢梭：《论政治经济学》，崇明 译，载刘小枫编：《政治制度论》，138 ～ 185 页，北京，华夏出版社，2013，此处第 144、148 页，译文有改动。必须承认的是，卢梭的正义观很模糊，正面论述不多。在《爱弥儿》中，卢梭提出了一种直觉性的正义观念："在我们的灵魂深处生来就有一种正义和道德的原则。"见卢梭：《爱弥儿》，414 页。但是，这种生来就有的原则到底指的是什么？是超越秩序原则在个体灵魂中的投影呢？还是共同体长期历史积累的正义原则在个体灵魂中的投影呢？如果是前者，卢梭的正义观就是目的论式的；如果是后者，则可以是意志论的。对此，卢梭并没有清晰的论述。尽管卢梭认为在道德和政治领域是有正确答案的。但是，和古人不同，在卢梭看来，正确的答案不可能在目的论式的自然道德秩序中发现。相反，道德和政治领域的正确答案（对卢梭来说就是公意）是从主权人民的集体审议中产生出来的。Joseph F. Fletcher, Patrick Neal. Hercules and the Legislator: The Problem of Justice in Contemporary Political Philosophy. Canadian Journal of Political Science, Vol. 18, No. 1, Mar. 1985. 57 ～ 76.
③ 卢梭：《爱弥儿》，李平沤译，403 ～ 404 页，北京，商务印书馆，1978。
④ 卢梭：《社会契约论》，何兆武译，32 页，北京，商务印书馆，2003。

避免了纯程序性可能带来的弊病。在卢梭看来，众意倒是纯粹按照程序性要求的最佳例证，它纯粹是实证主义式的，其内容囊括了加总后的人民意志中的任何东西，不管是支持自由、平等的，还是赞成专制或种族屠杀的。[①]

第三节　如何发现共同意志？

卢梭曾明言，在公民大会上，"每个人在投票时都说出了自己对这个问题的意见，于是从票数的计算里就可以得出共同意志的宣告"[②]。也就是说，共同意志是通过投票机制来发现的。这就涉及一些问题。共同意志和个人意志之间是什么关系？个人意志是如何通过投票转化为共同意志的？那些将卢梭视为极权主义者的人常常将共同意志和个人意志对立起来，认为共同意志就是要反对个人意志，将共同意志当作超越于个体之外的某种神秘的意志。其实，这里需要分辨两点，一是共同意志和个人意志之间的关系；二是作为个人意志的共同意志和经过投票产生的共同意志之间的关系。

共同意志概念中的 generality 要排除的不是个人主义，而是特殊主义。在卢梭那里，个体应该并且能够有一个共同意志，他只反对 particular will，而不反对个人意志。如果共同意志不是一种个人意志，则共同意志无处落脚，真的会变成人们常常指责的神秘之物；如果共同意志不是个人意志，则个人对之就没有什么义务可言（我们可以回忆一下奥古斯丁对自由意志的引入）。因此，我们可以将共同意志理解为一种特殊类型的个人意志，即个体作为公民而具有的一种个人意志，[③] 它和个体作为自然人而具有的 particular will 相对立。所以卢梭将立法者的真实（却是秘密的）的任务规定为培育风俗习惯、行为方式和思考习惯，一句话，培育"公共舆论"（public opinion），而不是立法，并以此为基础将个体从一个自然人慢慢熏习成为一个公民。[④]

[①]　Williams，David Lay. Justice and the General Will：Affirming Rousseau's Ancient Orientation. Journal of the History of Ideas，Vol. 66，No. 3，Jul. 2005. 383～411.

[②]　卢梭：《社会契约论》，何兆武译，136 页，北京，商务印书馆，2003。

[③]　Riley. Patrick，1986. 249.

[④]　卢梭：《社会契约论》，修订第三版，何兆武译，第二卷，第 7 章、第 12 章，北京，商务印书馆，2003。

　　但问题并没有解决，卢梭不是说共同意志永远是正确的吗？[①] 然而，个体作为公民而具有的共同意志却有出错的可能性，因为卢梭同样明确地说过，当个体的意志和多数投票的结果不符时，错的是个体，而不是多数投票的结果。[②] 如何解释？这就需要区分作为个人意志的共同意志和经过投票产生的共同意志之间的关系。

　　这个问题一直是卢梭共同意志概念的难点，历来遭到的攻击也最多。这里的要点是如何理解作为个人意志的共同意志和经过投票产生的共同意志。卢梭强调个体作为公民时的意志就是共同意志，其所要保证的是个体思考的定向问题，保证个体的思考以公共善为目标，而不是以自身特殊的利益为归依。但这并不能保证其思考的结果就一定能促进公共善，因为人不是上帝，他也不具备狄德罗或康德式的普遍主义的理性，因此，卢梭又求助于公民表决，投票的结果就代表了真正的共同意志。

　　卢梭关于这一问题的论述是比较含糊的，历来争议较大。卢梭在《社会契约论》第二卷第 3 章中是这样讲的：

> There is often a great difference between the will of all and the general will. The latter considers only the common interest; the former considers private interest, and is only a sum of private wills. But take away from these same wills the pluses and minuses that cancel each other out, and the remaining sum of the differences is the general will.[③]

---

① 对于常常使人迷惑不解的"公意永远是正确的"这句话，贝洛克在 1920 年曾提出一种新的解释，这句话的英文译文是"the general will is always right"，而在法文原文中，对应"right"的法文词是"Droit"，他认为"Droit"应译为"direct（直接的）"。鲍桑葵也认为，卢梭想坚持的原是一种直接性，即按定义来说，公共意志是以公共福利为目的的，如果有不正当的利益使之转移了方向，就不成其为公共意志了。参见：鲍桑葵：《关于国家的哲学理论》，汪淑均译，129～130 页，注释 2，北京，商务印书馆，1996。1960 年，瓦德曼（Theodore Waldman）也曾有别具一格的解释，他认为这个词在法文中有 right 和 law 两种含义，根据他的分析，将其译为"the general will is always law"可能更合适。这两种解释尽管没有为学术界所广泛接受，但仍是很有启发意义的。Theodore Waldman. Rousseau on the General Will and Legislator. Political Studies, Vol.8，No.3，1960. 221～230.

② "与我相反的意见若是占了上风，那并不证明别的，只是证明我错了，只是证明我所估计是公意的并不是公意。"《社会契约论》第四卷，第 2 章。

③ 中文译文为"众意与公意之间经常总有很大的差别；公意只着眼于公共的利益，而众意则着眼于私人的利益，众意只是个别意志的总和。但是，除掉这些个别意志间正负相抵消的部分而外，则剩下的总和仍然是公意。"（何兆武译）

　　普拉门内兹（John Plamenatz）认为，卢梭对抽象意志的这种准数学的陈述如果按字面上来理解的话完全是无意义的。如果对私人意志进行"加""减"的是那些对于每一个人来说是特殊的东西，那么，其数学解释是，如果约翰是 $x+a$，理查德是 $x+b$，托马斯是 $x+c$，那么，x 是共同的，而 a、b、c 是特殊的。如果共同意志是加减之后所剩下的，那么那就是 x，如果共同意志是差异之和，那么则是 $a+b+c$，不管是哪一个，它不可能同时是二者。[①]

　　吉尔丁认为，普拉门内兹的解释是错误的，为此他提出了自己对卢俊这段话的论证。假定主权大会要就安装污染控制装置的问题进行表决，大会的每个成员都是司机，分别称为 D_1、D_2、$D_3\cdots D_n$，$+D_x$ 表示 D_x 安装污染控制设备的愿望，$-D_x$ 则表示 D_x 不安装这种设备的愿望，所有司机都想要清洁的空气，并认为只有安装污染控制装置才能获得，但同时他们又都不想让自己安装这种设备。这样，每个司机带到国民大会上的个别意志如表 3-1 所示。

表 3-1　吉尔丁关于共同意志的计算公式

司　　机	司机的个别意志
D_1	$-D_1+D_2+D_3+\cdots+D_n$
D_2	$+D_1-D_2+D_3+\cdots+D_n$
D_3	$+D_1+D_2-D_3+\cdots+D_n$
⋮	
D_n	$+D_1+D_2+D_3+\cdots-D_n$

　　每个司机都想获得清洁的空气，同时又都不想让自己为此付出相应的成本，而只想让其他人付出代价，即安装污染控制装置，每个人都提出只有利于自己的方案。作为个别意志"差异的总和"，那么共同意志就是 D_1、D_2、$D_3\cdots D_n$，这些个别意志加在一起使正负抵消后剩下的总和为 $+D_1+D_2+D_3\cdots+D_n$，也就

① John Plamenatz. Man and Society. 1，London：Langman，Green，1963. 393. 政治学家张奚若先生也曾经有类似的阐释，用算式解释卢梭的公意、私意和众意："公意是以公利公益为怀，乃人人同共之意。如甲之意 $=a+b+c$，乙之意 $=a+d+e$，丙之意 $=a+x+y$。所以公意 $=a$。而众意则为一私利私意为怀，为彼此不同之意。因此众意 $=a+b+c+d+e+x+y$。所以公意是私意之差，而众意是私意之合。"参见张奚若：《社约论考》，载袁贺、谈火生编：《百年卢梭》，91～116 页，长春：吉林出版集团有限责任公司，2009.

是说，共同意志将以压倒多数的方式做出决定，所有司机都将安装污染控制装置，所有人都获得了利益（清洁的空气），同时又都支付了相应的代价（安装污染控制设备）。①

吉尔丁的解释是典型的理性选择论的思路，认为公民个体在追求私利的过程中会自动实现公共利益。但是，这种解释思路是有问题的，吉尔丁的公式所计算出来的共同意志，其实正是卢梭所批评的众意。因为对每个人都有利的事情并不一定是对共同体有利的事情。例如，当地米斯托克利在雅典公民大会上提议，把银矿每年的收益用于建造一支舰队而不是分给全体公民时，他得到了公民大会的支持。② 在这里，共和国的整体利益与所有公民的个人利益是对立的。如果以普拉门内兹或吉尔丁等人对共同意志的解释方式来为雅典公民做出决策，那么，雅典公民的共同意志就将是把银矿的收益分给全体公民，而不是用来建造一支舰队。普拉门内兹和吉尔丁的解释最大的问题是将公民设想为理性自利的个人，这与卢梭的公民形象是格格不入的。③

为了解决这一矛盾，戴戈（Richard Dagger）提出我们应该区分 the general will 和 a general will。由于卢梭没有明确地讲，个体在投票时是应该考虑其个人利益还是考虑公共利益，因此，投票和共同意志之间的关系一直是一个谜。在大多数的时候，卢梭都是使用 the general will 来表示一种命令或原则。但他有时也使用 a general will 来表示某项特定的决策。我们可以对它们做一个区分，the 指原则，所有的公共决策必须仅仅只考虑作为公民的共同利益。 a 指一项特定的决策，它符合这一原则。但它本身并不就是 the general will。④

这一区分对于我们关心的问题——作为个人意志的共同意志和经过投票产生的共同意志之间的关系——而言是富有启发意义的，我们可以借助戴戈的思路，进一步将戴戈所谓的 a general will 区分为 a general will 和 A general will。这样，就有三个层次的"共同意志"，a general will 指公民个人对共同利益

---

① 吉尔丁：《设计论证——卢梭的〈社会契约论〉》，尚新建、王凌云译，62 ～ 63 页，北京，华夏出版社，2006。

② 基托：《希腊人》，139 页，上海，上海人民出版社，1998。

③ 关于这一解释思路存在的问题，可以参考：林壮青：《卢梭的公意等同于公共物品之谬误——曲解卢梭的私意》，载《福建论坛》（人文社会科学版），2010（8）：77 ～ 80 页。

④ Richard Dagger. Understanding the General Will. The Western Political Quarterly，Vol.34，No.3，sep.1981. 359 ～ 371.

的思考；A general will 指通过投票产生的某项特定的决策；the general will 则指能促进共同体共同利益的原则。

　　但需要注意的是，这里的 a general will 并不就是 particular will，它是与 particular will 平行的，共同意志包含于个体意志（will of individual）之中。在卢梭看来，每一个人同时既是一个人（a man），又是一个公民（a citizen）。作为人，每一个人都是独特的，每一个人都有其独特的认同和特殊的利益；但是作为一个公民，他们都是共同体的成员，分享着共同的利益。值得注意的是，在卢梭那里，公民是抽象的人（abstract person）。这样，每一个人既有作为一个人的个别利益，也有作为一个公民的一般利益（general interest）。基于这样的区分，卢梭对意志做了相应的区分，即个别的意志（或私人意志）和共同意志。也就是说，当公民参加公民大会进行投票的时候，他是带着两种意志的，一种是他作为一个人的个人意志（private will 或 particular will），另一种是他作为公民的个人意志的共同意志，这种共同意志只是他作为公民对于公共利益的思考，也就是卢梭自己所说的"我所估计的共同意志"。需要注意的是，每一个人对这种公共利益的思考不会是一样的，否则就不需要投票了，也就是说，每一个公民个体的共同意志是不一样的。[①] 投票就是要将不同的 a general will 聚合成为 A general will，而这个 A general will 是能体现 the general will 的。[②] 这样，我们可以将这一过程（见图 3-1）展示如下：

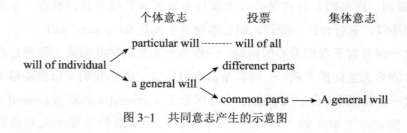

图 3-1　共同意志产生的示意图

① 在这一点上，笔者不同意张奚若的看法，他将每个人的 general will 视为同样的 a，这种数学解释当然十分形象，但如果每个人都有一个相同的 a，错从何来？投票也就没有必要了，由立法者告诉你即可。

② 在这一点上，笔者不同意朱学勤的解释。朱学勤在《道德理想国的覆灭》一书中，将卢梭的公意的产生过程理解为一个线性的"二度抽象"的过程：首先是众意从私意中聚合而成，这是物理的变化，然后从众意中化合成公意，这是化学的变化。见《道德理想国的覆灭》，77～78 页，上海，上海三联书店，1994。

　　每一个个体在投票过程中，其意志包括两个部分，即 particular will 和 a general will，① 众多 particular will 聚合的结果只能是 will of all，而众多的 a general will 聚合的结果才可能是 A general will 。通过投票，那些分散的、各不相同的 particular will 自然是无法取得多数票的，因此，它们会被投票过滤掉。② 与此同时，众多的 a general will 中的不同的部分也会被过滤掉，剩下的是众多的 a general will 中的共同的部分，这些剩下的部分才是 A general will。

　　在本文看来，所谓的"加""减"是发生在众多的 a general will 之间，而与各不相同的 particular will 没有关系。如果是像朱学勤所理解的那样，首先是由 particular will 聚合成 will of all，再由 will of all 化合成 general will，我们很难理解以个人利益为出发点的 particular will 如何就变成了以公共利益为归依的 general will。如果依据本文以上的解释思路，这一层困难是不存在的，并且，卢梭所极力强调的 general will 和 will of all 之间的差别也一目了然了。will of all 仅仅是 particular will 在数量上的最大化，而忽视了真正的、普遍的共同利益。③

　　这里仍有一个问题需要解决，原文中的 differences（sum of the differences is the general will）做何解？如果我们像普拉门内兹那样，将个人意志理解为 $x+a$ 或 $x+b$，这里的 differences 的确是无法解释。但是，如果按本文此处所提出的思路，则 differences 指共同体的公民对共同意志的不同理解，也即众多的 a general will，这样我们就可以顺利地解决紧承此段下面的一句话：the great number of small differences will always produce a general will（注意，此处的 a

---

① 我在这里用 particular will 而没有采用 private will，原因在于 private will 在理解上有歧义。尽管一般都将 particular will 和 private will 等同起来，但是，Steven G. Affeld 认为，卢梭的对"私人 private"概念的理解类似于密尔（Mill）和其他一些自由主义者，对于卢梭而言，"private"的意思是内在的（inner）、真正的（"true"或"genuine"），它并不是与"public"或"common"相对，而是与"outer"或"apparent"相对。发现 private，其实是发现自己。在这个意义上讲，particular will 不等于 private will。Affeldt. Steven G.，1999. 299～333.
② 在这个意义上，will of all 在卢梭所设想的投票中是虚拟的。但是，要保证这一点需以 a general will 的存在为前提，如果所有的集体成员都不以公共利益为归依来考虑问题，只有 particular will 的话，通过投票聚合出来的当然就只有是 will of all，而这正是卢梭所强烈反对的。也正是有鉴于此，卢梭强烈反对党派，因为它们有可能操纵很多人按照 particular will 来投票，这样就会使投票所具有的过滤 particular will 的功能失效。罗尔斯的"无知之幕"的设计意旨正与此同。
③ Merquior J. G. Rousseau and Weber：Two Studies in the Theory of Legitimacy，London：Routledge & Kegan Paul，1980. 28.

general will 相当于我所说的 A general will）。

那么，这些众多的 a general will 如何产生出来呢？卢梭明确地提出，需要公民在充分占有信息的基础上，在相互之间没有任何沟通的情况下，（对共同利益）进行考量，由此形成大量的对共同意志的不同理解，从中才可以产生出共同意志。[①] 请注意，卢梭在这里对共同意志的产生附加了几个限制性条件：①它有赖于公民的思考，就像爱弥尔那样的公民，具有健全的判断能力；②他们拥有关于共同体的足够的信息，这是他们据以判断的依据；③他们要在互不沟通的情况下独立地对各种信息进行考量；④在考量的基础上形成自己的判断，也就是形成自己对共同意志的不同理解；⑤判断的依据是它（a general will）能促进共同体的共同利益；⑥对共同意志的不同理解的数量要足够的大（理由参考下文的论述）。在这样的条件下，从大量的对共同意志的不同理解中才可以产生出符合 the general will 的 A general will。

第一个条件涉及卢梭的公民观，这是一个非常复杂的问题，此处不做讨论，详细的分析请参考本书第五章。[②] 第二个条件在卢梭所设想的共和国中是不成问题的。第三、第四个条件涉及如何理解卢梭的概念，本文在前面已略做分析。第五个条件是由第一个条件来保证的。我们下面着重考察第六个条件，为什么足够大数量的对共同意志的不同理解中总可以产生出符合 the general will 的 a general will？换句话说，我们凭什么就能保证投票的结果 A general will 一定能

---

① 此处何译为"如果当人民能够充分了解情况并进行讨论时，公民彼此之间没有任何勾结；那末从大量的小分歧中总可以产生公意"（《社会契约论》，36 页），疑误。英译本（Maurice Cranston）译为：From the deliberations of a people properly informed，and provided its members don not have any communication among themselves，the great number of small differences will always produce a general will。此处及上一段（我们前面所引段落）向为卢梭研究之难点，不能不略加辨析。在这句话中，何译本将 deliberations 译为"讨论"、communication 译为"勾结"、differences 译为"分歧"均不甚妥当，理由如下：deliberations 兼具慎思与明辨两重含义，如脱离语境，单独将其译为"讨论"虽无不可，但此处明言不可相互沟通（communication），则只可取其"慎思"的含义，其实就是古丁所谓"内部审议"之义（参下文注释）；Communication 不能译为"勾结"，而应译为"沟通"，理由是卢梭此处对沟通的禁止是为了防止相互沟通会妨碍公民的独立判断，尚不是下文对派别的禁止之义；differences 简单地译为"分歧"当然不能算错，但无法准确地表达卢梭的意思。另外，我之所以将 people 译为"公民"，是根据上下文而来，在下面一段的开头就是"every citizen should make up his own mind for himself"，这是其文本根据。

② 关于这个问题，有兴趣的读者可以参考袁贺：《公民与现代性政治》，北京，中央民族大学出版社，2013。

体现 the general will 呢？对于这一点，历来遭到人们的怀疑。到 1980 年代末，格罗夫曼（Bernard Grofman）和费尔德（Scott L. Feld）提出一种新的解释路向，用与卢梭同时代的孔多塞的"陪审团原理"来解释卢梭的共同意志的形成过程。①

根据格罗夫曼和费尔德的解释，卢梭的共同意志概念包括三个要素：①有一个公共善存在。② ②公民们并不总是很清楚他们所理解的公共善中哪些是与真正的公共善相符的。③ ③投票是一种相对有效的确认公共善的方式。④ 但为什么投票就是一种相对有效的确认公共善的方式，卢梭自己却没有说得很明白，倒是与他同时代的孔多塞将这一问题说清楚了。

长期以来，人们对孔多塞没有给予足够的重视，直到 1950 年代，布莱克（Black）重新发现其"投票循环悖论"的思想并成为现代社会选择理论的基础后，人们才开始重视他。尽管这一原理现在是广为人知，但当时不过是他研究团体如何达成最佳的集体选择问题时的一个副产品。

格罗夫曼和费尔德认为，早在 200 年前（1785 年），孔多塞就认识到，个体的多数常常比个体本身更正确，不管参与者本人是否理解，正是这一点使得民主"运转"起来。孔多塞的陪审团原理指出，如果每一个个体都可能在一组选项中做出相对"较好"的选择（根据特定的评估标准来说是较好的），并且每一个个体做出正确选择的可能性相同，那么，每一位选民独立地进行投票，团体

① Grofman，Bernard，Scott L. Feld，Rousseau's General Will：A Condorcetian Perspective. The American Political Science Review，Vol. 82，No. 2，Jun. 1988. 567 ～ 576. 1989 年，David M.Estlund 和 Jeremy Waldron 对此提出了不同的解释，Grofman 和 Feld 做了回应，并对他们先前的陈述做了澄清和扩充. M.Estlund，Jeremy Waldron，Bernard Grofman，Scott L. Feld，Democratic Theory and the Public Interest：Condorcet and Rousseau Revisited. The American Political Science Review，Vol. 83，No. 4，Dec. 1989. 1317 ～ 1340 。对孔多塞式解释路向的批判性评论可以参考 Goodin. Robert E. 2003，第 5 章。崔之元在《卢梭新论》中借用了这一解释路向，但未注明出处；许纪霖将这一解释路向的发明权归之于崔之元，显然是误置。见许纪霖：《两种民主观：自由主义与共和主义》，注 83。

② "如果所有这些利益彼此并不具有某些一致之点的话，那末就没有任何社会可以存在了。"《社会契约论》，第二卷，第 1 章。

③ "公意永远是公正的，而且永远以公共利益为依归；但是并不能由此推论说，人民的考虑也永远有着同样的正确性。人们总是愿意自己幸福，但人们并不总是能看清楚幸福。"《社会契约论》，第二卷，第 3 章。

④ 在公民大会上，"从票数的计算里就可以得出公意的宣告"。《社会契约论》，第四卷，第 2 章。

做出正确选择的可能性与团体成员的数量的扩大成正比，直到趋近为 1。并且，即使个体的能力不同——这里的"能力"指个体做出"正确"选择的可能性——平均水平大于 0.5，只要团体足够大，团体做出正确选择的可能性仍趋近为 1。

如果我们将孔多塞的这一原理和卢梭的"共同意志"概念联系起来，我们会发现以下几点：

（1）如果有一种公共善和一组多少体现这种公共善的选项，那么从原则上我们可以说，这些选项从规范的意义上讲与公共利益（即 the general will）是一致的，这样的评估标准使我们可以对这些选项进行排序。

（2）个体 I 选择更接近于公共利益（近似于 the general will）的概率是 P_i（$0 \leqslant P_i \leqslant 1$）。

（3）由 N 个成员组成的团体通过投票的方式在任何两个选项中进行选择时，个体在没有协商的情况下独立地做出选择。

尽管卢梭可能从来没有进行过这样的数学计算，但是我们相信，在个体关于公共利益的判断是如何聚合成 A general will 的问题上，孔多塞的陪审团原理准确地抓住了卢梭共同意志概念的核心。我们可以从以下五个方面来把握卢梭与孔多塞之间的关联：一是孔多塞的陪审团原理是建立在公共判断而不是分离的个体偏好的基础之上。这使我们能更好地理解为什么卢梭关于 general will 和 will of all 之间的差别可以在大会投票中得以体现。二是陪审团原理使我们更好地理解为什么多数可以作为 general will 的代表而并不要求多数意志与 general will 完全保持一致。三是陪审团原理能帮助我们更好地理解卢梭第二卷第 3 章中的一段极易引起误解的话："当形成了派别的时候，形成了以牺牲大集体为代价的小集团的时候，每一个这种集团的意志对它的成员来说就成为共同意志，而对国家来说则成为个别意志；这时候我们可以说，投票者的数目已经不再与人数相等，而只与集团的数目相等了。分歧在数量上是减少了，而所得的结果却更缺乏共同意志。最后，当这些集团中有一个是如此之大，以至于超过了其他一切集团的时候，那么结果你就不再有许多小的分歧的总和，而只有一个唯一的分歧；这时，就不再有共同意志，而占优势的意见便只不过是一个个别的意见。"如果我们将这段话译成孔多塞的语言就会比较清晰，当公民大会的有效规模下降——因为公民投票屈从于派别，而不是作为一个独立思考和独立行动的个体——团体做出正确选择的概率就会下降。在极端情况下，如果存在一个相对多数的派别，它可能成为决策的唯一声音，庞大数量的好处将会丧失殆尽。四是它为卢梭的观察——"人们的意见越是趋于全体一致，则共同意志也就越占统治地位"[①]——提供了数学基础。五是更好地理解卢梭的另一段话："审议的主题越是重要，审议的态度越是认真（the more important and serious the deliberations），流行的意见就越接近于全体同意。"[②]

第四节 结语：共同意志概念与协商民主理论

卢梭强调定期集会，并以投票作为产生共同意志的手段，这其实暗含着卢梭对共同意志的理解：共同意志并不是一个先验的甚至是一个一蹴而就的目标，它是需要公民持续参与、不断更新建设的东西。[③]就此而言，它与当代民主理论有很强的关联性。达德利·娄尔思（Dudley Knowles）指出，1990 年代兴起的协商民主理论是一次"新卢梭运动（neo-Rousseauian movement）"，而"共同意志"概念在其中扮演了重要的角色。[④]具体而言，卢梭的"共同意志"概念在三个方面为当代协商民主思想的兴起提供了思想资源。

第一，将"deliberation"民主化，使得 deliberation 与 democracy 的结合成为可能。正如埃尔斯特（Jon Elster）所指出的，deliberation 的观念和实践几乎和民主观念本身一样古老而源远流长。[⑤]但是，我们也不能忘记，直到 19 世纪中叶，"民主"在西方一直是贬义的意味，与暴民政治相联，[⑥]而 deliberation 所代表的"深思熟虑"正是对治民主之弊端的良药。因此，"deliberation"和

---

① 卢梭：《社会契约论》，何兆武译，134 页，北京，商务印书馆，2003。

② 但即便是全体同意也不能保证政权的合法性，因为多数可能汇聚于一种并非能促进集体利益的意愿之上。卢梭在第二卷第 3 章中考虑到这个问题。他对这一问题的处理方式是赋予主权以极端的品格：不可让渡、不可分割、与共同意志合而为一，由此带来的一个问题是，我们必须预设共同意志是永远不会错的，事实上，卢梭就是如此设想的。Honig, Bonnie, 2002.

③ Steven Affeldt, 1999, 注释 25. 这一点从卢梭使用不定冠词 a 中可以很明显地体现出来，如果是先定的，就应该一以贯之地使用 the 而不能用 a。就此而言，曼宁误解了卢梭的共同意志概念，他认为卢梭的共同意志是先定的，因此他才会说，合法的法律是共同的结果，而不是共同意志的表达。Manin. Bernard. 1987.

④ Dudley Knowles. Political Philosophy. Routledge, 2001. 334.

⑤ Jon Elster，Introduction，in Jon Elster，ed.. Deliberative Democracy. Cambridge：Cambridge University Press，1998. 1 ～ 18.

⑥ 萨托利：《民主新论》，323 ～ 326 页，冯克利、阎克文译，北京，东方出版社，1998。

"democracy"这两个词所代表的正好是两种无法相容的元素——慎思与平等，deliberation 所代表的深思熟虑的能力并非普通民众所能具备。但卢梭在思考共同意志如何产生时，摆脱了这种精英主义的思考方向，他强调普通公民的慎思能力，以及这种能力在共同意志产生过程中的作用。在卢梭看来，作为公民的个人意志的共同意志（a general will）——也就是卢梭自己所说的"我所估计的共同意志"，它们是个体慎思的结果——是共同意志（A general will）的基础。

在这一点上，卢梭与亚里士多德是不同的。正如我们在第一章中所分析的，在亚里士多德那里，作为集体的大众完全可能不是走向"卓越"，而是变得更加"低下"。与之对照的是，在卢梭这里，作为集体的大众具有个体所不具备的独特优势。并且，在卢梭看来，参与的人数越多，投票所产生的结果越接近共同意志。也正是在这个意义上，卢梭在《社会契约论》的第四卷第 7 章中盛赞罗马的百人团大会，因为百人团大会在罗马人创造的三种公民大会中最具包容性，甚至将无产者都纳入其中，真正成为全体人民的大会（具体论述请见本书第六章）。

第二，强调 delibertion 必须以公共理性为凭据、以公共利益为归依，为当代协商民主的产生提供了最重要的洞见。一方面，共同意志是理性公共运用（the public use of reason）的结果。在卢梭看来，只有当政治权力的运用是建立在每个公民的理性思考和表达的基础之上时，它才是正当的。由每个公民通过理性思考所形成的 a general will，通过投票机制形成 A general will。在这个意义上，卢梭的共同意志观念是公共理性观念的先声，它通过康德直接影响了哈贝马斯和罗尔斯这两位当代协商民主理论最重要的思想家。

另一方面，卢梭强调，作为一个理性的公民，他的慎思必须以公共利益为归依，而不是以自身特殊的利益为目标，只有这样，才能保证 A general will 体现 the general will 的要求。卢梭所极力区分的 general will 和 will of all，其目的即在此，will of all 仅仅是 particular will 在数量上的最大化，而忽视了真正的共同利益。就此而言，当代协商民主理论对聚合式民主理论的批评可以说是卢梭对 general will 和 will of all 区分的翻版。因为聚合式民主的民主意志形成过程就是 particular will 聚合成 will of all 的过程，协商民主主张的则是 a general will 聚合成 A general will 的过程。协商民主强调在投票之前应该有一个以公共理性为凭据、以公共利益为归依的协商过程，希望通过公共讨论和个体的自我反思，将个体未经反思的偏好转化为理性的判断，并将其作为民主意志的基础。

第三，公民德性在民主中的重要作用。共同意志的产生需要一系列的限制性条件，其中，公民是重要的前提。只有将人变成公民，共同意志的产生和流行才有可能。正是在这个意义上，卢梭自认为其最重要的作品是副标题为"论教育"的《爱弥儿》。卢梭笔下的公民洋溢着公正无私、和睦无间的精神，积极地参与公共事务，永远将公共的事情置于私人的事情之前，其思考永远以共同利益为归依。在卢梭看来，只有这样的公民才能担负起主权者的重任，一方面通过理性的思考和真诚的表达来保证共同意志得以产生；另一方面通过定期地行使主权以防范政府对共同意志的破坏。为此，他花了大量的篇幅来讨论公民教育问题（具体论述请见本书第五章）。卢梭对公民问题的思考为当代的协商式公民的塑造提供了样板。公共协商要想取得成功，参与协商的公民必须将公共理性和政治德性内化于心，积极参与各种协商论坛的活动，在实践中不断提升自身的协商能力，开阔眼界和心胸。

当然，我们也必须看到，卢梭对 deliberation 的理解，与当代协商民主理论还是有差距的。卢梭的 deliberation 侧重于慎思（deliberation within），而不是讨论（deliberation with each other）。[①]尽管也有学者主张卢梭也主张对话式的协商或公共协商（public deliberation），但本文不赞成这种解读。[②]卢梭对当代协商民主的贡献并不是体现在对对话式民主的提倡之上，而是体现在他对 deliberation 在决策中的地位以及 deliberation 的定向方面的创造性贡献。对此，我们没有必要为了强调他与当代协商民主理论之间的关联而强行解说，甚至人为地拔高。在此，有一个问题值得讨论，如果卢梭生活在今天，他是否能够接受当代协商民主理论所提倡的对话式协商的思想？笔者认为是可能的。对于卢梭而言，共同意志产生的前提之一是公民对相关议题具备足够的信息。在他所

---

① 正如格罗曼和费尔德所言，卢梭是将"过程"视为一个发生在个体内部而不是集体论辩的基础上。每个投票者都寻求达到个体的、独立的判断。正是这一分别导致了 general will 在 20 世纪的命运。Grofman 和 Feld，1988；更详细的关于这种"内部"的解释可以参考 Goodin，Robert E. Democratic Deliberation Within. Philosophy & Public Affairs，2000，29：81～109；Goodin，Robert E. 2003.

② "Philip Pettit，Wlodek Rabinowicz，Deliberative Democracy and the Discursive Dilemma，Philosophical Issues，Vol. 11，2001. 268-299；David M. Estlund，Jeremy Waldron，Democratic Theory and the Public Interest：Condorcet and Rousseau Revisited，The American Political Science Review，Vol. 83，No. 4，1989. 1317-1328."

设想的小国寡民的状态下，小共同体的公民对公共事务是具备必要的信息的。但是，在今天这样的大规模国家以及公共事务变得越来越复杂的情况下，通过公共讨论来交换信息可能是一个必要条件。因此，笔者认为，尽管卢梭对当代协商民主所主张的公共协商是陌生的，但公共协商所体现的理由交换以及随之而来的信息汇集，与卢梭的理论主张是相容的。因此，如果卢梭生活在今天，出于获取必要信息的需要，他应该能接受公共协商的思想。

共同意志概念是卢梭政治思想中最核心也是最具创造力的概念。在卢梭看来，共同意志的实现包括两个方面的内容：一是共同意志的产生；二是共同意志的流行，即人们对共同意志的遵守。共同意志的产生需要有德性的公民和民主的投票机制，共同意志的流行同样也需要成熟的公民和民主政府的制度安排。因此，在接下来的两章中，我们将依次讨论卢梭对民主的制度构想和公民教育思想。

第四章　卢梭的双层民主模型 *

卢梭通常被认为是直接参与民主理论的原型。例如，参与民主理论的代表人物之一卡罗尔·佩特曼（Carole Pateman）在其被广为引用的名著《参与和民主理论》中就写道："在参与民主理论家中，卢梭或许可以被认为是最为卓越的代表。他在《社会契约论》中对政治体系本质的理解对于参与民主理论的贡献是非常重要的"，"尽管卢梭的写作是在现代民主制度诞生之前，并且他的理想社会是非工业化的城市国家，但在他的理论中，我们可以看到关于民主政体中参与功能的基本假设"，"卢梭的整个政治理论集中围绕政治决策过程中每个公民的个人参与。"①

但是，就在被佩特曼认为对参与民主理论做出了重要贡献的《社会契约论》中，我们发现了一些与佩特曼的观点正好相反的证据。例如，在"论民主制"这一章中，卢梭明确指出："就'民主制'这个名词的严格意义而言，真正的民主制从来就不曾有过，并且永远也不会有。多数人统治而少数人被统治，那是违反自然的秩序的。我们不能想象人民无休无止地开大会来讨论公共事务"，"如果有一种神明的人民，他们便可以用民主制来治理。但那样一种十全十美的政府是不适于人类的。"② 在卢梭的其他著作中，对直接参与民主的批评亦不少见，如在《论政治经济学》中，卢梭就否认人民应该经常性地集会以通过法律，他反问道："是否一遇意料之外的情况，就得召集全国的人开会呢？当然不是，这样的大会根本就不必开"，"对于人口众多的国家，这种方法也不是实际可行的；而且，只要政府具有善良的意愿，这样的会也没有什么必要。"③

---

* 本章曾以《"直接民主"抑或"代议民主"？——卢梭民主理论初探》为题，发表于《政治思想史》，2012 年第 1 期。

① 卡罗尔·佩特曼：《参与和民主理论》，陈尧译，22 页，上海，上海人民出版社，2006。

② 卢梭：《社会契约论》，何兆武译，84、86 页，北京，商务印书馆，2003。

③ 卢梭：《论政治经济学》，王运成译，11 页，北京，商务印书馆，1962。

在一封私人信件中，卢梭更是直截了当地声称："很显然，我不是一个空想家，我在《社会契约论》中并未为民主进行辩护。"[①]

在这些证据面前，我们不禁会心生疑窦：卢梭对民主制到底是持何种态度？卢梭是否是佩特曼所说的参与民主理论的先驱？如果是，在什么意义上是？本章试图对这些问题提出一个初步的解答，本章将分为三个部分：第一部分（第一节）将解读卢梭对民主制和选举式贵族制这两种政府形式的分析，该部分的结论是，在政府层次上，卢梭所青睐的不是直接民主制，而是代议民主制。第二部分试图解答由第一部分的结论所引发的两个问题：①如果说卢梭青睐的是代议民主制，那么，如何解释卢梭对代表制的斥责（第二节）？②如果说卢梭反对直接民主制，为什么后人一直将卢梭作为直接民主制最重要的理论先驱（第三节）？这两个问题其实都与卢梭对主权者和政府的功能定位相关。在回答这两个问题的过程中，笔者将提出本文的基本主张：在政府层次上，卢梭反对直接民主，而主张代议民主；但在主权者层次上，卢梭则主张公民的直接参与，而反对主权被代表（第四节）。最后一部分将对卢梭民主思想对于当代的意义做一个简要的讨论。

第一节　民主制与选举式贵族制：孰优孰劣？

在《社会契约论》中，卢梭关于民主问题的讨论主要集中在后半部分，特别是第三卷关于政府形式的讨论。卢梭对政府形式的划分基本沿袭了孟德斯鸠的观点，按照纯粹的数量标准将政府划分为三种类型：当政府是委之于全体人民或绝大部分的人民时，这种形式就称之为民主；当政府仅仅是委之于少数人时，就是贵族制；而当整个政府都集中于一个独一无二的行政官之手，所有其余的人都从他那里取得权力时，它就叫做国君制。[②] 尽管卢梭对"什么是最

---

① Mads Qvortrup. The Political Philosophy of Jean-Jacques Rousseau: The Impossibility of Reason. Manchester University Press, 2003. 58.

② 卢梭：《社会契约论》，何兆武译，81 ～ 82 页，北京，商务印书馆，2003。注意，卢梭和孟德斯鸠一样，仅以掌握权力的人数之多寡来判定一个政体的类型。但与之不同的是，在孟德斯鸠那里，只有民主制和贵族制属于共和体制。参见：孟德斯鸠：《论法的精神》（上卷），张雁深译，第二章，特别是第 7 ～ 8 页，北京，商务印书馆，1963。而对于卢梭而言，这三种政府类型都属于共和体制，不管掌握行政权力的人数多寡，只要其意志与公意相符，它就是共和政体。

好的政府形式"这一问题持保留态度①，认为"每一种形式在一定的情况下都可以是最好的，但在另一种情况下又可以是最坏的"②。但是，在随后关于这三种政府形式的讨论中，卢梭似乎倾向于认为选举式贵族制是最好的政府形式，在他看来，民主制不仅不可行，而且不可欲。

让我们先考察卢梭对民主制的否定态度。要理解卢梭的这一立场，我们首先需要弄清楚在卢梭那里"民主"一词到底是什么意思。在"论民主制"一章的开篇，卢梭就对民主制进行了界定，所谓的民主制，就是"能把行政权与立法权结合在一起的体制"③。这样一种体制用我们今天的话来说，就是直接民主制，或者叫作纯粹的民主制（pure democracy）。在这种体制中，全体人民不仅是主权者，而且"都是行政官或司法官"④。在卢梭看来，这样的民主制"从来就不曾有过，并且永远也不会有"，原因在于它既不可行，也不可欲。

说它不可行是因为民主政府得以成立和维续的条件过于苛刻。在卢梭看来，起码要满足以下条件才有可能：①国家的规模必须很小，以便人民很容易集会，并使公民之间相互熟悉；②公民在地位和财产上要高度平等；③要有极其淳朴的风尚，以免发生种种繁难的事务和棘手的争论；④很少有或者根本就没有奢侈，以免公民们遭到腐蚀；⑤公民美德的存在是民主制政府得以维续最重要的前提。⑤卢梭显然认为这样严苛的条件是很难具备的，不仅地位和财产的高度平等这些结构性的条件难以满足，而且对公民的要求——将知识、智慧与美德集于一身——更是难以实现，因此，他才会感叹道："如果有一种神明的人民，他们便可以用民主制来治理。但那样一种十全十美的政府是不适于人类的。"

看到这里，人们也许会说，卢梭其实是将民主制视为一种理想的政府形式（"一种十全十美的政府"），只不过它太高妙而难以实现罢了。但是，这样的理解可能偏离了卢梭的原意，因为卢梭对我们今天所谓的直接民主制的反对

---

① 《社会契约论》第三卷第8章的标题就是"论没有一种政府形式适宜于一切国家"。
② 卢梭：《社会契约论》，何兆武译，83页，北京，商务印书馆，2003。但是，他仍然指出，按照一般的原则（最高行政官的人数应该与公民的数目成反比），民主政府适宜于小国，贵族政府适宜于中等国家，而君王政府则适宜于大国。
③ 卢梭：《社会契约论》，何兆武译，83页，北京，商务印书馆，2003。
④ 《山中书简》第8书，参见：卢梭：《社会契约论》，何兆武译，83页注释3，北京，商务印书馆，2003。
⑤ 卢梭：《社会契约论》，何兆武译，84～85页，北京，商务印书馆，2003。

主要并不是因为它过于理想，从而缺乏现实可能性；甚至也主要不是因为它易于发生内战和内乱，从而缺乏稳定性；① 而是因为它根本就是错误的，从而是不可欲的。为什么这么讲呢？卢梭在对民主制进行界定之后，他马上指出："也正是这一点（把行政权与立法权结合在一起）才使得这种政府在某些方面非常不够，因为应该加以区别的东西并没有被区别开来。"② 所谓"应该加以区别的东西"，指的就是行政权与立法权。用卢梭自己的术语来讲就是，应该将立法者与政府分开。这是卢梭的一个重要的理论创新，因为"谈论民主制的人，还不曾有哪一个是充分区别了主权者与政府以及立法权与行政权的"③。

在第三卷第 1 章"政府总论"中，卢梭用了一个类比来说明二者之间的差别："一切自由的行为，都是由两种原因的结合而产生的：一种是精神的原因，亦即决定这种行动的意志；另一种是物理的原因，亦即执行这种行动的力量。当我朝着一个目标前进时，首先必须是我想要走到那里去；其次必须是我的脚步能带动我到那里去……政治体也有同样的动力，我们在这里同样地可以区别力量与意志；后者叫作立法权力，前者叫作行政权力。"④ 其中，立法权属于作为立法者的人民，"而且只能是属于人民"；行政权则属于政府。在此，卢梭将主权者比喻为共同体的灵魂与意志，政府则是执行此意志的力量。这一比喻的意义在于，它强调了政府的从属地位，强调了政府只是执行主权者意志的工具。

这样的有机体类比虽然很清晰，但并不能完全说明问题，所以接下来，卢梭又提出两条理由来说明为什么要将政府从主权者中分离出来。其一，主权者所针对的对象是普遍的事物（generality），其"一切行为都只能是法律"，主权者无法针对个别事项采取行动，一旦采取个别行动就背离了主权的本质。因此，针对个别事项的行动（particular act）便需要找一个代理人来完成，这个代理人就是政府，由政府来保证这个行动或那个行动是否符合法律的规定。其二，政府作为一个适当的代理人可以将公共力量结合起来，使之按照共同意志的指

---

① 卢梭：《社会契约论》，何兆武译，85 页，北京，商务印书馆，2003。
② 卢梭：《社会契约论》，何兆武译，83 页，北京，商务印书馆，2003。
③ 《山中书简》第 8 书，参见：卢梭：《社会契约论》，何兆武译，83 页注释 3，北京，商务印书馆，2003。
④ 卢梭：《社会契约论》，何兆武译，71 页，北京，商务印书馆，2003。

示而活动。他可以充当国家与主权者之间的联系，他对公共人格所起的作用很有点像是灵魂与肉体的结合对于一个人所起的作用那样。[①]卢梭指出，这就是国家之中之所以要有政府的理由，"政府就是在臣民（法律的服从者）与主权者（法律的制定者）之间所建立的一个中间体，以便两者得以互相适合，它负责执行法律并维持社会的以及政治的自由"。[②]卢梭通过区分主权者和政府建立起一个基本的结构："主权者——政府——臣民"。关于这一结构及其意义已有论者进行过详细的分析，此不赘述。[③]

反过来讲，如果在主权者和政府之间不加区分，"以制订法律的人来执行法律，并不是好事；而人民共同体把自己的注意力从普遍的观点转移到个别的对象上来，也不是好事"，因为"没有什么事是比私人利益对公共事物的影响更加危险的了"。[④]一旦主权者将自己的注意力从普遍的观点转移到个别的对象上来，公民就会走向腐败，丧失其保持公正的能力，因为人民持续地关注某些特定的目标不可避免地会刺激其特殊意志，支配其思想的就不再是公共利益，而是私人利益。长此以往，特殊意志就会战胜共同意志，政治共同体就面临着解体的危险。

在明了了卢梭关于主权者与政府的区分后，我们就不难明白卢梭为什么会反对民主制（也就是我们今天所谓的直接民主制），因为民主制恰恰混淆了主权者和政府之间的区别。由此，我们也不难理解为什么被我们今天视为民主之源头和典范的雅典在卢梭那里几乎是隐匿不见的，而与之相对的斯巴达倒是卢梭一直惊羡不已的目标。在整个《社会契约论》中，提到雅典的地方只有两处，其中一处即是对雅典民主政体的批评："当雅典人民任命或罢免他们的首领，对某人授勋或对另外某人判刑，并且不加区别地以大量的个别法令来执行政府的全部行为时，这时候人民就已经不再有名副其实的共同意志了；他们的行动已经不再是主权者，而是行政官了。"[⑤]这一批评的要害恰恰是认为雅典的民主政体混淆了主权者和政府。

---

① 卢梭：《社会契约论》，何兆武译，72 页，北京，商务印书馆，2003。
② 卢梭：《社会契约论》，何兆武译，72 页，北京，商务印书馆，2003。
③ 陈端洪：《主权者——政府——臣民：政治法的平衡结构》，载陈端洪：《宪治与主权》，97 ～ 146 页，北京，法律出版社，2007。
④ 卢梭：《社会契约论》，何兆武译，84 页，北京，商务印书馆，2003。
⑤ 卢梭：《社会契约论》，何兆武译，39 页，北京，商务印书馆，2003。

在否定了民主制之后，卢梭似乎对选举式贵族制情有独钟。在"论贵族制"中，卢梭首先区分了三种贵族制，即自然的、选举的与世袭的。它们之间的共同点是由少数人来实施治理，差别则在于这些人的产生方式。在自然的贵族制中，政府官员的产生方式是依自然的年齿，由长者来充任；在选举的贵族制中，政府官员则通过选贤任能的方式产生；而在世袭的贵族制中，政府成为世袭的，由若干世家所把持。卢梭认为，"第一种只适于纯朴的民族；第三种是一切政府之中最坏的一种；第二种则是最好的，它才是严格说来的贵族制"，并指出这种严格意义上的贵族制是"最好的而又最自然的秩序"。[①] 那么，为什么选举式贵族制不仅在贵族制中是最好的，而且在所有政府形式中都是"最好的而又最自然的"呢？

卢梭给出的理由与他对民主制缺点的论述正好相应。其一，选举式贵族制"具有可以区别两种权力（即立法权力和行政权力）的优点"。而这正是他反对民主制最主要的理由。其二，选举式贵族制"还具有可以选择自己成员的优点"，它将行政权仅限于少数人，这样，那些正直、明智、经验丰富的成员就可以通过选举成为政府的官员，就恰好成为政治修明的保证（在此，经选举产生的贵族其实成了卢梭心目中"理想公民"的化身）。这一点和民主制恰好形成对照，在民主制下，全体公民生来都是行政官，但并非所有的公民都具有自治所需的知识、智慧和美德，因此，民主制不可行。其三，将治理之权委托给这些人数有限的贵族可以有效地提高效率。由于人数少，集会更便于举行，实行起来也更有秩序、更加迅速；由于这些经选举产生的贵族乃是将知识、智慧和美德集于一身的理想公民，因此，对公共事务的讨论也会更好。据此，卢梭说只要能确定他们治理群众真是为了群众的利益而不是为了自身的利益，那么，让最明智的人来治理群众就是"最好的而又最自然的秩序"。[②]

那么，这种选举式的贵族制到底是一种什么样的政治制度呢？其实，如果用我们今天的话来说，它就是一种代议制政府，或者说代议民主制。这一认

---

① 卢梭：《社会契约论》，何兆武译，86～87页，北京，商务印书馆，2003。请注意，前面卢梭在谈到民主制时认为民主制"是违反自然的秩序的"。
② 卢梭：《社会契约论》，何兆武译，87页，北京，商务印书馆，2003。选举式贵族制的实践原型是当时日内瓦的政治制度，关于这一点，有学者做过详细而精彩的考证，请参考：Helena Rosenblatt. Rousseau and Geneva: from the First Discourse to the Social Contract，1749–1762. Cambridge：Cambridge University Press，1997.

识并不是什么新鲜的观点，早在法国大革命时期勒德雷尔伯爵（Pierre-Louis Roederer，1754—1835，西耶士最亲密的政治同盟者）就明确地指出，卢梭的"选举式贵族制"就是时人所谓的代议民主制。[1] 其后，很多研究者也在他们的著作中得出了同样的结论。如著名的卢梭专家罗杰·马斯特斯（Roger D. Masters）在 1960 年代后期就指出，被卢梭称之为"选举式贵族制"的政府制度"不过是议会制政府或代议制政府的另一个名称"。[2] 这不禁让人疑惑，卢梭为什么不直接用"代议制政府"，而是采用"选举式贵族制"这个在我们今天看来极易引起误会的词汇来指称他所中意的政府形式呢？要理解这一点，需要回到卢梭生活的 18 世纪中叶。

在某种程度上，这种状况的产生乃是因为政治词汇本身的贫乏。据考证，最早使用"代议制民主（representative democracy）"一词的是《联邦党人文集》的作者亚历山大·汉密尔顿，1777 年 5 月 19 日，他在一封信中首次使用该词。在此之前，古典的民主与代议制基本没有什么关系。即使在近代早期出现了等级代表，但它与民主也没有什么关系。因此，毫不奇怪，在 18 世纪和 19 世纪，很多理论家都觉得很难将我们今天称之为"代议制民主"的这种政治构想归入当时已有的政治范畴之中。[3] 10 年后，"代议制政府（representative government）"一词就出现在美国的政治词汇之中，并影响到法国的政治思考，如法国大革命时期的重要理论家西耶士就采用了这一词汇，并就该词汇的具体含义与潘恩展开过讨论。[4] 了解了这一背景，我们就可以明白，要卢梭在 1762 年就提出"代议制政府"的观念多少有些苛刻。

---

① Michael Sonenscher. Before the Deluge：Public Debt，Inequality and the Intellectual Origins of the French Revolution. Princton University Press，2007. 84.

② Masters R D. The Political Philosophy of Rousseau. Princeton：Princeton University Press，1968. 402. 与之持类似观点的还有：Marini Frank. Popular Sovereignty but Representative Government：The Other Rousseau. Midwest Journal of Political Science，vol. 11，No. 4，November，1967. 451 ～ 470. Ira O. Wade，Rousseau and Democracy. *The French Review*，Vol. 49，No. 6，1976. 926 ～ 937. Christopher Bertram. Routledge Philosophy Guide Book to Rousseau and The Social Contract. Routledge，2004. 159.

③ Frank R. Ankersmit，Representative Democracy：Rosanvallon on the French Experience，in Kari Palonen，Tuija Pulkkinen and José María Rosales，ed. Ashgate Research Companion to the Politics of Democratization in Europe：Concepts and Histories，Ashgate Publishing Limited，2008. 17 ～ 36.

④ The Federalist，ed. Terence Ball. Cambridge University Press，2003. 309. 更详细的考证可以参考：Bernard Manin. The Principles of Representative Government，Cambridge University Press，1997.

如果我们这里的解释是成立的，那么，我们可以说卢梭所青睐的就不是直接民主制，而是代议民主制了。但是，这种解释会引发两个问题：①如果说卢梭青睐的是代议民主制，那么，如何解释卢梭对代表制的斥责？②如果说卢梭反对直接民主制，为什么后人一直将卢梭作为直接民主制最重要的理论先驱？这两个问题其实都与卢梭对主权者和政府的功能定位相关，我们先来看第一个问题。

第二节 "主权是不能被代表的"

众所周知，卢梭在《社会契约论》中曾明确地斥责代表制：

"正如主权是不能转让的，同理，主权也是不能被代表的；主权在本质上是由共同意志所构成的，而意志又是绝不可以代表的……英国人民自以为是自由的，他们是大错特错了。他们只有在选举国会议员的期间，才是自由的；议员一旦选出之后，他们就是奴隶，他们就等于零了。"

"不管怎么样，只要一个民族举出了自己的代表，他们就不再是自由的了。"①

我们应该如何理解卢梭对"代表"的斥责呢？至少有以下三个方面的问题需要注意。

一、历史背景

在卢梭生活的年代，政治参与绝对是贵族的特权。在当时的东欧，政治参与的权利由贵族垄断，并且是掌握在为数不多的一些富有的土地所有者手上。在西欧的君主制国家，尽管参与政治过程的人的范围有所扩大，但人口中的绝大多数仍被排斥在外。即使在当时可以算是最民主的英国，由于财产资格的限制，具有政治权利的人占总人口的比例也非常低。在第一次议会改革前，英国2 400万居民中，仅有40万人有选举权，约占成年居民的3%。经过1832年的议会改革，这一比例才提高到8%。②此时距卢梭发表《社会契约论》还有70余年。在卢梭生活的年代，在欧洲大陆的绝大部分地方，代表制度要么根本就没有，

---

① 卢梭：《社会契约论》，何兆武译，120～121、123页，北京，商务印书馆，2003。
② 阎照祥：《英国政治制度史》，285、292页，北京，人民出版社，1999。

要么有也是形同虚设。法国自 1614 年至法国大革命前夕，都不曾召开过全国范围的三级会议。当然，地方的三级会议还有若干活动，但其权力十分有限，并且沦为贵族的政治工具。[①] 即便是作为代表制度之典范的英国议会也境况不佳，国王和贵族的影响力仍然很大，选举过程舞弊盛行。1790 年，议会改革家亨利·弗勒德断定："下院是一个二流的贵族机构，而不是大众代议机构。"[②] 生活在这一历史时期的卢梭对代表制没有好感其实是很好理解的。

不过，仅此不足以解释卢梭为什么会强烈地反对"代表制"，要真正理解这一问题，还有两个更重要的背景需要了解：其一，当时的"代表"观念；其二，卢梭如何在自己的思想脉络中对"代表"进行定位，也就是卢梭是如何基于其自身的理论预设来反对"代表"这一观念的。

我们先来看第一个问题。应该说，卢梭的"代表"观念本身并没有什么独创之处，他对"代表"的理解与其生活的时代——18 世纪中期——欧洲的"代表"观念和实践是保持一致的。与我们今天的代表观不同的是，18 世纪中期的代表观有两个突出的特征。

第一个特征是，它关涉的是群体，而不是个体；它直接关涉的是利益，而不是地域。[③] 众所周知，西欧的议会制度以及与之相关的代表制度起源于封建时代，封建社会最重要的特征是等级，并且是固化的、与生俱来且传之后代的身份等级。尽管代表制的产生从历史的角度来观察无疑是欧洲历史上的一大进步，但是，这种进步的制度安排仍是以封建制度的等级为其前提，所谓的"代表"们，所代表的就是作为群体的不同等级的利益。这一点在法国表现得尤为突出，我们只要看看"三级会议"这个名称就不难理解了。[④] 换句话说，在当时的法国乃至整个欧洲，"代表制"是以等级的存在为其前提的，它预设了一个不平等的社会。在实践中很多代表都是通过世袭或任命的方式产生，代议机构为贵族所把持，并进一步强化了原有的不平等的社会结构。这和我们今天所理解的

---

① 郭华榕：《法国政治制度史》，45 页，北京，人民出版社，2005。

② 阎照祥：《英国政治制度史》，276 页，北京，人民出版社，1999。

③ Nadia Urbinati. Representative Democracy: Principles and Genealogy. Chicago University Press，2006. 66.

④ 在这一点上，英国和法国的情况还不太一样，法国是严格按照教士、贵族和平民三大群体分别组成为三个等级会议。英国分上、下两院，上院既有高级教士，又有世俗贵族；下院的产生也不是以社会等级的名义，而是以地方郡和自治市代表的名义产生。阎照祥：《英国政治制度史》86 页，北京，人民出版社，1999。

代表观念完全不同，今天的代表观念是以人人平等为其前提，就像托克维尔所言，欧洲过去 700 年的历史是一个不断朝着平等方向转变的历史，整个社会的民主转型带来了代表观念的变化。

现代的代表观念有两个前提假设：一是个人主义基础；二是存在多元化的意见和利益。代表们所代表的就是这些多元分殊的意见和利益。它们不仅不是与生俱来的，而且是变动不居的，代表制度就是要通过制度化的方式对之进行聚合，并以此来重构社会与国家之间的关系。[①] 而在卢梭生活的时代，代表观念却与之相反，是以不平等的社会图景为其前提预设。我们知道，不平等是卢梭最不能忍受的罪恶，所以，卢梭会说："代表的观念是近代的产物；它起源于封建政府，起源于那种使人类屈辱并使'人'这个名称丧失尊严的、既罪恶而又荒谬的政府制度。"[②]

18 世纪中期代表观的第二个特征是，代表是纯粹的受托人（delegation）。我们知道，在代表理论中有一个经典的问题，就是皮特金所谓的"命令与独立之争"（mandate-independence controversy），有时，这一问题也被表述为：选举产生的代表是选民的代理人（delegate）还是选民的受托人（trustee）。处于命令立场的理论家主张，只有当代表者按照其选民发出的明确指示和命令行为时，才是真正的代表；任何自作主张的行为都是对此理想的违背。处于独立立场的理论家则主张完全的独立性，一旦一个人当选为代表者，他就必须可以完全自由地去使用自己的判断。[③]

18 世纪中期，占主导地位的代表观念还是命令立场。卢梭接受了这样的代表观念，即使在后期的《论波兰政府》中，他还特别强调："要求代表们切实遵循指示，并就他们在议会中的行动向他们的选民进行严格汇报"。[④] 在这一前提下，如果我们再结合前面提到的等级代表观念，我们就会发现，卢梭眼中的"代表"必须准确无误地再现各自等级的意志，而不是站在社会整体的角度

---

① Nadia Urbinati. 2006. 68.

② 卢梭：《社会契约论》，何兆武译，121 页，北京，商务印书馆，2003。

③ 弗兰克·坎宁安：《民主理论导论》，谈火生等译，121 页，长春，吉林出版集团，2010。关于这一问题更详细的讨论请参考：Pitkin, Hanna F. The Concept of Representation. Berkeley：University of California Press，1967. Chapter 7.

④ Victor Gourevitch，ed. The Social Contract and Other Later Political Writings. Cambridge University Press，1997. 201.

来思考问题。因此，代议机构要反映的是不平等的社会经济结构，它追求的是特殊利益而不是公共利益。[①] 如果社会按照这种方式来进行统治，那么，它就是一种世袭的贵族制，而"这是一切政府形式中最坏的一种"。为了防止这种最糟糕的状况，必须反对代表制。

下面，我们再来考察卢梭是如何基于其自身的理论预设来反对"代表"这一观念的。

二、卢梭反对代表制的理由

卢梭对代表制最明确的反对体现在我们前面援引的那句名言之中："意志是绝不可以被代表的。"我们到底该如何理解这句话呢？

第一，从其目的上讲，卢梭强调"意志不能被代表"所针对的是主权者的主权权力，换句话说，"意志不能被代表"要说明的是"主权不能被代表"，因为按照卢梭的逻辑，"主权在本质上是由共同意志所构成的"。因此，卢梭在此要反对的是作为主权者的代表，主权者的主权权力最重要的体现就是立法权，由此卢梭才会明确地讲："在立法权力上人民是不能被代表的；但是在行政权力上，则人民是**可以**并且**应该**被代表的。"[②] 为什么"在行政权力上人民是**可以**并且**应该**被代表的"？"应该"的问题我们在第一节已经阐明，"可以"的问题则涉及主权者和政府的职能分工问题，这一问题我们留到本章的第四节再来处理。现在，我们先来看意志为什么就不能被代表的问题。

第二，从理论上讲，卢梭强调"意志不能被代表"主要是一种防御性机制，意在防止共同意志遭到破坏。为什么这么讲呢？因为按照18世纪的代表观念，代表是特定等级的代理人，他们代表的是各自等级的意志。不管他们代表的是哪个等级的意志，相对于共同意志而言，这些意志都是特殊意志，而不是共同意志，即使这些特殊意志全部都能够得到反映，其结果也不过是众意，而不是共同意志。在这个意义上，代表的意志所体现的是特殊利益，是意见，而不是共同意志所要求的理性。[③]

---

① Fralin，Richard. Rousseau and Representation. New York：Columbia University Press，1978. 130.

② 卢梭：《社会契约论》，何兆武译，120、122 页，北京，商务印书馆，2003。黑体为笔者所加。

③ Nadia Urbinati. 2006. 259，note 103.

在卢梭看来，只有共同意志才应该成为立法的根据，如果采取代表制，由代表来行使立法的权力的话，那么，立法的过程就是一个特殊利益竞逐的过程，代表机构就成为不同派系利益相互竞逐的场所，其结果无疑是共同意志的消亡，从而将私意转化为国家的法律，这是卢梭所担心的。并且，随着私意转化为国家的法律，卢梭所设想的社会联合形式——每一个个体"只不过是在服从其本人，并且仍然像以往一样地自由"——也土崩瓦解了，人民会被分裂为两个阶级：一部分人制定并服从法律；另一部分人则只是服从他人所制定的法律。换句话说，代表制度不仅是对不平等的社会结构的再生产，而且会生产出新的不平等，它将一部分社会成员变成纯粹的臣民，使他们不再兼具主权者和臣民的双重身份，这对于卢梭来说无疑是一件非常危险的事情。

第三，从实践上讲，是为了防止政府对人民主权的篡夺。在此，我们需要注意"代表"出现的时机。"论议员或代表"是第三卷第 15 章的标题，它紧接着前面三章关于"怎样维持主权权威"的论述而来。按照卢梭的思路，政府（行政机构）天然具有滥用职权并走向蜕化的倾向（第三卷第 10 章）[1]。因此，为了避免这一结果，就必须考虑如何维持主权权威（第三卷第 12 ~ 14 章），维持的手段就是作为主权者的人民现身，通过定期的集会对政府进行监督和约束，而"当人民合法地集会而成为主权者共同体的那个时刻，政府的一切权限便告终止；于是行政权也就中断"。但是，"在这种中断的期间，君主要承认或者应该承认有一个实际的在上者，这对于他来说总是可怕的事……于是他们总是不惜用尽种种心机、种种反对、种种刁难与种种诺言，力求抗拒公民的集会"[2]。如果任凭行政机构的这种"反抗的力量就是这样不断地在增长着，而主权权威便终将消逝，于是大部分城邦也就会过早地倾覆与灭亡"。但是，"在主权的权威（Sovereign authority）与专断的政府（arbitrary government）之间，有时候会出现一种中间的力量"，这种中间力量就是"议员或代表"。

请注意此处的"有时候"这三个字，它说明作为卢梭批判对象的"主权者的代表"的出现是有条件的，是一种例外状态。什么条件呢？"假如公民是贪婪的、懦弱的、畏缩的、爱安逸更有甚于爱自由的话，他们就不能长期抗拒政

---

[1]　卢梭：《社会契约论》，何兆武译，112 页，北京，商务印书馆，2003。
[2]　卢梭：《社会契约论》，何兆武译，118 页，北京，商务印书馆，2003。

府这种一再的努力了"，此时，"公共服务不再成为公民的主要事情，并且公民宁愿掏自己的钱口袋而不愿本人亲身来服务"，"需要出征作战吗？他们可以出钱雇兵，而自己待在家里。需要去参加议会吗？他们可以推举议员，而自己待在家里。由于懒惰与金钱的缘故，他们便终于有了可以奴役自己祖国的军人和可以出卖自己祖国的代表"。①

换言之，此时无论是主权者还是政府都思出其位：主权者不愿履行自己的责任，将自己的主权权力拱手相让；行政力量不愿意终止自己的权限，议员们不再谨守人民的办事员的角色，而是替人民行使立法权（关于主权者和政府的分工问题，请参考本章的第四部分）。这样的代表其实是针对公民腐化和政治冷漠的一种权宜之计，代表的出现其实是主权者衰落的**征兆**，而不是其衰落的**原因**。②这样的代表实际上已经逾越了卢梭为主权者和政府所设定的界限，它由**"行政权力的代表"**摇身一变，成为**"主权的代表"**。对于卢梭而言，这是一种变态，当然会遭到卢梭的痛斥。③反过来讲，如果立法机构谨守法度，只是提供立法建议，那卢梭就没有什么理由反对它了。④从这个意义上讲，卢梭真正反对的其实不是"意志被代表"，而是行政权的滥用。⑤

三、卢梭对代表的看法有一个发展变化的过程

有论者指出，卢梭对代表的看法并不是一成不变的，它起码经历了以下几个阶段的变化：⑥

---

① 卢梭：《社会契约论》，何兆武译，119 页，北京，商务印书馆，2003。
② Nadia Urbinati. 2006. 99.
③ 这种变态还可以从历史的角度来加以解读，卢梭将代表制视为罪恶的封建制的产物是有其特定含义的，这不仅因为代表制在历史上确实诞生于西欧的封建时代，更因为在卢梭眼里封建制是古代共和国的对立面。如果说古代的共和国（斯巴达、罗马）是卢梭心目中的三代理想的话，封建制度的产生是这一理想衰落之后，在一个腐朽的社会基础上所建立起来的，它偏离了人类正常的或者说理想的秩序。在这个意义上，卢梭反对代表制的目的是要在现代社会重建共和国的理想。尽管卢梭对历史的解读可能并不能让我们信服，但其逻辑是我们不能不加以留意的。
④ 后来在《论波兰政府》中，卢梭曾提到，由一个代议制的立法机构来充当立法者或主权权威，并且，他还明确地讲，对于一个像波兰这样的大国而言，最大的不便在于，只能通过代理的方式来行使立法权（第 7 章）。关于卢梭在这两部著作中的差异，有些学者认为是卢梭的思想本身发生了变化，有的学者则认为是论述的重心不同所致。Nadia Urbinati. 2006. 62. 笔者更倾向于认为，卢梭在《论波兰政府》中的立场是出于实用的考虑而做出的权宜之计。
⑤ Fralin. 1978. 92.
⑥ Fralin. 1978. 10～12.

（1）在《论不平等》之前，如在《论政治经济学》中，卢梭对代议制是消极接受的；[①]《论政治经济学》是卢梭为《百科全书》撰写的词条，正是在这篇文章中，卢梭第一次提到"代表"，当时，卢梭的思想深受百科全书派的影响，消极地接受了"代表制"观念。例如，他在谈到税收制度时说，税制必须征得人民的同意，同意既可以直接由人民做出，也可以由其代表来表达。[②]与此同时，卢梭还贬低公民大会的作用，认为"这样的大会根本不必开，因为决难保证大会的决定就能代表公共意志"。相反，只要政府具有善良的意愿，就能识别出共同意志，知道哪项政策能最好地服务于公共利益。[③]

（2）卢梭为《论人类不平等的起源和基础》一书撰写的献词《献给日内瓦共和国》是卢梭关于政治制度论述的分水岭，正是在这个献词中，卢梭开始以他心目中的日内瓦为模板来构想其理想的政治制度；[④]也正是在这篇献词中，卢梭第一次有了批评代议制的萌芽，偏好公民大会更甚于代议机构。[⑤]

（3）在《社会契约论》中，献词中批评代议制的萌芽发展为明确地否认代议制。

（4）到了卢梭写作《山中书简》时，其态度有所缓和，从明确反对转为有限地反对，这可能与他更多地了解了日内瓦共和国的真实情况有关，随着研究的深入其观点也发生了改变。

（5）到了后期的《论波兰政府》时，卢梭开始有限地接受代议制，这次接受不再是消极地接受流行的意见，而是出于实践的需要勉强接受了这一曾经坚决反对的制度。因为当时的波兰既不是日内瓦，也不是科西嘉，而是欧洲的一个大国，其地域之辽阔和人口之众多都让卢梭觉得代议制不可避免，"立

---

① 关于《论政治经济学》的写作时间，学界存在分歧。尽管其发表是在 1755 年的 11 月，但据 Rene Hubert 考证，其写作则是在 1754 年的年初。参见：Fralin. 1978. 29。

② 卢梭：《论政治经济学》，崇明译，载刘小枫编：《政治制度论》，33 页，北京，华夏出版社，2013。

③ 卢梭：《论政治经济学》，崇明译，载刘小枫编：《政治制度论》，11 页，北京，华夏出版社，2013。

④ 在这一时期卢梭其实并不知道日内瓦共和国的真实性质，他只是在《爱弥儿》发表之后，才对日内瓦共和国的政府认真地加以研究。卢梭：《论人类不平等的起源和基础》，李常山译，50 页，注释 2，北京，商务印书馆，1962。关于卢梭和日内瓦的关系，请参见 Rosenblatt 的出色研究，Helena Rosenblatt. 1997.

⑤ 卢梭：《论人类不平等的起源和基础》，李常山译，51 页，北京，商务印书馆，1962。

法权不能像小国那样展示自己，而只能通过代表来行动"。之所以说卢梭是有限地接受，是因为卢梭意识到"通过代表来行动，这既有好处也有坏处，但坏处是主要的"，因此，需要建立相应的制度来防止代议机构"从自由的机体蜕变为奴役的工具"。①

第三节　卢梭：直接民主制的理论先驱

现在我们转向第二个疑问，既然卢梭反对直接民主制，那为什么后人一直将卢梭作为直接民主制最重要的理论先驱呢？

笔者认为，这里的关键在于，我们要清楚卢梭对直接民主制和代议民主制的反对或提倡可以在两个不同的层面上展开。在主权者层次上，卢梭提倡公民的直接参与，认为主权不能被代表；但在政府层次上，卢梭则反对公民的直接参与，认为应该将行政权力交给那些德能兼备的明智之士。政府层面的问题我们前面已有论述，下面我们便就主权者层面的问题申述一二。

《社会契约论》的读者常常会对卢梭的文字感到困惑。就我们此处关心的问题而言，一方面，卢梭在"论民主制"一章中反复强调"我们不能想象人民无休无止地开大会来讨论公共事务"；另一方面，他在后文中又说："有人会说：把人民都集合在一起，这是多么妄想！在今天，这是一种妄想；但是在两千年以前，这却不是一种妄想"，"罗马人民很少有一连几个星期不集会的，而且甚至还要集会许多次"（"怎样维持主权权威"），"至于合法集会次数的多少我们只能一般地说，政府愈是有力量，则主权者就愈应该经常地表现他自己"（"怎样维持主权权威"（续）），"在一个真正自由的国家里，一切都是公民亲手来做"，"国家的体制愈良好，则在公民的精神里，公共的事情也就愈重于私人的事情"，"在一个政绩良好的城邦里，人人都会奔向大会去的；而在一个坏政府之下，就没有一个人愿意朝着那里迈出一步了。"（"论议员或代表"）并且，卢梭在第四卷中还花了相当的篇幅来讨论罗马的人民大会。

从表面上看，卢梭似乎自相矛盾，但是，如果我们分清楚卢梭的这些话是站在政府层次上说的，还是站在主权者的层次上说的，所有的困惑就会涣然冰

---

① Victor Gourevitch. 1997. 200 ~ 201.

释。在卢梭看来，作为主权者的公民理应承担起自己的职责，行使好自己的主权权力。具体内容主要有二：①立法。通过公民集会的投票来不断重新识别和构建共同意志，并将其转化为法律；②对行政权力的监督和控制。为什么公民通过投票就能识别和构建共同意志呢？这一问题笔者在第三章已有讨论，此处不再赘述。下面我们对主权者的监督权做一点简要的分析。

　　共同意志是卢梭政治思想的核心，无论是对主权者与政府的划分，还是对二者职能的界定，卢梭想做的就是保证共同意志之流行。前文已述，如果在主权者和政府之间不加区分，主权者将自己的注意力从普遍的观点转移到个别的对象上来，其特殊意志就会战胜共同意志；但是，在主权者和政府已经区分之后，仍然面临着类似的危险。因为：

　　　　在行政官个人的身上，我们可以区别三种本质上不同的意志：首先是个人固有的意志，它仅只倾向于个人的特殊利益；其次是全体行政官的共同意志……我们可以称之为团体的意志，这一团体的意志就其对政府的关系而言则是公共的（general），就其对国家——政府只是国家的一部分——的关系而言则是个别的（particular）；第三是人民的意志或主权的意志，这一意志无论对被看作是全体的国家而言，还是对被看作是全体的一部分的政府而言，都是共同意志。在一个完美的立法之下，个别的或个人的意志应该是毫无地位的，政府本身的团体意志应该是极其次要的，从而共同意志或者主权的意志永远应该是主导的，并且是其他一切意志的唯一规范"，但在现实中，"共同意志便总是最弱的，团体的意志占第二位，而个别意志则占一切之中的第一位。"①

　　在此，卢梭明确地警告我们，政府一旦建立，它就会形成自己的共同意志，但是，这种共同意志相对于主权者来说，只能说是一种特殊意志。因此，政府总是会趋向于削弱主权者："既然个别意志总是不断地在反对共同意志，因而政府也就继续不停地在努力反对主权。这种努力越加强，则体制就改变得越多；而且这里既然根本没有别的团体意志可以抵抗君主的意志并与之平衡，因此迟早总有一天君主终于会压倒主权者并毁坏社会条约的。这就是那种内在的、不可避免的弊病之所在。"②"世界上的一切政府，一旦假之以公共力量之后，

① 卢梭：《社会契约论》，何兆武译，78～79页，北京，商务印书馆，2003。
② 卢梭：《社会契约论》，何兆武译，108页，北京，商务印书馆，2003。

迟早都是用这种简便的方法来篡夺主权权威的。"①

为了防止政府的蜕化及其对政治共同体所造成的威胁，卢梭认为主权者应该对政府进行监督和控制，这才是治本之策，而监督和控制的方式就是通过定期的集会来对政府进行审查。这种集会不需要政府来召集，政府也不能以任何理由取消或延缓。② 对于这种集会的性质，卢梭指出这种人民的集会对于政治共同体来说是"一种保护"，而对于政府来说则是"一种约束"。③ 因为"当人民合法地集会而成为主权者共同体的那个时刻，政府的一切权限便告终止"，主权者的意志就有机会得以彰显。此时：

> 这种只能是以维护社会条约为目的的集会，永远应该是以两个提案而告开始；这两个提案绝不能取消，并且要分别地进行表决。
>
> 第一个是："主权者愿意保存现有的政府形式吗？"
>
> 第二个是："人民愿意让那些目前实际在担负行政责任的人们继续当政吗？"④

通过这种方式，主权者人民不仅将政府永远置于主权者的审查之下，并且，在这一过程中主权者行使着宪法上的罢免权和宪法修改的权利。⑤

但是，这里有一个问题：这种可以使"政府的一切权限便告终止"的人民集会其实是一种非常态的政治权力，其运用隐含着巨大的危险，它不仅可以更换领导者个人，甚至还可以对政府形式本身进行更改。也就是说，它不仅可能伤筋，而且可能动骨。因此，它在什么情况下可以召开？如何启动？这都是值得探讨的问题。可以说，卢梭是明确地意识到了其危险性，他并不希望人民经常性地使用这一权力，特别是第一种权力。他警告道："这种改变总是很危险的；

---

① 卢梭：《社会契约论》，何兆武译，129 页，北京，商务印书馆，2003。
② 卢梭：《社会契约论》，何兆武译，115 页，北京，商务印书馆，2003。
③ 卢梭：《社会契约论》，何兆武译，118 页，北京，商务印书馆，2003。
④ 卢梭：《社会契约论》，何兆武译，129 页，北京，商务印书馆，2003。
⑤ 陈端洪先生认为，人民针对第一个问题所行使的修改政府组织法的权力。陈端洪：《主权者——政府——臣民：政治法的平衡结构》，载陈瑞洪：《宪治与主权》，124 页，北京，法律出版社，2007。但是，笔者认为卢梭此处所预设的权力应该比这更高，因为卢梭紧接着在下文中又说："在国家之中，并没有任何根本法是不能予以废除的，即使是社会公约也不例外；因为如果全体公民集合起来一致同意破坏这个公约的话，那么我们就不能怀疑这个公约之被破坏乃是非常合法的。"因此，卢梭此处所谓的"现有的政府形式"可能比我们今天的"政府组织法"的含义要广，它应该属于现代的宪法原则或基本法的层次。

所以，除非是政府已经变得与公共福利不能相容，否则就千万不要触动已经确立的政府。"①

正是基于这种考虑，卢梭在第三卷第 13 章中区分了两种人民集会形式：特别集会（extrodinary assemblies），主要处理各种意外情况；定期集会（periodic assemblies），进行日常的立法工作。②定期集会是无权废止或修改现存的法律的。卢梭指出，主权者应对古老的法律保持尊敬。这样，在一切体制良好的国家里，法律不但不会被削弱，反而会不断地获得新的力量。③可以说，紧急权力在卢梭的政治构想中是备而不用的，定期召开的公民大会也是防御性的，其功能之一就是周期性地提醒政府官员对人民负责，警告他们："行政权力的受任者绝不是人民的主人，而只是人民的官吏；只要人民愿意就可以委任他们，也可以撤换他们。对于这些官吏来说，绝不是什么订约的问题，而只是服从的问题；而且在承担国家所赋予他们的职务时，他们只不过是在履行自己的公民义务，而并没有以任何方式来争论条件的权利。"④通过这种象征性的警告来维持主权权威。因此，卢梭会说："政府愈是有力量，则主权者就愈应该经常地表现他自己。"⑤而显示自己的手段就是定期的人民集会，这就要求公民保持公共精神，不仅要直接参与，而且要积极参与。

如果我们上述分析——在主权者层次上，卢梭是提倡公民的直接参与——能够成立，那么，我们就不难理解为什么后世的参与民主论者会到卢梭那里寻找理论资源，甚至将卢梭奉为直接民主或参与民主最重要的理论家。但是，通过上面的分析，我们也发现，卢梭的民主思想其实和当代参与民主论者是有一定差距的，他对代议民主的看法也和当代参与民主论者对他的解读有一定差距。一方面，卢梭并不反对一切形式的代议制，他所反对的仅仅是主权代表；另一方面，他对我们今天所提倡的参与民主倒是可能持保留态度，起码对佩特曼以南斯拉夫的工厂民主为模型设计出来的直接参与民主，卢梭可能会持保留态度。如果硬要卢梭在现行的各种民主体制中选择一款他所中意的样式的话，我想

---

① 卢梭：《社会契约论》，何兆武译，128 页，北京，商务印书馆，2003。
② 卢梭：《社会契约论》，何兆武译，115 页，北京，商务印书馆，2003。
③ 卢梭：《社会契约论》，何兆武译，113 页，北京，商务印书馆，2003。
④ 卢梭：《社会契约论》，何兆武译，127～128 页，北京，商务印书馆，2003。
⑤ 卢梭：《社会契约论》，何兆武译，116 页，北京，商务印书馆，2003。

他可能会选择其母邦瑞士，[①] 通过公民投票（referendum）的制度设计将立法权和重大事项的决定权牢牢地掌握在人民的手中，同时还不妨碍政府的正常运行。[②]

第四节　卢梭民主思想的制度设计

综上，卢梭创造性地区分了主权者和政府两个层次，并分别在这两个层次上展开对民主问题的思考。在主权者层次上，卢梭的确主张直接民主制，强调公民要积极参与，强调主权不能被代表；在政府层次上，卢梭则反对直接民主制，而主张代议民主制，强调知识、经验和智慧在决策中的作用。但是，这样的民主构想如何落实到具体的制度层面呢？法律和政策的执行权当然是属于政府的，这毫无疑问，卢梭对此也着墨不多，他更关注的是作为主权权力最重要组成部分的立法权应该如何运作。应该说卢梭的想法非常独特，其中，最值得探讨的问题是，在法律和政策的制定过程中，人民集会和政府各自应该承担什么职能？

在进入这一问题之前，我们首先需要对卢梭的政府概念做一点解释。因为当我们说卢梭赞成代议制政府时，我们马上会产生一个疑问：按照我们通常的理解，所谓代议制政府，不仅意味着通过定期选举产生的官员来进行治理，而且意味着将权威授予给一个立法机构（即议会），由它来批准一般性的法律。但是，卢梭明确地讲，政府所掌握的只是行政权力，它并没有立法权，立法权

---

① 卢梭民主思想的产生与 18 世纪上半叶日内瓦的政治经验是有直接关联的，在《山中来信》第 6 书中，卢梭说："你读到我的书（《社会契约论》）中那段质朴的分析时，有什么感想呢？我猜猜看。你会自言自语说：这是日内瓦政府的历史呀。"何兆武先生在第三卷第 13 章的标题加了一个译者注，指出该卷以下各章大体上系以日内瓦共和国小会议的演变为其蓝本。此说有理。参见：卢梭：《社会契约论》，何兆武译，115 页，注释 2，北京，商务印书馆，2003。关于这一问题的详细分析可以参考：Miller, James. Rousseau: Dreamer of Democracy. Yale University Press, 1984. 14 ~ 43；以及 Ira O. Wade, 1976；Helena Rosenblatt, 1997。

② 瑞士这个只有 600 万人口的小国是世界上运用公民投票最频繁，也是最成功的国家。在过去的 150 年中，全世界公民投票的一半以上是发生在瑞士。1848—2006 年，瑞士仅联邦层次的公民投票就有 540 次；而 1970—2003 年，33 年间发生在州层次上的公民投票竟然高达 3 709 次，平均每年 112 次。换言之，每 3 天就有一次，其频率之高令人咋舌。Bruno Kaufmann, Rolf Büchi, Nadja Braun, eds. Guidebook to Direct Democracy in Switzerland and Beyond. Initiative and Referendum Institute Europe, 2006.

必须掌握在人民的手中，政府只是执行人民所立之法。在这种情况下，政府谈何"代议"？"议"从何来？

对此，我们应明白，尽管卢梭将主权者与立法权力相对应，将政府与行政权力相对应；尽管在卢梭之前孟德斯鸠就将立法权赋予立法机构，而将行政权力赋予行政机构；并且，卢梭对孟德斯鸠的观点非常熟悉，常常引用。但我们不能简单地按照孟德斯鸠和现代人的常识来理解卢梭此处的论述，将行政权力和行政机构对应起来，从而将卢梭所谓的"政府"理解为狭义的行政机构。因为卢梭所谓的"政府"是将我们现代所谓的立法、行政、司法这三个分支集于一身的。

关于这一点，我们可以在卢梭对维持主权权威的论述中看得很清楚。在《社会契约论》第三卷第 14 章中，卢梭指出："当人民合法地集会而成为主权者共同体的那个时刻，政府的一切权限便告终止；于是行政权也就中断。"接着，卢梭以罗马为例来说明这一点："罗马人民大会里所出现的骚乱，大部分是由于不知道或者忽略了这条规则的缘故。执政官这时候只不过是人民的主席，保民官只不过是单纯的议长，而元老院则毫无地位可言。"[①] 值得注意的是，在这里罗马人民大会毫无疑问指的是主权者一方，而执政官、保民官和元老院则属于政府一方，它们分别代表着我们现代所谓的行政机构、司法机构和立法机构。但无论是执政官、保民官，还是元老院的元老们，他们都只是主权者人民的办事员而已。因此，当卢梭谈主权者与政府的区分时，他并不是指我们现代意义上的立法机构与行政机构的分立；当他说立法权只属于主权者时，他并没有说立法权属于议会，相反，他倒是强调人民的议员"只不过是人民的办事员罢了"，他们是没有立法权的。在这一点上，他和孟德斯鸠是不同的。这一点对于我们理解主权者和政府之间的区分以及二者的分工是很重要的。

卢梭在《社会契约论》中没有在司法与行政之间进行明确的区分，他对司法独立也并未给予注意 [尽管他知道孟德斯鸠对此留意甚深。当然，我们也应注意到他在第四卷第 5 章中关于保民官（tribunate）的讨论颇类似于最高法院的角色]。因此，我们此处的讨论主要集中在行政机构与立法机构上。应该说，无论是在我们现代的知识框架中，还是在卢梭的思想框架中，作为政府之重要

---

① 卢梭：《社会契约论》，何兆武译，118 页，北京，商务印书馆，2003。

组成部分的行政机构的职能是很好理解的。但是，在卢梭的思想框架中，我们如何理解立法机构的职能呢？事实上，卢梭对此并没有清晰的论述，但是，我们可以借助卢梭关于立法者的论述来理解立法机构的功能。

在笔者看来，对于卢梭而言，如果说立法者的任务是在一个国家草创时期帮助人民建立一套合理的宪政体制的话，那么，立法机构的任务则是在宪政体制已经建立之后，帮助人民维护和更新其宪政体制。立法机构其实就是常态情况下的立法者，其功能并不是立法，而是提供立法建议，真正的立法只能由作为主权者的人民自己来完成。这也是他批评英国议会的原因之所在。因为英国的议会不仅拥有提供立法建议的功能，而且具备了立法的职能。而这在卢梭看来，显然是对主权者权力的一种僭越。[①] 而要提供恰当的立法建议，对公共事务的讨论就是必不可少的。不仅要讨论，而且还要是高质量的讨论，这也是卢梭对选举式贵族制赞赏有加的原因所在。

进一步讲，就具体操作而言，按照立法的流程，一项法律的制定要经过创制、起草、讨论、批准等步骤。主权权力在哪个层次上发挥作用呢？政府又在哪个层次上发挥作用呢？可以说，在制度设计上，卢梭的想法非常独特，除了批准法律的权利属于人民之外，其余的权利均属于政府。立法权归主权者人民，法律的创制、讨论、草拟、解释都归立法机构；人民是决而不议，立法机构是议而不决。对于这一制度安排，有以下几个问题需要澄清：

第一，人民为什么没有立法创制（legislative initiative）的权利？立法创制的权利所涉及的是立法之必要性的问题，换句话说，就是应该由谁来决定应该创制新的法律，这一启动和议程设置的权利应该归谁所有？本来，按照民主的逻辑，人民应该是最具资格拥有这一权利的。但是，作为人民主权理论最强有力的倡导者的卢梭的看法似乎并非如此。早在《献给日内瓦共和国》中，卢梭就明确地指出，只有官员们才有提出新法律的权利。而人民则应满足于自己有

---

① 需要注意的是，尽管卢梭对英国议会一直持批评态度，但在不同时期，他批评的理由有所不同。在《社会契约论》中，卢梭批评英国议会是因为它是一个代议机构；而在《论波兰政府》中，他批评英国议会不是因为它是一个代表机构，而是因为其议员的任期太长。这样，议会容易脱离人民的控制。Lund, Nelson Robert. Rousseau and Direct Democracy. Journal of Contemporary Legal Issues，Vol. 13，No. 2，2003—2004. 459～510. 有论者指出，卢梭批评英国人民不自由，并不是否定英国宪政体制，而是说它并不完美。应辅之以对代表的制约机制，至少应赋予人民以否决的权力。Mads Qvortrup. 2003. 61.

权批准法律。^①

　　卢梭之所以反对赋予人民以立法提案的权利，一方面是因为他以日内瓦的政治实践作为其制度设计的模板，在当时的日内瓦，立法提案权掌握在小议会（petit conseil）手中，而不是大议会（conseil general）手中；另一方面，因为卢梭担心一旦人民拥有这项权利可能会导致法律的不稳定，他常常强调，要把一个国家治理好，只需很少的法律，法律的繁琐是风俗败坏的象征。所以他反对对法律的轻易更改，在他看来，"以改良为借口忽视旧日的习惯"，会"由于纠正小的弊端，反而引起更大的弊端"。^②后来，在《社会契约论》中，卢梭承认在某些特殊时刻确实需要通过召开特别集会的形式对现存的制度进行修订，但是，他同时指出，这种特别集会的召集权在政府手中，而不在人民那里。^③

　　第二，人民为什么没有讨论的权利？卢梭在"防止政府篡权的方法"这一章中，对人民集会的论述，只是谈到人民应该就这两个提案进行"表决"，而根本没有谈到对之进行"讨论"，似乎根本无需讨论。并且，当我们在读到第四卷第 4 章"论罗马人民大会"时，我们同样会碰到这样一个奇怪的现象，卢梭竟然完全没有谈到公民们在大会上讨论的问题，他只是谈到了投票，仿佛公民们聚在一起就是为了投上他神圣的一票，而完全没有必要就需要投票的事务进行讨论。考虑到该章是全书篇幅第二大的章节（中文共 14 页，篇幅最大的章节是"公民宗教"，共 18 页），这一点就更奇怪了。

　　关于这一点，《社会契约论》第四卷第 1 章也可以提供一些旁证，例如，卢梭在该章的结尾处指出："在主权的一切行为中，仅就**投票**这一项权利——这是任凭什么都不能剥夺的公民的权利——我在这里就有很多的意见可写。此外，还有关于发言权、提议权、分议权、**讨论权**等等，这些权利**政府**总是煞费苦心地要全部保留给它自己的成员。"^④换句话说，在立法问题上，卢梭赋予

---

① 卢梭：《论人类不平等的起源和基础》，李常山译，54 页，北京，商务印书馆，1962。
② 卢梭：《论人类不平等的起源和基础》，李常山译，54 页，北京，商务印书馆，1962。
③ 卢梭：《社会契约论》，何兆武译，115 ~ 116 页，北京，商务印书馆，2003。
④ 卢梭：《社会契约论》，何兆武译，133 ~ 134 页，北京，商务印书馆，2003。黑体为笔者所加。乌比娜蒂也认为，在卢梭看来，立法的准备工作（提议、讨论和法案的起草）不应由主权者自己来完成，而应该交给政府来做，但最后的决定权一定要留给公民自己。之所以如此，一个重要的原因在于，立法准备工作太过艰巨，非普通公民的能力所能承担，因此，卢梭不主张公民直接参与政策制定的全过程，他们需要亲自参与的仅仅是最后的决策。Nadia Urbinati. 2006. 74 ~ 82.

人民的地位很高，但其所要做的工作其实很少，仅仅限于批准或否决由政府提交的法律或政策草案。在集会的过程中，不仅不要求人民讨论，甚至要禁止他们之间的讨论，其目的在于防止公民之间的讨论影响其健全而独立的判断。①

　　但为什么讨论会影响公民健全而独立的判断呢？这涉及卢梭对人性的看法，其实卢梭对人性的看法是相当悲观的，在论述共同意志的相关章节中，他反复强调"人们总是愿意自己幸福，但人们并不总是能看清楚幸福。人民是决不会被腐蚀的，但人民却往往会受欺骗"②。也正是因为这个原因，他才强调政府的作用，强调将法律草案的讨论和起草工作交给德能兼备的政府官员，由他们来保证立法的质量。③不仅如此，卢梭还认为人民集会上的讨论对于共同意志的揭示有害无益，因为"冗长的争论、意见分歧和乱吵乱闹，也就宣告了个别利益之占上风和国家的衰微"④。

　　在这一问题上，卢梭与哈贝马斯的政治构想可以说有同有异，他们的相同之处是均强调人民主权的超越性地位，强调人民在立法过程中的作用，强调人民对政府的导控和监督。他们的不同之处在于，卢梭的人民主权的重心在于立法过程的末端，更强调人民最后的决定权；而哈贝马斯的人民主权则将其重心放在了立法过程的开端，按照其双轨制审议民主的制度设计，他强调通过公民社会的话语实践形成公共舆论，通过公共舆论来导控立法机构的决策，并以这种方式将人民主权落到实处。在这一制度设计中，法律的创制权就落在了以匿名的公共对话形式体现出来的人民主权身上。在此，人民不仅拥有法律的创制权，而且是以公共讨论的形式来行使其主权的。也就是说，人民有讨论

---

① 此处的论述见卢梭《社会契约论》第二卷第 3 章，中译本第 36 页。但学界对该段落的理解有分歧，笔者对此曾有讨论，见谈火生：《民主审议与政治合法性》，105 页，注释 115。近来读 Richard Fralin 旧著，发现他在 1978 年即已提出与笔者同样的观点。Fralin 原文如下："Rousseau also seems to rule out debate by the people in Contrat social Ⅱ，3，in which he specifies as one of the conditions for realizing the general will that citizens not communicate among themselves during their deliberations." Fralin. 1978. 220，Note 3. 需要注意的是，此处的 deliberations 含义为"慎思"，即古丁所谓的"内部审议"，关于这一问题的详细讨论，请参考：Goodin, Robert E. Democratic Deliberation Within. Philosophy & Public Affairs，2000，29：81～109.

② 卢梭：《社会契约论》，何兆武译，35 页，北京，商务印书馆，2003。

③ 这一点其实是古典共和主义传统的一个共识，共和主义明确地将"讨论"的权利局限于政治精英。例如，在哈林顿的共和国中，就是："元老院建议、人民批准、行政官执行。"

④ 卢梭：《社会契约论》，何兆武译，134 页，北京，商务印书馆，2003。

的权利，而且其讨论所形成的公共舆论能影响议程的设置，并对立法机构的偏好构生约束。①

接下来的疑问是，如果卢梭对人性并不乐观，那他为什么还要将批准法律的权利交给人民呢？在卢梭的观念中，通过人民集会的方式来批准法律是出于两个方面的考虑：其一，合法性的要求，合法的法律必须经过人民的同意，这一点无需做进一步的解释，因为它已经成为近代以来政治的基本前提；其二，认识论的要求，通过人民集会的投票来识别符合共同意志要求的法律和政策。这不仅让人疑惑，卢梭不是对人性非常悲观，认为人民往往会受欺骗吗？他凭什么认为人民的投票就能识别共同意志和符合共同意志的法律和政策呢？有一种解释认为，尽管卢梭对作为个体的公民的能力持怀疑态度，但对作为整体的人民的能力则持乐观态度。当然，其背后的原理是卢梭的同胞孔多塞提出的"陪审团原理"，关于这一点，笔者在第三章已有分析，此不赘述。

与卢梭对人性的悲观看法相关的另外一个问题是，立法机构的另外一个作用是型塑"习俗"，就像立法者所做的那样。这样，我们才能理解卢梭对政府的定位：使臣民与主权者两者得以互相适合。这是什么意思呢？从一个较浅的层次上来理解，它意味着行政机构通过法律的执行，使得公民们遵纪守法，此时臣民的行为和主权者的意志（法律）就互相适合了。但这只是最基本的要求，更理想的情况则是，通过公民教育，使得公民的特殊意志逐渐让位于共同意志，此时臣民与主权者的身份就合二为一了。很显然，卢梭更青睐后一种思路（卢梭自己最满意的作品既不是让他一夜成名的第一论文或第二论文，也不是后人研究最多的《社会契约论》，而是《爱弥儿》，于此可见一斑），如果后一种思路实现了，前面那一步根本就没有必要。那么，怎样实现这一点呢？靠立法机构。因为立法机构的基本工作就是讨论，对公共事务的讨论，这个过程本身就是最好的公民教育。

---

① 萧高彦先生已经注意卢梭民主思想与哈贝马斯审议性政治之间的关联，见萧高彦：《从共和主义到激进民主——卢梭的政治秩序论》，载袁贺、谈火生编：《百年卢梭》，158～183页，长春，吉林出版集团有限责任公司，2009。关于哈贝马斯的双轨制审议民主构想，可以参考谈火生：《民主审议与政治合法性》，第五章第3节。

第五节　结　语

卢梭对民主问题独特的思考不仅在当时形成了一种新的关于民主的想象，而且对于今天亦不乏借鉴意义。

首先，卢梭创造性地区分了主权者和政府这两个层次，并分别在两个层次上展开对民主问题的思考。在主权者层次上，卢梭的确主张直接民主制，强调公民要积极参与，强调主权不能被代表；在政府层次上，卢梭则反对直接民主制，而主张代议民主制，强调知识、经验和智慧在决策中的作用。卢梭的思考似乎在提示我们，直接民主和代议民主并非不可调和，卢梭为我们提供了一条能很好地将二者结合起来的可能路径。①

同时，这种两分我们还可以从时间的维度上来加以理解，即常态与非常态。在常态政治下，卢梭是反对公民的直接参与的；但是，在非常态政治下，他则强调公民要现身，积极参与到政治过程中来。当然，卢梭对非常态的理解可能要比阿克曼更宽泛，它可能不仅包括阿克曼所谓的"宪法时刻"，而且包括共同体面临重大的抉择之时，此时的抉择也许不涉及基本的宪法架构，但是对共同体之发展可能会产生重大影响。当此之时，卢梭呼吁公民积极地投身于政治之中，就这些重大问题进行抉择。但是，卢梭也呼吁，当此之时，公民应保持审慎与克制，以免频繁的变更影响政治的稳定。如何在"常"与"变"、"稳定"与"创新"之间保持适当的张力与平衡，这是卢梭留给我们的一个重要思想遗产。

其次，卢梭对主权者和政府的区分以及他对政府进行制衡的思想，在今天仍有启示意义。有论者评论道，在卢梭之前，宪政主义已经完成了法治和分权的制度设计，但没有完成民主化，这一任务留给了卢梭。② 卢梭在试图对政府进行制衡时，不是采取孟德斯鸠和联邦党人的思路，通过政府内部的相互制约，以野心对抗野心的方式来实现相互之间的制衡；而是在政府之外，通过主权者对政府的监督来实现。这种监督最重要的机制是政策输出的控制，即最后的决

---

① Mads Qvortrup. The Political Philosophy of Jean-Jacques Rousseau: The Impossibility of Reason. Manchester University Press，2003. 65.

② Mads Qvortrup. The Political Philosophy of Jean-Jacques Rousseau: The Impossibility of Reason. Manchester University Press，2003. 56.

定权应留在人民自己手中。强调主权者高于政府，应该将政府永远置于人民的监视之下。

　　当然，囿于时代的局限，卢梭所能想象出来的办法是在小国寡民状态下人民的经常性集会。尽管这样的建议在今天看来毫无可能性，但是，我想如果卢梭能活到今天的话，他应该能同意瑞士对公民投票机制的运用。1999 年，美国佛罗里达州针对公民投票所做的一份民意调查数据显示，有高达八成以上的人支持公民投票制度。① 尽管这 80% 的人可能并不全都认为人民有足够的能力对复杂的政治或政策问题做出明智的决定，但如此高的支持率仍提醒我们，卢梭对代议制民主和直接民主问题的思考对于我们今天仍是有启发意义的，如何在二者之间寻找平衡并走出一条新路，这仍是民主的理论和实践所面临的一个重要任务。

---

① Matthew Mendelsohn, Andrew Parkin, eds. Referendum Democracy: Citizens, Elites and Deliberations in Referendum. Campaigns, NY: palgrave, 2001. 34 ～ 36.

第五章　公民教育：卢梭美德共和国的微观基础 *

卢梭自认为最重要的作品既不是让他一夜成名的第一论文或第二论文，也不是当时流传最广的《新爱洛漪丝》，甚至也不是后人研究最多的《社会契约论》，而是《爱弥儿》。该书的副标题是"论教育"，这个问题的确是卢梭政治思想的一个核心问题，在卢梭看来，教育与政治是密不可分的。准确地讲，此处的"教育"指的是"公民教育"，也就是如何培养公民的问题。公民教育是卢梭美德共和国的微观基础，用卢梭自己的话来说就是："没有自由，祖国就不能生存，没有德性就没有自由，而没有公民则德性也不能存在。如果你们能型塑公民，你们将拥有一切。"①

通过公民教育培养出成熟的公民，卢梭念念在兹的共同意志才能得以产生，因为共同意志的产生需要一系列的限制性条件，其中，公民是重要的前提，只有具有健全判断能力的公民们在互不沟通的情况下独立地对各种相关信息进行考量，并形成自己对共同意志的不同理解，才能通过投票从中产生出共同意志。也只有将人变成公民，共同意志之流行才有可能，因为共同意志之流行，一方面需要公民自觉遵守体现着共同意志的法律；另一方面需要公民积极参与，通过定期地行使主权以防范政府对共同意志的破坏。那么，这样的公民如何产生呢？这就是本章要考察的问题。

大多数关于卢梭公民教育的研究都将注意力主要集中在《爱弥儿》上，本文试图突破这种局限，将卢梭的其他作品也纳入我们的视线。卢梭的公民教育包括家庭教育和公共教育两个部分，② 而卢梭关于这两个部分教育的论述是分

---

* 本章曾发表于《学术月刊》，2016 年第 5 期。

① 卢梭：《论政治经济学》，崇明译，载刘小枫编：《政治制度论》，138 ～ 185 页，北京，华夏出版社，2013。此处第 162 页。

② 卢梭：《爱弥儿》，李平沤译：11 页，北京，商务印书馆，1978。

布在不同的作品中的，关于家庭教育的内容主要集中在《爱弥儿》和《新爱洛漪丝》中；关于公共教育的内容卢梭没有集中的论述，而是散布在《论政治经济学》《社会契约论》《关于波兰政体的思考》和《致达朗贝尔的信》等作品中。家庭教育针对的是个体，在家庭中进行，以人的自然为据，教育的目标是引发人的内在良知，并在此基础上培育个体的公民德性；公共教育针对的是公众，在国家和社会中进行，以共同意志为据，教育的目标是将人变成公民。

本章的论述分为四个部分。先简单勾勒卢梭的成熟公民形象之后；再以《爱弥儿》第五卷和附录为中心，辅之以《新爱洛漪丝》，考察家庭教育在从"人"到"公民"的转变中所具有的作用；然后，以《论政治经济学》《社会契约论》《致达朗贝尔的信》和《关于波兰政体的思考》为中心来考察公共教育的基本要素；最后，在结论部分，本章将对家庭教育和公共教育进行比较，考察二者之间的统一性。

第一节　成熟公民的形象

在《爱弥儿》的开篇，卢梭就以斯巴达人和古罗马人为原型来构建其公民形象。在他看来，公民最重要的美德主要体现在以下几个方面：

第一，公民要有强烈的爱国情怀，愿意让私人的利益服从于公共利益，心甘情愿地将自己的全部力量、自由和权利奉献给共同体。在卢梭看来，"公民只不过是一个分数的单位，是依赖于分母的，它的价值在于他同总体，即同社会的关系"，公民必须"把'我'转移到共同体中去，以便使各个人不再把自己看作一个独立的人，而只看作共同体的一部分"①。卢梭用了一个斯巴达人的故事来展现这种崇高的爱国情怀。有一个斯巴达妇女的五个儿子都在军队里，她等待着战事的消息。一个奴隶来了，她战栗地问他战况如何，那个奴隶告诉她："你的五个儿子都战死了。"这位妇女怒斥道："贱奴，谁问你这个？"当奴隶告诉她"我们已经胜利了！"这位母亲便跑到庙中去感谢神灵。卢梭称赞道："这样的人就是公民！"②在《爱弥儿》的结尾处，让-雅克反复叮咛：

---

① 卢梭：《爱弥儿》，李平沤译，9～10页，北京，商务印书馆，1978。
② 卢梭：《爱弥儿》，李平沤译，10页，北京，商务印书馆，1978。值得注意的是，卢梭在此明确地提及女性公民。尽管很多现代的女权主义者对卢梭颇多批评，但卢梭对女性的看法是比较复杂的，笔者认为并不像女权主义者想的那么简单。此处不拟详述，留待以后专文加以讨论。

"亲爱的爱弥儿，如果人们要你去承担艰巨的义务的话，你就不要因为过着那样甜蜜的生活而不愿意承担！你要记住：罗马人是先做耕田的农民，然后担任执政的。如果国王或国家要你去为你的祖国服务，你就要抛弃一切去接受人们分派给你的职务，完成公民的光荣的使命。"①

第二，公民是从属于某个特定政治共同体的，他绝对不是世界主义者。"罗马的一个公民，既不是凯尤斯，也不是鲁修斯，他就是一个罗马人。他爱他那所独有的国家"，"不要相信那些世界主义者了，因为在他们的著作中，他们到遥远的地方去探求他们不屑在他们周围履行的义务。"②世界主义者们的所作所为无非是为了逃避他们应尽的义务，而一位公民是绝对不会这样做的，他爱他的同胞，他愿意为了祖国赴汤蹈火。因此，我们看到，卢梭笔下的公民内外有别："在国外，斯巴达人是野心勃勃的，是很贪婪的，是不讲仁义的；然而在他们国内，却处处洋溢着公正无私、和睦无间的精神。"③卢梭将苏格拉底和卡图进行对比："前者更多的是位哲学家，后者更是一位公民"，"苏格拉底除了全世界以外别无祖国，卡图则总是在内心深处珍爱自己的祖国，他仅仅为它而活，并与之共存亡。"④

第三，公民要积极地亲自参与公共事务，这一点非常重要。在《社会契约论》中，卢梭指出，"在一个真正自由的国家里，一切都是公民亲手来做"，"国家的体制愈良好，则在公民的精神里，公共的事情也就愈重于私人的事情"，"在一个政绩良好的城邦里，人人都会奔向大会去的；而在一个坏政府之下，就没有一个人愿意朝着那里迈出一步了。"⑤只有当公民积极而充分地参与到立法过程和国家的治理活动中时，自由之树才能常青。当腐化流行、权力遭到滥用时，如果公民们仍消极被动、保持沉默，那么，公民的个人自由就很危险了。他警告道，当公共服务不再成为公民的主要事情时，"公民宁愿掏自己的钱口袋而不愿本人亲身来服务"，"需要出征作战吗？他们可以出钱雇兵，而自己待在家里。需要去参加议会吗？他们可以推举议员，而自己呆在家里"，⑥此时，

---

① 卢梭：《爱弥儿》，李平沤译，731 页，北京，商务印书馆，1978。
② 卢梭：《爱弥儿》，李平沤译，9～10 页，北京，商务印书馆，1978。
③ 卢梭：《爱弥儿》李平沤译，9 页，北京，商务印书馆，1978。
④ 卢梭：《论政治经济》，崇明译，157 页，北京，华夏出版社，2013。
⑤ 卢梭：《社会契约论》，何兆武译，119～120 页，北京，商务印书馆，2003。
⑥ 卢梭：《社会契约论》，何兆武译，第 119 页，北京，商务印书馆，2003。

共同体将陷入奴役的状态。

第四，公民应将共同意志作为自我行事的最高准则，遵守体现着共同意志的法律。在卢梭看来，自由就等同于服从法律，而法律就是整个共同体共同意志的表达。唯其如此，尊重法律、热爱祖国的人才是好公民；反过来，公民有德行，共同意志才能实现，自由才有保障。因此，公民与法律的恒久结合就意味着公民的思考永远体现着共同意志，永远以共同利益为归依。

第二节　家庭教育：腐败社会的公民教育

卢梭的公民教育思想是建立在其人性论基础之上的。在《爱弥儿》中，卢梭开宗明义，"上帝创造的万物皆是向善的，然一经人手，悉变为恶"[①]，肯定了人向善的本性。不仅如此，人还有成善的可能，在《论人类不平等的起源和基础》中，卢梭认为，人与动物最大的区别在于人的"自我完善化的能力"。[②] 但是，这种"自我完善化的能力"是一把双刃剑，既可能让人走上幸福之途，也可能成为人类一切不幸的根源。而教育的作用正在于引导"自我完善化的能力"朝着正面的方向前进。卢梭相信，有一个道德的自我等待我们去实现，而它的实现是与人的本性相符的。但是，这个道德的自我不会自动地实现，人性中那些最崇高的品质都是通过培养才有可能充分绽放的。在这一点上，他和洛克的看法不同。洛克认为，自由和理性自动地就存在于人心之中，只要阻止其生长的障碍被消除，自由和理性会自发地生长。在卢梭看来，洛克低估了教育的重要性。如果人不通过教育，实现自由、民主是不可能的。[③]

在《爱弥儿》中，卢梭设定了一个想象的学生——孤儿爱弥儿，而他自己则是爱弥儿的家庭教师。整个教育过程分为三步：第一步，是将爱弥儿教育成

---

① 此处李平沤译本译为"出自造物主之手的东西，都是好的，而一到了人的手里，就全变坏了"。见卢梭：《爱弥儿》，李平沤译，5 页，北京，商务印书馆，1978。李译将原文的"bein"译为"好"，即孟子"性本善"之意，但这种译法没有将"bein"一词"向善"的动态特征体现出来，大大削弱了教育在人性完善过程中的作用。具体的辨析请见许翠玲：《卢梭人性发展两阶段论在教育上之意涵》，台湾东华大学硕士论文，2003，第四章第 1 节。

② 卢梭：《论人类不平等的起源和基础》，李常山译，83 页，北京，商务印书馆，1962。

③ Blaise Bachofen. Why Rousseau Mistrusts Revolutions: Rousseau's Paradoxical Conservatism. in Rousseau and Revolution, edited by Holger Ross Lauritsen and Mikkel Thorup, Continuum International Publishing Group, 2011. 17 ~ 30, Here in p. 25.

"人"（0—14岁），这包括《爱弥儿》的前三卷；第二步，是将爱弥儿教育成"理论意义上的公民"（15岁以后），主要体现在《爱弥儿》的后两卷；第三步，是将爱弥儿教育成"实践意义上的公民"，主要体现在《爱弥儿》的附录。在前三卷中，卢梭将爱弥儿从降生起的自然能力的发育过程和紧扣着他逐步展开的环境条件结合起来，沿着意志与感觉、知觉与现象、理智与情感等次序，来确立教育阶段，保护孩子的自然自由不受意见的侵害，并诉诸理性确立对自然的信仰，即让"真理"成为他内在的自然需求。[①] 前三卷的核心议题是，通过自然教育来为道德秩序的建设提供人心基础，前三卷所培养的个人德性——单纯、诚实和端庄，是爱弥儿后来所经历的道德教育的良知基础。[②]

在后两卷中，卢梭让爱弥儿通过爱的教育[③]，通过游历各民族和各国家，通过亲历的观察和理解、实践和判断来认识政治构成的基本原理，将《社会契约论》所奠定的共同意志原则纳入自身最具体的经验活动之中，以获得政治自由。[④] 更重要的是，在附录中，卢梭让爱弥儿在现实生活中经受极端处境的考验，经受最残酷的奴役状态的折磨，才能最终成为自己的主人，将作为人的道德自由与作为公民的政治自由化为真正的内在自由。可惜的是，《爱弥儿》的附录是残篇，因此，我们无法看到卢梭设想的"实践意义上的公民"教育的全过程，在一定程度上，《新爱洛漪丝》可以帮助我们稍窥此一问题的门径。因为卢梭自己曾说过，《爱弥儿》里的一切大胆的言论，在早两年发表的《新爱洛漪丝》里就都有了。[⑤] 在笔者看来，家庭教育中诸元素在《爱弥儿》和《新爱洛漪丝》中的分布情况如表5-1所示。

---

① 渠敬东、王楠：《自由与教育：洛克和卢梭的教育哲学》，5页，北京，生活·读书·新知三联书店，2012。

② 渠敬东、王楠：《自由与教育：洛克和卢梭的教育哲学》，213、217页，北京，生活·读书·新知三联书店，2012。

③ 布鲁姆指出，《爱弥儿》的第四、第五两卷是一篇性爱教育的论文，这一点在过去没有得到足够的强调。布鲁姆：《巨人与侏儒》，张辉选编，秦露等译，238页，北京，华夏出版社，2003。

④ 渠敬东、王楠：《自由与教育：洛克和卢梭的教育哲学》，5～6页，北京，生活·读书·新知三联书店，2012。"civil freedom"一般译为"社会自由"，但笔者主张译为"政治自由"，因为在卢梭生活的时代，"civil"一词尚不具备我们今天通常理解的"国家—社会"两分格局中的"社会"的含义，而主要是"政治"的含义，"civil society"一词指的是一种法治的、和平的政治秩序。参见：基恩：《市民社会：旧形象、新观察》，3页。上海：上海远东出版社，2006。

⑤ 卢梭：《忏悔录》（第二部），范希衡译，503页，北京，人民文学出版社，1982。

表5-1　家庭教育元素在《爱弥儿》和《新爱洛漪丝》中的分布情况

阶　　段	人 的 教 育	公 民 教 育
理论教育阶段	《爱弥儿》正文前三卷	《爱弥儿》正文后两卷
实践教育阶段	《爱弥儿》附录两篇	《新爱洛漪丝》

本文关注的主要是"理论意义上的公民"教育、"实践意义上的人"的教育和"实践意义上的公民"教育三个阶段。在这个过程中，"游历""历练""爱的共同体"成为爱弥儿成长为公民的关键性要素。但是，在正式对这三项因素进行考察之前，我们需首先了解爱弥儿的教育所处之"环境"。

一、环境

在某种意义上，《爱弥儿》可以说是卢梭为公民教育所设想的一个思想实验，我们需要注意卢梭给爱弥儿的教育设定的特定条件——单纯的家庭环境（乡下、孤儿）和家庭教师。

为什么会设定这样的条件呢？卢梭认为，"塑造公民不是一日之功，为了使他们在成年时成为公民，应该从孩童开始培养他们"[①]，但是，人生来是软弱的，而社会是腐败的，"偏见、权威、需要、先例以及压在我们身上的一切社会制度"会扼杀儿童的天性。因此，卢梭呼吁"避开这条大路，而保护这株正在成长的幼苗，使它不受人类的各种舆论的冲击！……趁早给你的孩子的灵魂周围筑起一道围墙"[②]。孤儿和乡下的设定就是为了这个目的。之所以将爱弥儿的教育环境置于乡下，是因为在卢梭眼中城市不谛是罪恶的渊薮："城市是坑陷人类的深渊……必须使人类得到更新，而能够更新人类的，往往是乡村。"在乡村，儿童"自然地就能够使自己得到更生的，并且可以恢复他们在人口过多的地方的污浊空气中失去的精力"[③]。在《爱弥儿》的结尾处，卢梭也建议爱弥儿不要到大城市去居住，相反，"善良的人应该为别人树立的榜样之一就是过居家的田园生活，因为这是人类最朴实的生活，是良心没有败坏的人的最

①　卢梭：《论政治经济》，崇明译，载刘小枫编：《政治制度论》，162～163页，北京，华夏出版社，2013。
②　卢梭：《爱弥儿》，李平沤译，5～6页，北京，商务印书馆，1978。
③　卢梭：《爱弥儿》，李平沤译，43页，北京，商务印书馆，1978。

宁静、最自然和最有乐趣的生活"①。

那么，卢梭为什么要让爱弥儿成为孤儿呢？这是因为他认为当时欧洲社会的家庭已经不成其为家庭了。在卢梭看来，在真正的家庭中，"家庭生活的乐趣是抵抗坏风气的毒害的最好良剂"②，但是，在卢梭生活的时代，真正的家庭生活被腐化的社会风气所毒害，母不母、父不父。一个妇女给予孩子的不是"母亲的关心"，而是要么"轻视她们的头等责任，不愿意哺育自己的婴儿"，"把婴儿交给雇佣的保姆"，自己"高高兴兴地在城里寻欢作乐"；③要么"溺爱"，违背自然的法则，"使孩子沉浸在温柔舒适的生活里"，"结果是毁了孩子"。④更有甚者，母亲们在养育孩子时，不是哄就是罚，从一开始就给孩子幼小的心灵灌输了不健康的东西，使孩子"首先获得的观念，就是权势和奴役的观念。还不会说话，他就在支配人了；还不会行动，他就在服从人了"⑤。与此类似，今天的父亲们满脑子想的是生意、工作和各种职责，"毫无疑问，做父亲的职责是最后才考虑的"！他们太忙了，不能教育孩子，常常"拿钱去雇一个人来替他完成他所担负的责任"。⑥

但是，忙碌显然不是理由，卢梭在注释中以日理万机的罗马监察官卡图和奥古斯都为例，来谴责当时欧洲男性的不负责任。这些不负责任的父母将孩子的天性扼杀之后，又"把这个虚伪的人交到一个教师的手里，由这位教师来发展他业已充分养成的人为的病原，教给他一切的知识，却就是不教他认识他自己，不教他利用自己的长处，不教他如何生活和谋求自己的幸福。最后，当这个既是奴隶又是暴君的儿童，这个充满学问但缺乏理性、身心都脆弱的儿童投入社会，暴露其愚昧、骄傲和种种恶习的时候，大家就对人类的苦痛和邪恶感到悲哀"⑦。整个教育过程，全然不照着自然画出的道路前进，卢梭不禁悲叹："自然的人不是这个样子的。"因此，孩子的教育既不能委之于这样不负责任

---

① 卢梭：《爱弥儿》，李平沤译，730 页，北京，商务印书馆，1978。

② 卢梭：《爱弥儿》，李平沤译，21 页，北京，商务印书馆，1978。

③ 卢梭：《爱弥儿》，李平沤译，17 页，北京，商务印书馆，1978。

④ 卢梭：《爱弥儿》，李平沤译，22～23 页，北京，商务印书馆，1978。

⑤ 卢梭：《爱弥儿》，李平沤译，25 页，北京，商务印书馆，1978。

⑥ 卢梭：《爱弥儿》，李平沤译，26～27 页，北京，商务印书馆，1978。

⑦ 卢梭：《爱弥儿》，李平沤译，25 页，北京，商务印书馆，1978。

的母亲，也"不应该委弃于父亲们的认识（lights）和偏见"①，甚至也不能委之于不合格的教师。在这种考虑之下，孤儿的身份和一个理想的家庭教师就成为公民教育思想实验的两个必要元素。

二、游历

如前所述，《爱弥儿》前三卷的任务是对爱弥儿进行"人的教育"，让孩子保持自然良善（natural goodness）的天性，造就完整的人格；《爱弥儿》后两卷描述的则是当爱弥儿成年后，爱弥儿的教育进入"公民教育"阶段。当然，首先是理论意义的公民教育，让爱弥儿了解社会。其中，最重要的是通过同情与爱的教育来实现欲望和义务的结合。② 在《爱弥儿》一书的最后，理论意义的公民教育进入高潮，要让爱弥儿认识人类的政治制度、风俗和法律。于是，让-雅克强行中止爱弥儿的意愿，命令他暂时与苏菲分离，到欧洲各国游历。爱弥儿差不多用了两年的时间领略各国的自然、风俗和民情。通过游历，让-雅克希望爱弥儿获得的是政治自由的根本要义，这是"读万卷书"所无法实现的，必须通过"行万里路"才能得到真切的体会。

但卢梭又强调，游历对许多人是有害的，对青年人来说，游历更加有害，因为他们在游历的过程中采取的方法不对。③ 他比较了不同国家的人在游历方式上的差别，"法国人，他到了一个国家就只知道去拜访艺术家，而英国人则爱去临摹古迹，德国人则带着他的题名簿去找所有的学者；西班牙人到了一个国家便不声不响地研究该国的政治制度、风俗和治安情形"。在卢梭看来，只有西班牙人"能够从他的见闻中带回一些有益于他的国家的东西"，而"法国人虽然比谁都看到过更多的其他民族的人，但也只有法国人对其他民族的人了解得最少"。④ 因此，不应该像法国人那样，"去看那些琐琐碎碎的事情，爱寻找那些投合我们的无聊的好奇心的东西"，而应该"把他们全部的注意力都

① 卢梭：《论政治经济》，崇明译，162～163页，北京，华夏出版社，2013。译文根据Victor Gourevitch 英译本有所改动，见卢梭：《"社会契约论"及其他晚期政治著作》（影印本），21页，北京，中国政法大学出版社，2003。
② Allan Bloom，Introduction，in Jean-Jacques Rousseau，Emile：or On Education，trans. Allan Bloom，New York：Basic Books，1979.17.
③ 卢梭：《爱弥儿》，李平沤译，719页，北京，商务印书馆，1978。
④ 卢梭：《爱弥儿》，李平沤译，694页，北京，商务印书馆，1978。

用去研究那些真正有意义的问题"。

但是，什么才是"真正有意义的问题"呢？就是政治正当的原理。也正是在这一部分，卢梭花了十几页的篇幅将《社会契约论》的核心思想复述了一遍。由于什么样的民族应该选择什么样的适当的政体，社会条件本身构成了一个重要尺度。因此，卢梭强调只有将政治的基本原理和具体的社会条件（具体而言就是风俗）结合起来，才能避免陷入教条主义。"人们常常争论哪一种形式的政府是最好的，而没有想到每一种形式的政府都可以在某种情况下成为最好的政府，而在另外一种情况下又成为最坏的政府。"①

那么，如何才能更好地了解一个国家或民族的风俗呢？卢梭指出，不应该到首都的地方去研究一个国家的人民，"巴黎和伦敦在我看来是一个样子"，"要研究一个民族的天才和风尚的话，是应该到边远的省份去研究……真正的法国人不在巴黎而在土伦；麦西亚的英国人比伦敦的更具有英国的风味；加利西亚的西班牙人比马德里的更带有西班牙的特点。正是在远离首都的地方才能看出一个民族的特性和没有混杂一点外国色彩的地地道道的样子……我们在边远的省份才最能看出一个政府的好坏"。②并且，这种游历方法还有一个好处，"那就是：由于年轻人在极其腐化的大城市停留的时间少，所以一方面不容易沾染那种腐化的习气，另一方面还可以在十分朴实的人们和人数较少的社交场合中养成一种更准确的判断力、更健康的审美观和更诚实的作风"③。为了防止游历可能产生的民族偏见，让-雅克还做了特别的安排，让爱弥儿在每一个国家中都能受到一些有才德的人以古人殷勤好客的方式款待他，让爱弥儿同他们进行诚恳的交往，"因为他们既没有我们的民族偏见，而且还反对他们的民族偏见，所以能够使我们获得以一种偏见去抵制另一种偏见的方法，从而使我们不受两种偏见的影响"④。只有这样，才能比较准确地把握和体会不同国家和民族之间的差异，"他的旅行让他辨认出各种可供选择的'洞穴'，洞察出各自的优点和不足"⑤。

---

① 卢梭：《爱弥儿》，李平沤译，716 页，北京，商务印书馆，1978。
② 卢梭：《爱弥儿》，李平沤译，719 ~ 720 页，北京，商务印书馆，1978。
③ 卢梭：《爱弥儿》，李平沤译，722 ~ 723 页，北京，商务印书馆，1978。
④ 卢梭：《爱弥儿》，李平沤译，725 页，北京，商务印书馆，1978。
⑤ Allan Bloom. Introduction，1979.27.

三、历练

尽管游历可以让爱弥儿对政治的原理及其实现条件有更深切的了解，为政治自由打下一定的基础。但是，游历所得终究是在看他人，其体会总是表面的，不会有切肤之痛。更重要的是，一定要在事上磨炼，才能将道理落到实处，这就需要历练了。在《爱弥儿》漫长的教育结束后，卢梭又附上了两篇"书柬"作为附录。这两篇书柬通过爱弥儿的独白，叙述了让－雅克指导下进行的教育历程结束后爱弥儿和苏菲的艰难生活历程，通过将爱弥儿置于极端处境之中，让生活本身来教育爱弥儿。从目前的残篇来推测，实践意义上的教育应分为两个阶段，第一个阶段为"人的实践教育"，也就是目前看到的两篇书柬；第二阶段为"公民的实践教育"，这一部分在《爱弥儿》中缺失了，需要借助《新爱洛漪丝》来稍窥门径。[①]

在两篇书柬中，卢梭描述了作为"人"的极端处境。在第一篇书柬中，爱弥儿和苏菲曾经有过自由而幸福的生活。但是，好景不长，苏菲的父母相继过世，沉重的打击让爱弥儿和苏菲决定离开伤心之地，搬到巴黎。在巴黎，夫妻两人都很快发生了变化，爱弥儿变成了一个风流绅士，苏菲则投入了他人的怀抱。爱弥儿陷入了深渊："多么可悲的结局！愚蠢的人啊，你在追逐什么幻影？爱情、荣誉、忠诚和美德，你们在什么地方？高尚的苏菲竟是一个无耻的女人！"[②]所有曾经有过的幸福生活"都像梦幻似的消逝了"[③]，爱弥儿失去了一切，失去了妻子、孩子和朋友，甚至失去了和同胞的联系。

如何理解卢梭给爱弥儿安排这样一种极端处境的用意呢？附录所描述的这一悲苦结局究竟是意味着作为"人"在社会中的一种必然结果，还是意味着对于一个"自由人"的教育而言，现实生活的考验是一个必要的环节？本文同意有些学者的判断，应该是后者。也就是说，《爱弥儿》正文部分的教育还远没有结束，需要一个更为残酷的现实条件介入，而成为爱弥儿诸多教育阶段的一

---

① 渠敬东认为，附录展现了两种极端处境，一种可以称之为作为"人"的极端处境；另一种则可以称之为作为"公民"的极端处境。渠敬东、王楠：《自由与教育：洛克和卢梭的教育哲学》，291 页，北京，生活·读书·新知三联书店，2012。本文认为，两篇书柬所展现的都是作为"人"的极端处境，还谈不上作为"公民"的极端处境，详细辨析请见下文。
② 卢梭：《爱弥儿》，李平沤译，754 页，北京，商务印书馆，1978。
③ 卢梭：《爱弥儿》，李平沤译，742 页，北京，商务印书馆，1978。

个新起点。^①据此，我们可以将爱弥儿的教育分为两个大的阶段：正文部分所展示的是理论教育阶段，附录部分展示的则是实践教育阶段。

卢梭的用意是要通过极端处境的考验，让自己曾经教给爱弥儿的东西真正在爱弥儿的心中扎根，在爱弥儿的灵魂深处建立起一座"内在的城邦"，以抵御社会风气和种种恶习的影响。爱弥儿在经历了"一生之中最值得纪念同时又是最痛苦的一段时期"后，"变成了一个新人"。^②他通过彻底将自身内在化，让自己成为一个绝对意义上的孤独的人，将一切外部的现实条件悬隔起来，成功地守护了人的自由的最终基础。他重新获得了十分平静的精神，恢复了能够从事物本身出发思考的能力，依靠心灵内在赋予的意志和能力，通过对自身的征服来赢得整个世界，克服作为一个人的极端处境，这就是爱弥儿道德自由的进一步展开。^③

但是，生活的考验还没有结束。在第二篇书柬中，卢梭描述了作为"人"的更为极端的处境。经历了人生考验的爱弥儿为了逃避苏菲，离开了祖国，开始了漫无目的的旅行。在一次前往那不勒斯的航行中，商船被海盗劫持了，爱弥儿失去了人身自由，成了别人的奴隶。整个第二篇书柬描述的都是爱弥儿作为奴隶的生活。第二篇书柬试图说明的是，哪怕是在最极端的外在限制的情况下，道德自由仍然是可能的。尽管遭囚禁、戴锁链，但自己还可以依靠自己的理智来调节欲望和激情。爱弥儿甚至反思，"我受奴役的日子，恰恰就是我享有声望的日子，而我在戴上海盗的锁链的时候，我倒是最能够支配我自己，"成为奴隶"这件事情使我失去了什么呢？失去了做蠢事的能力。我比以前更自由了"。^④

这里，有一个问题值得思考：第二篇书柬所描述的考验究竟属于"人"的教育还是"公民"的教育？本文认为，此处的描述仍属于"人"的教育，而不是真正的"公民"教育，仍处于为公民教育做准备的阶段。请注意第二篇书柬的开头：爱弥儿离开自己的祖国时，他是这样说的："我打断了同我的国家的

---

① 渠敬东、王楠：《自由与教育：洛克和卢梭的教育哲学》，295 页，北京，生活・读书・新知三联书店，2012。

② 卢梭：《爱弥儿》，李平沤译，763 页，北京，商务印书馆，1978。

③ 渠敬东、王楠：《自由与教育：洛克和卢梭的教育哲学》，300 页，北京，生活・读书・新知三联书店，2012。

④ 卢梭：《爱弥儿》，李平沤译，784 ～ 785 页，北京，商务印书馆，1978。

一切联系，我要把整个世界当作我的国家；只有不再做公民，我才能够成为一个世界的人。"①

前文已述，卢梭是反对启蒙学派的普遍主义以及与之相关联的世界主义观点的，在他看来，所谓的世界主义者，是因为他们不屑对自己周围的人尽他们的义务，是为了要推卸对自己周围人的责任。②很难想象，在同一本书中，卢梭会在书的开头反对世界主义，却在书的结尾部分又对之持赞成态度。在正文的结尾处，让－雅克还在谆谆教诲爱弥儿："亲爱的爱弥儿，如果人们要你去承担艰巨的义务的话，你就不要因为过着那样甜蜜的生活而不愿意承担！你要记住：罗马人是先做耕田的农民，然后担任执政的。如果国王或国家要你去为你的祖国服务，你就要抛弃一切去接受人们分派给你的职务，完成公民的光荣的使命。"③当然，爱弥儿可以为自己进行辩解："我的祖国和它的邪恶的人民给予我的是灾祸，使我沦为牺牲，是耻辱，使我深深感到害羞。"④但让－雅克马上会反驳他，高尚的公民必须履行自己的责任，"他们的鲜血、他们的生命和他们最后的一息都是属于祖国的，耻辱和逆境都不能扭转这神圣的义务"⑤。

当爱弥儿毅然决然地离开了自己的祖国，放弃对国家的义务和责任时，他已经处于一种"非公民"的状态。连公民都不是，何来作为"公民"的极端处境呢？因此，爱弥儿身为奴隶的处境只是一种作为"人"的极端处境。在此，卢梭想强调的恰好是，尽管爱弥儿已经在理论上掌握了一个公民所需的各种知识，但是，在实践意义上，爱弥儿还远没有成为公民，他缺乏作为公民最重要的品质——责任意识。

真正的作为"公民"的极端处境是，身为公民，却报国无门；忠心报国，却屡遭陷害，身陷囹圄；为国家做出巨大牺牲，甚至献出生命，却要背负卖国的罪名。在这种处境下，作为一个公民该如何处之，这才是政治生活对公民进

① 卢梭：《爱弥儿》，李平沤译，778 页，北京，商务印书馆，1978。
② 卢梭：《爱弥儿》，李平沤译，9 页，北京，商务印书馆，1978。
③ 卢梭：《爱弥儿》，李平沤译，731 页，北京，商务印书馆，1978。
④ 卢梭：《爱弥儿》，李平沤译，778 页，北京，商务印书馆，1978。
⑤ 卢梭：《新爱洛漪丝》（第三、第四卷），伊信译，99 页，北京，商务印书馆，1993。

行的最好的公民教育。[①] 但卢梭的《爱弥儿》显然尚未处理到这一主题。换言之，爱弥儿的公民教育之旅还没有最后完成，爱弥儿至此只确立了道德自由，只具备了实现政治自由的基础，还没有实现真正的政治自由。由于第二篇书柬仍然是残篇，因此，我们不知道在卢梭的安排中，后面还会有何种命运等待着爱弥儿。但从逻辑上讲，应该是朝着实现政治自由的方向前进。

普雷沃斯特教授的摘录记录了卢梭对爱弥儿结局的设想：爱弥儿最后来到了一个荒岛，又遇到同在岛上教堂当修女的苏菲，苏菲已痛改前非，她美好的德行丝毫未减。爱弥儿和苏菲终于走出了心灵的阴影，重新过上了完满的生活。[②] 卢梭为爱弥儿安排这个结局的目的在于告诉人们：至高的美德使得人能克服任何困难，能坚强地生活于任何腐化堕落的社会中而不移其志，给这个社会树立起做人的楷模。[③] 但这个结局仍然没有告诉我们，作为具有美德的人如何在社会中承担起公民的责任，如何在实现道德自由的同时还能实现政治自由。由于卢梭的故事到此戛然而止，关于这一点，我们已经永远无法从《爱弥儿》中获悉了。[④]

四、爱的共同体

《新爱洛漪丝》结尾和《爱弥儿》不同，卢梭为他的人物安排了一个幸福的结局。虽然作为公民美德化身的于丽去世了，但是，于丽所爱的人并没有因为她的离去而散失，他们基于爱和友谊结成了一个和谐的共同体，这个爱的共同体是卢梭式农业共和国的微缩模型。[⑤] 特别值得注意的是，这个共同体不是基于理性建立起来的，而是基于爱的情感建立起来的。

---

① 在《新爱洛漪丝》中，爱多阿尔批评圣·普栾忘记了公民的义务，并以罗马共和国为例："你不妨看看共和国的好时候，你是否找得出只要有一个有德的公民，即便在经过最残酷的厄运以后，会这样摆脱他们的义务的。"卢梭：《新爱洛漪丝》（第三、第四卷），伊信译，98 页，北京，商务印书馆，1993。

② 卢梭：《爱弥儿》，李平沤译，794 页，北京，商务印书馆，1978。

③ 袁贺：《公民与现代性政治：以卢梭为中心的考察》，187 页，北京，中央民族大学出版社，2013。

④ 关于附录终成残篇的原因，普雷沃斯特认为，"卢梭原先想分散的那些忧郁的思想，竟完全占据了他的心，以致使他在写作《对话录》和《一个孤独的漫游者的梦幻》这两部作品时，愈写愈忧伤，愈写愈发挥，腾不出手来，继续写完这封书柬"。见卢梭：《爱弥儿》，李平沤译，792 页，北京，商务印书馆，1978。

⑤ 卢梭对其共和国所需的条件进行了严格限制，不仅规模要小，而且要尽量自给自足，以减少对外界的依赖，免受外界的不良影响，就此而言，他更青睐的不是海洋共和国，而是农业共和国。

按照卢梭为社会契约设定的人性观，人的本质绝非理性，因为理性是社会关系的产物，是人类迈入社会状态后逐步发展成熟的一种能力。人的本质是情感，情感在自然人那里表现为自爱和怜悯，在社会人那里表现为自尊、爱情和良心。在这些情感中，健康的自尊（amour propre/self-esteem）才是公民美德的人性基础。① 那么，这种健康的自尊是如何培养出来的呢？就整个社会而言，它要靠健全的政治制度，确保美德和功绩（而不是财富与权势）成为分配社会荣誉和地位的标准；就微观基础而言，它要靠以真正的爱情和责任为基础建立起来的健全的家庭，或以纯洁的友谊为基础的公民家庭联盟。家庭在公民教育中扮演着重要的角色，卢梭式的农业共和国就是以家庭作为基础的，② 家庭不仅为国家提供了经济基础，而且为国家培养了合格的公民。

但是，必须指出的是，卢梭心目中理想的家庭是田园牧歌式的农村家庭，而不是城市家庭。在卢梭看来，在城市中，无论是传统的贵族家庭还是新兴的资产阶级家庭，都不适合于对孩子进行道德教育和公民教育，因为它们只关心私利，而不是公共利益。在这些家庭中，流行的是对家庭财产的争夺和消费主义的文化，家庭成员对政治义务熟视无睹。尽管《爱弥儿》的正文部分是以爱弥儿和苏菲结合为一个家庭而收尾，但是，《爱弥儿》并没有对这个家庭进行描述。相反，我们在附录部分看到的是，当这个小家庭还没有来得及成为一个完整的家庭（因为他们还没有孩子）时，就在搬到巴黎后不久被巴黎腐化的风

---

① 卢梭的人性观是理解卢梭政治思想非常重要的方面，但相对于卢梭政治思想的其他主题而言，相关研究不是很丰富，中文文献可以参考：彭刚：《论卢梭公民美德的人性基础》，载《政治思想史》，2012（2），88～111 页。英文文献可以参考：Laurence D. Cooper, Rousseau, Nature, and the Problem of the Good Life. Pennsylvania State University Press, 1999, chapter 4; Frederick Neuhouser. Rousseau's Theodicy of Self-love: Evil, Rationality and the Drive for Recognition. Oxford University Press, 2008. "Amour propre"一词译法很多，卡西尔称之为"自私之爱（selfish-love）"，维罗里称之为"自私（egotism）"，劳伦斯·库帕尔将其译为"自尊（self-esteem）"。

② 卢梭认为，在现代社会斯巴达式的对社群的献身是不切实际和不受欢迎的，家庭是一个健全社会的唯一基础。没有对他人的关心，没有舍己为人的志愿，社会不过是个体的集合。家庭节制了建立在现代自然权利学说基础上的新政制释放出来的自私的个人主义。布鲁姆：《巨人与侏儒》，247 页，北京，华夏出版社，2003。卢梭的家庭观历来争议很多，施克莱、布鲁姆和梅尔泽认为，卢梭的家庭理想与其国家理想之间是不相容的。苏珊·奥金和卡罗·佩特曼等女性主义者更是批评卢梭的父权制家庭观将女性排除在公民之外，这有违其平等主义的理想。施瓦茨、福蒙和伯丁等人则认为，卢梭的理想家庭是其农业共和国的模板。Eileen Hunt Botting. Family feuds: Wollstonecraft, Burke and Rousseau on the Transformation of the Family. State University of New York Press, 2006. 19～20.

气所腐蚀，变得支离破碎。在《新爱洛伊丝》中，伏尔玛尔和于丽的家庭所展示的才是一个理想家庭的典范。这种家庭是一个教育场所，它可以将自私的孩童转化为具有美德的男性公民或公民的教育者——母亲。卢梭认为，爱家是这种转化的第一步，只有首先爱家，才能超越自爱，并逐步扩展到爱自己的近邻、爱自己的同胞、爱共和国本身。①

在《新爱洛漪丝》中，卢梭虽然讲述了一个美好纯洁的爱情故事，但他更想唤起的是"强烈而高尚的情感：爱、仁慈和献身德性"，就像于丽和圣·普栾因爱而崇高，"他们为责任的要求而牺牲直接的满足,从而使自己保持纯洁"。②因为他们深知，从德行而来的纯洁之爱需要服从于婚姻的契约。结婚的目的不单单是为了互相眷顾，而且是为了共同尽公民的义务，为了持家和抚育孩子。③于丽因父亲所立下的婚约而另嫁伏尔玛尔，但是她不因此而感到痛苦，反而全心投入家庭与婚姻之中，相夫教子。她向上帝发誓："我愿意爱你给予我的丈夫。我愿意是忠诚的，因为这是联系家庭和整个社会的第一义务。我愿意是纯洁的，因为它是培养一切其他德行的第一德行。"④于丽是这样说的，也是这样做的，一方面，她尊重婚姻的契约以及家庭赋予她的职责；另一方面，她在受到德行以及调和的情感指导下，成功地将对圣·普栾激烈的情欲转化为纯洁的情感。正是这种自我转化，使于丽有能力履行一位母亲的职责——教育公民。

在这个家庭中，伏尔玛尔和于丽分别承担着各自的职责。伏尔玛尔作为丈夫，是一家之主，负责整个家庭的生计；于丽作为妻子，负责家务管理，并尽一个母亲的责任。这个家庭不光是由合格的公民所构成，它还有雇工和仆人，于丽在生产管理和家政管理中也是井井有条，整个家庭中洋溢着一种令人感动的"淳朴的古风"："在女仆和女主人之间流露出来的亲热只会加强尊敬和威仪；而提供和接受服务只显得是相互间友谊的一种证明。"卢梭借圣·普栾之口对之给予高度评价：这种管理方式能把他们雇佣的人"既培养成为自己服务的好仆人，又培养成会耕种他们土地的好农夫；既培养成保卫祖国的好士兵，

---

① Eileen Hunt Botting. Family feuds: Wollstonecraft, Burke and Rousseau on the transformation of the family. State University of New York Press，2006. 26.

② 查尔斯·泰勒：《自我的根源：现代认同的形成》，韩震等译，451 页，上海，译林出版社，2001。

③ 卢梭：《新爱洛漪丝》（第三、第四卷），伊信译，74 页，北京，商务印书馆，1993。

④ 卢梭：《新爱洛漪丝》（第三、第四卷），伊信译，57 页，北京，商务印书馆，1993。

又培养成一切情况下命运可能召唤的善良的人"①。

在这里，卢梭坚信，只要有了伏尔玛尔和于丽这样的公民，其结果不会是社会的腐化腐蚀了他们，而是他们的德行能改造社会。② 他们通过对家庭的管理将其德行辐射到邻近社区，于丽"把自己的幸福跟所有人的幸福联系在一起"，她探寻邻居的困难情况并深切关心他们，如同问题关系到自己切身的利益，"和谐和美德跟着她从这家扩展到那家"，③ 这俨然就是一个卢梭式共和国的雏形了。这种言传身教和对风俗的塑造本身就是最好的公民教育。

《新爱洛漪丝》中尤其值得关注的是它的结局。因于丽的表姐格兰尔的丈夫去世，于丽邀请她带着女儿过来与自己同住。这个情节是意味深长的，它暗示着多个卢梭式共和国的公民家庭将要联合，一个新的社会正在形成。随后，圣·普栾经历了几年的环球游历后也回来了，伏尔玛尔代表于丽邀请他来家中同住。圣·普栾和两个家庭聚首了，一种纯粹的公民之间的友谊洋溢于新的社会之中。在书的结尾处，于丽的去世将整个故事推向高潮。于丽的离世是一个严峻的考验，因她而走到一起的人们还能继续维持这种道德共同体吗？卢梭相信能，于丽所爱的人没有因于丽的离世而散去；相反，他们的队伍将扩大了，他们邀请他们的朋友爱多阿尔也加入这个大家庭。格兰尔说："那么来吧，两位亲切和可敬的朋友（圣·普栾和爱多阿尔），你们来同她留下的一切结合到一起。我们来把她所亲爱的一切聚集在一起。愿她的精神鼓舞我们，愿她的心把我们大家的心结合起来；让她的在天之灵永远看着我们如何生活。"④

第三节　公共教育：理想城邦的公民教育

对于爱弥儿这样的个体来说，可以通过教师的悉心引导而成为一名合格的公民，但是，对于整个社会来说，公民教育的目标如何可能实现呢？卢梭认为，

① 卢梭：《新爱洛漪丝》（第三、第四卷），伊信译，168、172 页，北京，商务印书馆，1993。译文有改动。
② 袁贺：《公民与现代性政治：以卢梭为中心的考察》，202～203 页，北京，中央民族大学出版社，2013。
③ 卢梭：《新爱洛漪丝》（第五、第六卷），伊信译，11～12 页，北京，商务印书馆，1994。
④ 卢梭：《新爱洛漪丝》（第五、第六卷），伊信译，251 页，北京，商务印书馆，1994。译文有改动。

应通过公共教育。在《论政治经济》中，卢梭明言，公共教育"显然是国家最重要的事情"，"是民主政府或合法政府的基本准则之一。如果儿童在平等的环境中被共同抚养，如果他们充分吸收了国家的法律和共同意志的准则，如果他们被教导尊重这些法律和准则甚于其他一切事物，如果他们身边围绕着各种例子和事物，它们不断地向儿童们讲述养育他们的温柔的母亲、她对他们的爱、他们从她那里获得的无价之宝以及他们应当献给她的回报，那么，毫无疑问，他们将因此学会像兄弟一样彼此关爱，他们只会想社会之所想，他们将以人和公民的行动取代智术师们的贫瘠空洞的废话，并有朝一日从祖国的孩子成长为祖国的捍卫者和父亲"①。

为此，卢梭还提出了一系列具体的制度设计：立法者、公民宗教、公共机构和活动、公民大会等，整个社会的公民教育要靠立法者和公民宗教来奠定其基础，通过公共机构来增进公民对国家的了解，培育公民的爱国情怀，并通过周期性的公民大会来历练公民。可以说，公共教育和家庭教育的不同元素在结构上存在一种对应关系，立法者和公民宗教承担着《爱弥儿》中单纯的家庭环境和教师的功能，公共机构和活动则承担着游历的功能，公民大会的作用相当于历练和爱的共同体（如表 5-2 所示）。

表 5-2 家庭教育和公共教育元素之间的对应关系

教育形式	理论意义上的公民教育		实践意义上的公民教育
家庭教育	单纯的家庭环境、教师	游历	历练、爱的共同体
公共教育	立法者、公民宗教	公共机构和活动	公民大会

一、立法者

沃克勒指出，卢梭比现代任何一个思想家都更加坚信：人性是由政治塑造出来的。② 通过适当的制度，人的可完善性会被激活。③ "一切都从根本上与

① 卢梭：《论政治经济》，崇明译，载刘小枫编：《政治制度论》，164 页，北京，华夏出版社，2013。

② Robert Wokler. Rousseau's Pufendorf: Natural Law and the Foundations of Commercial Society. History of Political Thought, 15. 3，Autumn 1994. 373 ～ 402.

③ 卢梭：《关于波兰政体的思考》，崇明、胡兴建译，载刘小枫编：《政治制度论》，56 页，北京，华夏出版社，2013。

政治相联系，不管你怎样做，任何一国的人民都只能是他们政府的性质将他们造就的那样。"① 好的政治制度造就的是有美德而幸福的公民，坏的政治制度造就的则是邪恶而不幸的人。"好的社会制度是这样的制度：它知道如何才能够最好地使人改变他的天性，如何才能够剥夺他的绝对的存在，而给他以相对的存在，并且把'我'转移到共同体中去，以便使各个人不再把自己看作一个独立的人，而只看作共同体的一部分。"②

但是，这一"倒果为因"的思路使卢梭陷入了困境。③ 一方面，卢梭相信，只有具有美德的公民才能制定正义的法律，建立好的政治制度；另一方面，卢梭又认为，这样的公民自身恰好是善法和健全制度的产物。好公民既是正义法律的根源，也是其产物。④ 为了解决这一困境，卢梭不得不导入了"立法者（legislator 或 lawgiver）"和"公民宗教（civil religion）"的观念。正如施珂拉指出的，在《社会契约论》中，立法者的功能相当于《爱弥儿》中的"教师"，⑤ 如果说教师的任务是对爱弥儿进行引导的话，那么，立法者则要引导共同体的全体成员，通过对人性进行改造（denaturing），帮助共同体成员实现自我启蒙。⑥

立法者的任务并不是立法，而是为立法提供建议，即使人民要将立法的权力赋予他，他也会对人民说，我向你们建议的任何事情，不得你们的同意就决不能成为法律。公民们啊，请你们自己制定会给你们造福的法律吧！⑦ 但是，

① 卢梭：《忏悔录》（第二部），范希衡译，500 页，北京，人民文学出版社，1982。
② 卢梭：《爱弥儿》，李平沤译，10 页，北京，商务印书馆，1978。
③ "为了使一个新生的民族能够爱好健全的政治准则并遵循国家利益的根本规律，便必须倒果为因，使本来应该是制度的产物的社会精神转而凌驾于制度本身之上，并且使人们在法律出现之前，便可以成为本来应该是由于法律才能形成的那种样子。"卢梭：《社会契约论》，何兆武译，53 页，北京，商务印书馆，2003。
④ Joseph F. Fletcher, Patrick Neal. Hercules and the Legislator: The Problem of Justice in Contemporary Political Philosophy. Canadian Journal of Political Science, Vol. 18, No. 1, Mar. 1985. 57～76.
⑤ Judith Shklar. Men and Citizens: A Study in Rousseau's Social Theory. Cambridge University Press, 1969. 170～171.
⑥ "敢于为一国人民进行创制的人——可以这样说——必须自己觉得有把握能够改变人性，能够把每个自身都是一个完整而孤立的整体的个人转化为一个更大的整体的一部分，这个个人就以一定的方式从整体里获得自己的生命与存在；能够改变人的素质，使之得到加强；能够以作为全体一部分的有道德的生命来代替我们人人得之于自然界的生理上的独立的生命。总之，必须抽掉人类本身固有的力量，才能赋予他们以他们本身之外的而且非靠别人帮助便无法运用的力量。"卢梭：《社会契约论》，何兆武译，50～51 页，北京，商务印书馆，2003。
⑦ 卢梭：《社会契约论》，何兆武译，53 页，北京，商务印书馆，2003。

要让人民接受立法者的立法建议的关键在于风尚、习俗，尤其是公共舆论的型塑，用卢梭自己的话说就是，风尚、习俗和舆论是国家法律体系的拱心石，它"铭刻在公民们的内心里，它形成了国家的真正宪法"，"其他一切方面的成功全都端赖于此"。①没有良好的习俗，即使在家庭中受过良好教育的公民，一旦步入社会也会被腐蚀，这正是《爱弥儿》附录中向我们昭示的危险。

因此，第一，立法者要对风俗、习惯和舆论进行型塑，使之能与共同意志相协调，使共同意志得以持续地存在并有效发挥其作用，"通过不断致力于在人民当中维护和重建对祖国的热爱和良好的民情，一个警醒和善意的政府能够及早预防迟早会由公民对共和国命运之漠视所带来的恶，并把个人利益限制在狭隘的范围内"②；第二，这种型塑必须秘密地进行，这是立法者与教师的不同之处，教师可以直接对爱弥儿进行教育，告诉他什么是对的，什么是错的，该做什么，不该做什么，甚至可以对其行为进行禁止。但是，立法者不能如此行事，"立法者便既不能使用强力，也不能使用说理；因此就有必要求之于另外一种不以暴力而能约束人、不以论证而能说服人的权威了"③。这种权威就是公民宗教。

二、公民宗教

如果说，立法者相当于教师的话，那么，公民宗教则相当于教师为爱弥儿的教育所准备的环境：乡下的生活，单纯的家庭环境。教师为爱弥儿安排的环境让爱弥儿在成长过程中远离腐朽的社会，免遭不良习俗的腐蚀，保有内在的良知，这是一种消极教育的模式；④公民宗教的目标则是通过型塑风尚、习俗和公共舆论，激发公民的爱国热忱和社会责任，这是一种积极教育的模式。

在卢梭看来，公民宗教可以从两个截然不同的方面激发公民对国家的热爱和对社会的责任。首先，在初生的社会中，它有助于创造一种敬畏感。正因为认识到在一个新生的社会中构建法律体系之艰巨性，卢梭才将立法的重任赋予立法者，他要引导人民朝向共同利益。但这样的任务并不能仅靠立法者高超的

① 卢梭：《社会契约论》，何兆武译，70 页，北京，商务印书馆，2003。译文有改动。
② 卢梭：《论政治经济》，何兆武译，165 页，北京，商务印书馆，2003。
③ 卢梭：《社会契约论》，何兆武译，54 页，北京，商务印书馆，2003。
④ 卢梭认为，消极教育"不在于教学生以道德和真理，而在于防止他的心沾染罪恶，防止他的思想产生谬见"。卢梭：《爱弥儿》，李平沤译，96 页，北京，商务印书馆，1978。

智慧和神明般的能力即可办到，他必须诉诸更高的力量，以公民宗教来激发人民对法律的敬畏。其次，在已发展的社会中，公民宗教仍肩负着激发公民的任务。当社会已获发展，公民对共同利益已有所认识时，公民宗教的目标也发生了变化。当法律已获执行，公民通过其实际经验已体会到守法的益处，当然也没必要再通过操纵的手段来引导他们服从法律了，这时公民宗教的目标是维系公民对法律的服从。

在《新爱洛漪丝》中，于丽步入婚姻殿堂的那一刻发生的变化，可以很好地说明公民宗教的作用。原本充满害怕、怀疑、心烦意乱的于丽，却在婚礼中有了重大的转折。她是这样说的："我仿佛看见了上帝的使者，在牧师庄严地做礼拜的祷告时听见了上帝的声音。经书里如此明确地表达的关于婚姻的纯洁、尊严和神圣性，它的贞洁和崇高的义务——对于幸福、秩序、和平、人类的延续是如此重要，对于他们本人履行起来又是如此甜蜜的义务——这一切给了我这样的印象，使我内心感到起了骤然的变化。一种不认识的力量仿佛突然纠正了我紊乱的感情，并按照义务和大自然的规律予以重建。"[①] 于丽的这种内在的转化正是于丽成长为卢梭式共和国合格公民的标志。[②]

三、公共机构和活动

除了立法者通过公民宗教来秘密地型塑风尚和习俗之外，卢梭还设想了通过公共机构来实施公共教育的计划，并在多部著作中提出了一些具体的建议。这些建议包括两部分内容：一是学校教育；二是社会教育。[③]

1. 学校教育

在《爱弥儿》中，卢梭认为应当由家庭教师来教育儿童，而在《关于波兰政体的思考》中，卢梭认为应该让儿童进入学校。并且，正如法布尔所评论的那样，在卢梭看来，"学校应该成为民族生活的中心"，应当用民族教育（national

---

① 卢梭：《新爱洛漪丝》（第三、第四卷），伊信译，54 页，北京，商务印书馆，1993。
② 袁贺：《公民与现代性政治：以卢梭为中心的考察》，196 页，北京，中央民族大学出版社，2013。
③ 卢梭在《爱弥儿》中曾批评当时欧洲公共教育的衰败："那些可笑的机构，人们称之为学院（colleges），然而我是不把它们当成一种公共的教育制度（a public education）来加以研究的。我也不把社会的教育（education of society）看作这种制度。"卢梭：《爱弥儿》，李平沤译，11 ～ 12 页，北京，商务印书馆，1978。译文据布鲁姆译本稍有改动。

education）将民族形式赋予儿童的心灵，在其灵魂中培育出爱国之情，"一睁开眼睛，一个孩子就看见自己的祖国，直至他生命的终了。每一个真正的共和派在吮吸母亲的乳汁时，也在吮吸对祖国的爱，也就是对法律和自由的爱。这种爱构成了他的整个存在；他看见的仅仅是祖国，活着只是为了它"。①

为了实现这一点，卢梭认为，学校教育必须实现人人平等，"所有人都应该在一起以相同的方式受到教育；如果不能建立完全免费的公共教育，那么至少教育的费用是穷人能够承担的"。②在教学内容上，卢梭以波兰为例，"一旦学习阅读，他就要阅读他的国家的作品，在十岁的时候他知道它的所有产品，在十二岁的时候他能细数它的所有省份、道路、城镇，十五岁的时候他了解它的整个历史，十六岁的时候知晓它的所有法律，在整个波兰中，没有一个伟大的功绩、没有一个著名的人物没有充满他的记忆和心灵、他不能立刻给予阐述"。③同时，"所有的学校都应该为孩子们建一个健身房或者是体育锻炼的地方"，"这个总是被忽视的方面是教育中最为重要的部分，它不仅是为了塑造强韧健康的性情，而且更是为了它的道德目的"。要通过游戏"让他们变得灵敏和柔韧，而且使他们从小就习惯于规则、平等、友爱、竞争，习惯于在其同胞眼前一起生活并追求公众的赞同"④。

2. 社会教育

在《致达朗贝尔的信》中，卢梭指出，"可以用来对一个国家的人民的风俗产生影响的工具，只有三种：法律的权威、舆论的力量和娱乐的吸引力"⑤。舆论的力量和娱乐的吸引力主要靠社会教育来实现，它包括民族节日、体育比赛、戏剧等娱乐活动。"通过竞赛，可以使公民们经常集合在一起；通过体育运动，可以在提高他们的自豪感和自尊心的同时使他们变得强壮有力；通过戏剧，使公民们意识到他们祖先的历史，他们的不幸、美德、胜利并以此来激发他们的心灵，用一种充满生机的竞争精神点燃他们的激情，并且使他们献身于他们始终挂虑的祖国。"⑥

---

① 卢梭：《关于波兰政体的思考》，崇明、胡兴建译，52 页，北京，华夏出版社，2013。
② 卢梭：《关于波兰政体的思考》，崇明、胡兴建译，53 页，北京，华夏出版社，2013。
③ 卢梭：《关于波兰政体的思考》，崇明、胡兴建译，53 页，北京，华夏出版社，2013。
④ 卢梭：《关于波兰政体的思考》，崇明、胡兴建译，54～55 页，北京，华夏出版社，2013。
⑤ 卢梭：《致达朗贝尔的信》，李平沤译，45 页，北京，商务印书馆，2011。
⑥ 卢梭：《关于波兰政体的思考》，崇明、胡兴建译，42 页，北京，华夏出版社，2013。

卢梭还以日内瓦和斯巴达为例，"在日内瓦，每年都要举行阅兵式和各种锦标赛、火枪射击赛、火炮射击赛和划船赛。这么有用和有趣的项目，无论怎么增加都不算多"[①]。在斯巴达，公民们的娱乐活动被"当作一件国家大事来抓"，"人们在劳动之余，把闲暇的时间全都用来搞娱乐活动。他们把艰苦的劳动看作是休闲，每一种小小的游戏也要对公众有教育意义"，"斯巴达就是这样用简朴而不讲究排场的集会和体育竞赛活动来唤起公民们的爱国心的"。因此，他大声疾呼："我们青年时期的盛大的体育竞赛和节日活动在哪里？我们和睦相处的公民们在哪里？我们万众一心的团结精神在哪里？我们令人鼓舞的娱乐活动在哪里？我们和平、自由、平等与无私的风尚在哪里？让我去把这一切都找回来吧！"[②]

这里，需要澄清的一个问题是，卢梭是如何看待包括戏剧在内的娱乐活动的？卢梭不是坚决反对达朗贝尔关于在日内瓦修建一座剧院的建议吗？事实上，卢梭反对的只是现代的腐朽剧院，他提倡古典时期的戏剧。在《致达朗贝尔的信》中，卢梭自问自答："在一个共和国中，什么戏都不能演了吗？不，恰恰相反，需要演的戏很多很多。戏剧正是在共和国中诞生的；在共和国的怀抱里，它们洋溢着一种真正的节日气氛。"[③]但是，这些戏剧不是在现代式的腐朽的剧院里演出的，而是像古典时期那样在露天上演。"在露天对全国人民演出的那些壮观的喜剧场面，表现的都是如何与敌人搏斗、如何战胜敌人和最后获得奖励与其他足以激励希腊人去奋勇争先并誓夺荣誉的故事。"[④]这样的戏剧向古希腊人教导国家的历史，并激发公民们的爱国热情。

而现代的剧院里上演的莫里哀的喜剧和拉辛、高乃依的悲剧，让插科打诨的丑角与艾狄普、玛霍梅和阿特赫这样一些恶人及他们的恶行充斥舞台，并一再得到观众的鼓掌叫好，这样的戏剧简直就是"一本教人为恶的教科书"[⑤]。因此，卢梭认为，"在处处都可看到我们祖先古朴遗风的土地上，竟修建一座宣扬奢侈和享乐之事的建筑物"，"将给我们的风俗习惯带来一场大变革"，

① 卢梭：《致达朗贝尔的信》，李平沤译，168～169页，北京，商务印书馆，2011。
② 卢梭：《致达朗贝尔的信》，李平沤译，176页，北京，商务印书馆，2011。
③ 卢梭：《致达朗贝尔的信》，李平沤译，167页，北京，商务印书馆，2011。
④ 卢梭：《致达朗贝尔的信》，李平沤译，114页，北京，商务印书馆，2011。
⑤ 卢梭：《致达朗贝尔的信》，李平沤译，53～63页，北京，商务印书馆，2011。

演员们追求享乐和放荡不羁的生活方式很快就会取代古朴之风，演员们甚至会对政治生活产生重大的影响，以致动摇共和国的立国根基。卢梭说，"一想到这一点，我手中的笔就掉落到地上了"①。

四、公民大会

公民大会在卢梭的政治思想中具有重要的地位。本文认为，公民大会在政治上具有双重作用，一是作为一种政治制度，它是为了防止政府的蜕化及其对政治共同体所造成的威胁。卢梭认为，主权者应该对政府进行监督和控制，此乃治本之策，而监督和控制的方式就是通过定期的集会，将政府永远置于主权者的审查之下。二是作为一种教育制度，它可以将公民们在公共机构中所学到的知识和所培育的爱国之情运用于实践，并在此过程中不断强化其身份认同和国家认同。首先，公民大会是一种仪式，它通过周期性的行动来阻止人们关于共同体的记忆从脑海中褪色，帮助人们一遍又一遍地复活他们所共享的理念与世界，强化他们对共同体的认同感和归宿感。其次，公民大会是一个民主审议的场所。

在《社会契约论》中，卢梭以罗马的公民大会为例讨论了公民大会的运作。在谈到投票问题时，卢梭特别强调，早期罗马人的计票方法是每个人都在集会上高声唱出自己的一票，并由记录员依次把它们记下来。他还强调当城邦的秩序运作良好时，应采用公开投票的办法；只有当人民腐化、贿选流行时，秘密投票才是适宜的。②公开的投票和秘密投票之间的差别在于，公民在投票时其实是在公开地表达自己的观点，其作用类似于当代的协商民主论者所强调的"审议（deliberation）"。其"公开性"对公民个体构成了一种约束，使得公民在表达自己的观点时必须站在"公民"的立场上来思考问题，而不是站在"人"的立场上来思考问题。这一过程是公民通过政治实践逐步提高自身判断力的过程，也是公民逐步由理论意义上的公民转化为实践意义上的公民的过程。只有通过公民大会的不断操演，公民才真正成其为公民。

① 卢梭：《致达朗贝尔的信》，李平沤译，134、136、163～165页，北京，商务印书馆，2011。
② 卢梭：《社会契约论》，何兆武译，153—154页，北京，商务印书馆，2003。

第四节　结论：家庭教育和公共教育的统一

在《爱弥儿》的一开篇，卢梭曾指出公共教育和家庭教育是两种相互矛盾的教育制度[①]，但是，当我们完整地考察了卢梭关于家庭教育和公共教育的论述之后，我们发现二者之间的矛盾是表面的，家庭教育和公共教育的内在原则是一致的，尽管它们之间有同有异，但并非相互矛盾，并且相辅相成。那为什么卢梭要说公共教育和家庭教育是两种相互矛盾的教育制度，服务于相互冲突的目标呢？让我们回到卢梭自己的论述。

卢梭在得出这一结论之前反复讨论的问题是人与公民的区别。布鲁姆在为《爱弥儿》一书所撰写的导论中曾精辟地指出，卢梭的敌人不是旧政体，也不是国王、教士或贵族，他确信这一切都已经寿终正寝，革命很快就会将其一扫而空，会按照平等的原则建立一个新世界。真正的挑战在于即将成为这个新世界的主人的人——资产阶级（bourgeois）。卢梭写作《爱弥儿》的目的就是为了防范人类因为资产阶级的统治而变得低劣，其方法就是通过教育实现"新民"。[②] 那么，谁是资产阶级？在卢梭看来，资产阶级是人类中的一个低等族类（debased form of the species），其典型形象就是霍布斯笔下的人：被横死的恐惧所支配，他首要的关切就是自我保存。这种人，在与人交往时只想着自己；在理解自身时又只想着别人是如何看自己的。[③] 当祖国的观念衰落、当人们不再相信有共同利益的存在时，资产阶级就诞生了。[④]

对照我们前面对成熟公民形象的描述可以发现，资产阶级完全就是公民的对立面。但是，在卢梭的观念中，资产阶级的对立面不只是公民这一个形象，而是有两个，即自然人与公民。资产阶级的个人"经常是处在自相矛盾的境地，

---

① 卢梭：《爱弥儿》，李平沤译，11 页，北京，商务印书馆，1978。

② Allan Bloom，Introduction，in Jean-Jacques Rousseau. Emile：or On Education. trans. Allan Bloom，New York：Basic Books，1979. 4 ～ 5.

③ 此处为意译，原文为："when dealing with others，thinks only of himself，and on the other hand，in his understanding of himself，thinks only of others。"参见：Allan Bloom. *Introduction*，p. 5. 作者为了对仗工整，表达非常简洁，如果简单地将其译为"在理解自己时却只想到他人"很容易引起误解，好像资产阶级有利他主义的倾向，这与前面一句表达的资产阶级的自私倾向正好相反。实际上，卢梭此处表达的意思是资产阶级的"虚荣"，或者说是"病态的自尊"，这是一种不正确的 amour-propre，而前面一句"只想着自己"则是一种病态的 amour de soi，这二者都是卢梭极力反对的。

④ Allan Bloom. *Introduction*，1979. 5.

经常在他的倾向（inclinations）和应尽的本分（duties）之间徘徊犹豫，则他既不能成为一个人，也不能成为一个公民"①。当然，此处的自然人是规范意义上的，而不是事实意义上的。在卢梭的世界中，事实意义上的自然人就是纯粹自然状态中的自然人，规范意义上的自然人则是生活于社会状态中的自然人。卢梭特别强调，爱弥儿不是生活在自然状态中的自然人，"生活在自然环境中的自然人和生活在社会环境中的自然人是大有区别的。爱弥儿并不是一个奔逐荒野的野蛮人，他是一个要在城市中居住的野蛮人"②，换言之，卢梭要培养的是一个有教养的野蛮人（civilized savage），这个有教养的野蛮人还保持着一种健康的原始自爱（amour de soi）。"自私（amour-propre），这在一切欲念中名列第一而且也是最自然的欲念，在他的心中还没有显露端倪"③，他的"幸福是同他的生活一样简单的；幸福就是免于痛苦，也就是说，它是由健康、自由和生活的必需条件组成的"④。因此，自然人一方面与资产阶级区别开来；另一方面也与公民区别开来。⑤ 自然人保持原始的自爱，但它是一种健康的原始自爱，而不是像资产阶级那样畸形的自爱。自然人只关心自己的幸福（well-being），以自然的、身体的需要为基础，关注的只是自身绝对的善，而不是与他人相比较的、相对的善，他不会与人竞争，也不关心别人如何看待自己。⑥自然人既不受内在欲望的折磨，也不做外在意见的奴隶，⑦ 并由此保持着灵魂的平静与统一，而不会像资产阶级那样因灵魂的分裂而痛苦不堪。

公民和资产阶级一样，已经发展出 amour-propre，这种情感所追求的是一种相对的、依赖于他人的善，并且更主要是指"他人的尊重（the esteem of others）"。但是，在公民身上，它是一种适度的、健康的 amour-propre，它

---

① 卢梭：《爱弥儿》，李平沤译，10-11 页，北京，商务印书馆，1978。
② 卢梭：《爱弥儿》，李平沤译，279 页，北京，商务印书馆，1978。
③ 卢梭：《爱弥儿》，李平沤译，285 页，北京，商务印书馆，1978。
④ 卢梭：《爱弥儿》，李平沤译，233 页，北京，商务印书馆，1978。
⑤ Laurence D Cooper. Rousseau，Nature and the Problem of the Good Life. Pennsylvania State University Press，1999. 54.
⑥ Allan Bloom. *Introduction*，1979. 14；彭刚：《论卢梭公民美德的人性基础》，载《政治思想史》，2012，99 页。
⑦ 培养成一个自然的人不是"要把他赶到森林中去"，"只要他处在社会生活的漩流中，不至于被种种欲念或人的偏见拖进漩涡里去就行了；只要他能够用他自己的眼睛去看，用他自己的心去想，而且，除了他自己的理智以外，不为任何其他的权威所控制就行了"。卢梭：《爱弥儿》，李平沤译，360 页，北京，商务印书馆，1978。

追求的是通过德性和功绩来赢得他人的尊重；而不是像资产阶级的人那样，被一种过分的、病态的 amour-propre 所支配，追求凭借财富和权势来高出他人。公民们追求德性与功绩，以义务来约束欲望，使个人利益服从于公共利益，使自己的个别意志服从于共同意志。而资产阶级的人为了发财致富"什么都干，而发财致富的目的，是为了受到人家的尊重"①，他们被病态的 amour-propre 所支配的灵魂充满着虚伪、欺诈、专横和冷酷的情感，不惜将自己的快乐建立在他人的痛苦之上。② 他们将自己的利益和公共利益区分开来。由于其利益依赖于社会，因此，他们在依赖他人时又剥削他们。③

综上，卢梭要培养的作为资产阶级对立面的自然人和公民，他们有一个共同的特征：人格的完整性（wholeness），这意味着不存在内在的冲突和分裂。对于自然人而言，这种完整性表现为灵魂的平静，他能在需要和能力之间保持平衡，使其所求不超过所需；对于公民而言，这种完整性表现为个体和共同体之间的和谐统一，他能保持私意和共同意志之间的一致，使公共利益和私人利益协调起来。并且，这两个方面的完整性是贯通的，规范意义上的自然人是公民教育的基础。如果拿一个腐败的社会人（资产阶级）作为基础，要想将其培养成公民，简直比骆驼穿针眼还难。④ 这就是为什么《爱弥儿》在进入公民教育之前，要花三卷的篇幅来讨论人的教育的原因，没有人的教育，公民教育将成为无本之木。⑤

---

① 卢梭：《荣誉与美德》，载《卢梭散文选》，李平沤译，226 页，天津，百花文艺出版社，2005。

② 彭刚：《论卢梭公民美德的人性基础》，载《政治思想史》，2012，104 ~ 110 页。

③ Allan Bloom. *Introduction*，1979. 5.

④ "一个人只要不是疯子，则除了他的虚荣心以外，他的一切其他妄念没有一个是不能医治的"，而虚荣心（vanity）正是卢梭用来指称病态的 amour-propre 的词汇，它就是资产阶级的最本质特征。卢梭：《爱弥儿》，李平沤译，345 页，北京，商务印书馆，1978。

⑤ 在这个问题上，也许我们没有必要像施珂拉那么悲观，将二者绝然对立起来。在《人与公民》中，施珂拉认为，当卢梭让读者在人与公民之间做出选择时，他强迫他们面对社会生活中的道德现实。事实上，卢梭不是要他们进行选择，而是要他们认识到，这种选择是不可能的，他们过去不是，将来也不可能同时既是人又是公民。Judith N Shklar. Men and Citizens: A Study of Rousseau's Social Theory. Cambridge，1969. 214. 笔者认为，人的教育和公民教育并非两种相互排斥的教育模式，而毋宁说教育的两个阶段。同时，笔者也不能同意托多罗夫的观点，他认为在公民教育之后，还有一个阶段，即塑造作为世界主义者的道德个体，这个道德个体不是公民。换言之，公民教育是更高层次的人（世界主义者）的教育的准备阶段。茨维坦·托多罗夫：《脆弱的幸福：关于卢梭的随笔》，孙伟红译，34 ~ 36、48、113 ~ 115 页，上海，华东师范大学出版社，2012。笔者认为卢梭教育的目标是爱国主义，而不是世界主义，其基本立场是特殊主义的，而不是普遍主义的。

接下来的问题是，花了这么长的篇幅来讨论人的教育和公民教育，这个问题与本节的核心关怀——家庭教育和公共教育的关系——有何关联？本文认为，我们不能简单地将家庭教育等同于人的教育，将公民教育等同于公共教育。① 在卢梭的公民教育思想中，公共教育的任务仅局限于公民教育，家庭教育则承担着从人的教育到公民教育的全过程。并且，家庭教育中的人的教育是公共教育的基础。

对于家庭教育的功能，卢梭指出："一个做父亲的，当他生养了孩子的时候，还只不过是完成了他的任务的三分之一。他对人类有生育人的义务；他对社会有培养合群的人的义务；他对国家有造就公民的义务"。② 本文没有专门考察家庭中人的教育部分，而是将注意力集中在《爱弥儿》第四、第五卷及附录中所展示的公民教育部分。如果我们仔细思考的话就会发现，卢梭在《爱弥儿》中所设想的家庭其实不是纯粹家庭，而是家庭和公共教育机构的混合物，它有家庭的外表，又具备某些公共教育机构的特征。在这个家庭中，爱弥儿的孤儿身份剥夺了家庭中最为重要的特征——血缘关系；而让 - 雅克的教师身份则将公共教育机构的主要特征——师生关系——赋予了这个家庭。可以说，《爱弥儿》中的家庭其实是卢梭根据罗马的家庭模拟出来的。那么，卢梭为什么要这样设计呢？这涉及卢梭关于家庭教育和公共教育的理想图式。卢梭经常被称为一只脚踏进了现代社会、一只脚还留在古代社会的思想家，在公民教育问题上也同样如此。正如他在很多问题上都有古今的对比一样，卢梭对家庭教育和公共教育的古今之别也是耿耿于怀（见表 5-3）。

表 5-3　家庭教育和公共教育的古今之别

古 代 典 范	真正的家庭教育 范例：罗马	真正的公共教育 范例：斯巴达
现代的状况	腐败的家庭教育	堕落的公共教育
解 决 方 案	重塑家庭	改造公共教育

卢梭认为，只有在古典时期才存在着真正的家庭教育和真正的公共教育。

---

① 托多罗夫的观点即如此。茨维坦·托多罗夫：《脆弱的幸福：关于卢梭的随笔》，孙伟红译，34～36、48、113～115 页，上海，华东师范大学出版社，2012。

② 卢梭：《爱弥儿》，李平沤译，26～27 页，北京，商务印书馆，1978。

在《论政治经济》中，卢梭曾指出，"我只知道有三个民族曾经实行过公共教育，也就是克里特人、拉栖第蒙人和古波斯人。在这三个民族中，公共教育取得了最大的成功，在后两个民族中创造出辉煌"①。拉栖第蒙人就是斯巴达人，斯巴达一直是卢梭心目中的三代理想，其公共教育模式在柏拉图的《理想国》中有详细的描述；关于古波斯人的教育，柏拉图的《阿尔基比亚德》中有论述，卢梭在《论科学与艺术》中曾引蒙田对此的评论：国王的长子"'自从诞生之后，就不把他交给妇人，而是交给以其德行而成为国王左右最有权威的宦者的手中。这些人负责使他的身体美丽而健康，七岁之后便教导他骑马射猎。到了十四岁，就把他交给四个人，即全国最聪明的人，最正直的人，最有节操的人，最勇敢的人。第一个人教给他宗教，第二个人教给他永远服从真理，第三个人使他能克制欲念，第四个人教他无所畏惧'。我可以补充说，他们全都教给他善良，但没有一个人教给他学问"②。

在《论政治经济》的同一个段落，卢梭又论述了他心目中的另一个三代理想的典范——罗马："非常引人注目的是，罗马人能够不需要公共教育，但是在五百年里，罗马人一直是不断延续的奇迹，以后这个世界上再也无望见到。"为什么？因为罗马有真正的家庭教育："罗马人的德性诞生于对僭政和僭主罪行的厌恶，以及对祖国发自内心的热爱，这种德性使所有的家庭变成了如此众多的公民学校。"③换言之，罗马人已经将家庭教育和公共教育合二为一了。

无论是斯巴达式的由专门机构来承担的公共教育，还是罗马式的由家庭来承担的公共教育，在卢梭看来都不失为一种理想的状态。但是，这种状态在现代社会已然不可能。在现代社会，家庭教育和公共教育均已堕落。在现代的家庭中，母不母、父不父，完全不能像罗马人那样对孩子倾心照料，并严加管教。现代的公共教育机构也已堕落，"那些可笑的机构，人们称之为学院，然而我是不把它们当成一种公共的教育制度来加以研究的"④。怎么办？卢梭给出的方案是参照古典时期家庭教育和公共教育的典范对现代人实施拯救：在宜于实

① 卢梭：《论政治经济》，李平沤译，165 页，北京，商务印书馆，1978。
② 卢梭：《论科学与艺术》，何兆武译，30 页，注释 4，北京，商务印书馆，1959。
③ 卢梭：《论政治经济》，崇明译，载刘小枫编：《政治制度论》，164 页，北京，华夏出版社，2013。
④ 卢梭：《爱弥儿》，李平沤译，11 ～ 12 页，北京，商务印书馆，1978。

施公共教育的地方提倡公共教育；在不宜于实施公共教育的地方，通过对家庭教育进行改造来完成。

在卢梭看来，当时的欧洲只剩下很少的一些地方还没有被现代文明所腐蚀，一个是波兰，另一个就是地处偏僻的科西嘉。在卢梭的想象中，波兰是一个远离欧洲历史的国家，因此与斯巴达很相似；① 与之类似，科西嘉人民身处幸运的状况之中，他们还没有沾染其他民族的恶习。② 在这个意义上，卢梭为波兰和科西嘉设计的公共教育是对斯巴达的模仿。

但是，在已然被现代文明所严重侵蚀的法国、英国，③ 淳朴的风俗已然遭到摧毁，腐化到处流行，对于爱弥儿而言，让他融入这样的世界无异于一场灾难。④ 并且，这些国家由于过于庞大而无法施行良好治理，公共教育已不再可行。⑤ 在这种情况下，只能在远离现代文明的乡下，通过对家庭进行改造来实施对个体的公民教育。在某种意义上，这种改造是一个思想实验，是对罗马式家庭教育、公共教育二合一模式的模仿。《爱弥儿》的设计其实是一种在家庭中实施的公共教育，因为教育者并非父亲，而是教师。在这个意义上，真正纯粹意义上的家庭教育，只存在于《新爱洛漪丝》之中，而《新爱洛漪丝》中的家庭也是经过改良过的家庭，在其中，父亲、母亲各尽其职。

至此，我们看到，作为解决方案的家庭教育和公共教育所针对的是不同的情况：在理想的城邦中，可以通过公共教育对全体公民实施公民教育；在腐化的现代民族国家中，公共教育不再可行，只能诉诸改良过的家庭来对个体实施公民教育。当然，这不是说在理想的城邦中就不能有家庭教育，卢梭似乎并不赞成柏拉图的观点，完全取消家庭。

---

① 茨维坦·托多罗夫：《脆弱的幸福：关于卢梭的随笔》，孙伟红译，47 页，上海，华东师范大学出版社，2012。

② 卢梭：《科西嘉宪政规划》，戴晓光、秦庆林译，载载刘小枫编：《政治制度论》，186～247 页，此处 189～190 页，北京，华夏出版社，2013。

③ 在《爱弥儿》中，卢梭将英国人和法国人作为资产阶级的代表："我们今天的人，今天的法国人、英国人和资产阶级的人，就是这样的人；他将成为一无可取的人。"卢梭：《爱弥儿》，李平沤译，11 页，北京，商务印书馆，1978。

④ Tracy B Strong. Jean-Jacques Rousseau: The Politics of the Ordinary. Sage Publications，1994. 109.

⑤ 卢梭：《论政治经济》，崇明译，载刘小枫编：《政治制度论》，164 页，北京，华夏出版社，2013。

　　但是，在卢梭的思想中，家庭教育在不同情况下的地位和作用是有所区别的。在理想城邦中，家庭教育所承担的是一种辅助性的功能，与公共教育相辅相成，共同造就成熟的公民。如果没有公共教育，其公民教育是不完整的，因为无论是《爱弥儿》中所展示的家庭，还是《新爱洛漪丝》中所展示的家庭，它毕竟还是一个小共同体，事务相对简单，它无法承担起城邦政治实践所具有的公民教育功能。而在一个腐化的社会中，家庭教育在造就公民方面的作用是决定性的，因为公共教育已不再可行，只能依赖家庭教育，这是卢梭针对其时代所开出的药方，在卢梭生活的时代，公共教育反倒成了特例。尽管卢梭在开出这剂药方时心中充满了悲凉，但这药方确实能给后人诸多的启迪。卢梭公民教育思想的初衷——重新思考人类的本性，矫正资产阶级对人类命运的逆袭，为真正的民主造就合格的公民——值得我们为之致敬。如何做人——做一个好人，做一个合格的公民——应该成为教育的首要目标，否则，我们培养出来的只会是一群博学而精致的利己主义者，或者用卢梭的话来说，就是"资产阶级的人"，这无论是对家庭还是对国家来说都将是一场灾难。

第六章　历史范例：卢梭笔下的塞尔维乌斯改革和百人团大会 [*]

　　卢梭可能是西方政治思想史上争议最多的人物之一。在其生前，曾经的好友伏尔泰、狄德罗就对其颇多指责；时至今日，学界给卢梭贴上的标签五花八门、相互矛盾。有人直指其为极权主义的代表；[①] 有人则为其辩护，称其为民主思想的先驱；[②] 有人认为他是共和主义者；[③] 也有人说他是自由主义者。[④] 近来，芝加哥大学的约翰·麦考米克教授（John P. McCormick）提出，卢梭是寡头制的倡导者。[⑤] 这一观点当然非常新奇，但也匪夷所思。

　　其实，麦考米克的观点并非完全是空穴来风，其最早的源头可以追溯到罗吉尔·马斯特斯（Roger Masters）那里。1968 年，马斯特斯在《卢梭的政治哲学》一书中首先注意到了卢梭对选举式贵族制的青睐，并指出卢梭所青睐的选

[*] 本章曾以《民主与寡头：卢梭笔下的塞尔维乌斯改革和百人团大会》为题，发表于《学海》，2021 年第 6 期。

① 　L. G. Crocker. Rousseau's Social Contract：An Interpretive Essay. Case Western Reserve Press，1968；雅各布·塔尔蒙：《极权主义民主的起源》，孙传钊译，长春，吉林人民出版社，2004；卡尔·波普尔：《开放社会及其敌人》，陆衡等译，北京，中国社会科学出版社，1999。

② 　James Miller. Rousseau：Dreamer of Democracy. Yale University Press，1984；本杰明·巴伯：《强势民主》，彭斌、吴润洲译，长春，吉林人民出版社，2006；谈火生：《"直接民主"抑或"代议民主"？——卢梭民主理论初探》，载《政治思想史》，2012（1），18 ～ 42 页。

③ 　Viroli M. Jean-Jacques Rousseau and the "Well-Ordered Society". Cambridge University Press，1988；波考克：《马基雅维里时刻》，冯克利、傅乾译，上海，译林出版社，2013；萧高彦：《西方共和主义思想史论》，北京，商务印书馆，2016。

④ 　J. W. Chapman. Rousseau：Totalitarian or Liberal？ New York：AMS Press，1956；Andrew Levine. The Politics of Autonomy：A Kantian Reading of Rousseau's Social Contract. University of Massachusetts Press，1976. Joshua Cohen. Rousseau：A Free Community of Equals. Oxford：Oxford University Press，2010.

⑤ 　John P. McCormick，Rousseau's Rome and the Repudiation of Populist Republicanism. Critical Review of International Social and Political Philosophy，Vol. 10，No. 1，2007. 3 ～ 27.

举式贵族制即今日之代议制政府形式；其次，马斯特斯还注意到，卢梭对经塞尔维乌斯改革建立起来的百人团大会赞赏有加，而百人团大会的投票制度实际上剥夺了占罗马人口半数以上的穷人的投票权。在这个意义上，马斯特斯认为卢梭不是一个平等主义者。①

这一论证思路后来在麦考米克那里得到了进一步推进，他认为卢梭是反民主的。当然，麦考米克有自己的问题意识。在《马基雅维利式民主》一书中，他开篇就指出，如今的民主理论家和政策分析者无法回答一个至关重要的问题——何种制度能够防止富裕公民支配一个本该服务于全体公民的政府？②此处富裕公民支配的政府，按照经典政体分类，就是寡头制政体。麦考米克从思想家那里寻找思想资源，他找到的正面的例子就是马基雅维利，在他看来，马基雅维利试图通过普通公民对经济精英和政治精英的控制来重建共和制度，防止了共和国退化为寡头政体；负面的例子就是卢梭，卢梭倡导的是通过赋予富人以更大的投票权，实现富裕公民和行政长官控制大众政府。

在麦考米克看来，卢梭明确支持塞尔维乌斯改革以及由此诞生的百人团大会，而百人团中投票权是按照财富来加以分配的，这种不平等的分配机制使得富裕的公民在决定投票结果方面具有垄断地位。③从这个意义上来讲，卢梭不仅不是平等主义者，而且是寡头制的辩护士。麦考米克的这一观点提出以后，遭到一些学者的质疑，例如，米兰大学的齐阿拉·德斯翠（Chiara Destri）就不赞成麦考米克的观点，她指出卢梭起码支持主权者层面的民主，强调人民作为主权者对立法权的控制。④但是，她并没有对麦考米克的核心论证和文本解读进行反驳，只是正面阐述了自己的立场。

麦考米克用以论证自己观点的主要证据来源于《社会契约论》第四卷第4章，其中的核心证据是卢梭关于塞尔维乌斯改革和百人团大会的论述。对于塞尔维

① 马斯特斯：《卢梭的政治哲学》，胡兴建、黄涛译，505、520页，上海，华东师范大学出版社，2013。
② 麦考米克：《马基雅维利式民主》，康向宇、韩广召译，1页，上海，华东师范大学出版社，2019。
③ John P. McCormick, Rousseau's Rome and the Repudiation of Populist Republicanism. Critical Review of International Social and Political Philosophy, Vol. 10, No. 1, 2007. 3～27.
④ Chiara Destri. Rousseau's（not so）Oligarchic Republicanism. Critical Review of International Social and Political Philosophy, Vol. 19, No. 2, 2016. 206～216.

乌斯改革与百人团大会之间的关系，历史学界是存在争议的。尽管当代学者对于百人团大会是否真的由塞尔维乌斯创立多有怀疑，但在检视相关的证据之后，当代最重要的罗马法学家之一德·马尔蒂诺认为，"还不至于否认这种民众大会可追溯至塞尔维乌斯改革"①。当然，百人团大会制度在塞尔维乌斯时期并不是很完善，在随后的几个世纪中，百人团大会又经历了几次改革，尤其是公元前 3 世纪的改革，奠定了其较为成熟的形态。因此，历代关于百人团大会的历史记载颇有出入。② 无论是罗马传统作家（如西塞罗、李维等）所记述的百人团大会制度，还是后来的思想家们（如孟德斯鸠、卢梭等）所讨论的百人团大会制度，都是后来发展完备时的状态，而不是其最初的原型。

就本文而言，关于塞尔维乌斯时期百人团大会的制度细节不是我们关注的重心，思想家对百人团大会制度的阐释才是重点。麦考米克就抱怨费格斯·米勒（Fergus Millar）美化了卢梭，"将卢梭关于罗马人民大会的论述做出了过于民主的解读"，与此同时，又批评马基雅维利对罗马制度的描述不够准确。③考之史实，马基雅维利对罗马制度的描述确实有不够准确之处，连麦考米克本人也不得不承认，在马基雅维利笔下，"罗马的人民大会比起历史事实中的百人团大会更像雅典的公民大会"④。

那么，米勒从民主的角度来解读卢梭是否就美化了卢梭呢？卢梭真的如麦考米克所言赞成寡头制吗？我们还得回到文本，看看卢梭到底是如何认识塞尔维乌斯改革和百人团大会制度的。本章试图以《社会契约论》第四卷第 4 章为中心，通过文本解读，澄清麦考米克对卢梭的误读。本文认为，一方面，卢梭

---

① 马尔蒂诺：《罗马政制史》（第一卷），薛军译，128 ～ 129 页，北京，北京大学出版社，2009。国内学者陈可风亦赞成这一观点，见陈可风：《罗马共和宪政研究》，34 页，北京，法律出版社，2004。关于塞尔维乌斯体制更详细的辨析可以参考：Rudi Thomsen. King Servius Tullius: A Historical Synthesis. Gyldendalske Boghandel，1980，Chapter 5.

② 相关情况可以参考：蒙森：《罗马史》（第一卷），李稼年译，81 ～ 87 页，北京，商务印书馆，2005。安德鲁·林托特：《罗马共和国政制》，晏绍祥译，73 ～ 80 页，北京，商务印书馆，2014；Develin，R Athenaeum. The Third-Century Reform of the Comitia Centuriata. *Athenaeum* NS 56，1978. 346 ～ 377.

③ 麦考米克：《马基雅维利式民主》，康向宇、韩广召译，146 页，注释 1，上海，华东师范大学出版社，2019。

④ 麦考米克：《马基雅维利式民主》，康向宇、韩广召译，146 页，上海，华东师范大学出版社，2019。

对罗马公民大会制度的引用，旨在论证其人民主权的理论主张；另一方面，卢梭对百人团大会偏向富人的弊端是持反对态度的，并且还从罗马的历史中看到了罗马人试图对之进行矫正的努力。需要说明的是，由于卢梭本人对百人团大会制度的讨论并没有局限于塞尔维乌斯时期的百人团，因此，本文的讨论也不限于塞尔维乌斯时期的百人团大会制度。

第一节 塞尔维乌斯改革、百人团大会与人民主权

麦考米克认为，卢梭与马基雅维利对罗马的认识有同有异，从相同的一面来讲，"像马基雅维利一样，卢梭也是通过讨论罗马共和国来展示其政治思考"；从相异的一面来讲，"和马基雅维利不一样的是，马基雅维利是透过佛罗伦萨来解读罗马共和国的历史，因此他对罗马共和国的解读中弥漫着一股民粹主义的味道"①。这个讲法是有道理的。但是，麦考米克没有说的是，卢梭是透过什么来观察罗马的。本文认为，卢梭是透过日内瓦来解读罗马共和国的历史的。

卢梭对当时日内瓦所面临的问题的诊断是，小议会侵夺了大议会的权力，因此，主权权威受到了威胁。尽管卢梭认为日内瓦政体是"政治制度的典范"，但是，这一典范政体并没有将其潜能充分发挥出来。正是基于这样的认识，卢梭一方面盛赞日内瓦的"宪法是很好的"，他要"拿它作为政治制度的典范"，并建议将其"作为样本向全欧洲推广"。②另一方面，他又批评日内瓦政体存在的种种问题：寡头、篡权、公民面对权力滥用时的忍气吞声、社会的原子化，等等。如果我们将其批评和其赞扬对照来看，就可以很清晰地看到卢梭关注的重点所在。在《山中来信》中，卢梭用了以下一段话来凸显日内瓦的典范意义：

> 书（《社会契约论》——笔者）中论述的那个原始契约和主权的实质与法律的威力，以及政府的组建和政府为了用强力来弥补其效力之不足而采取的不同程度的紧缩方式与篡取主权的倾向，还有人民定期举行的集会以及政府取消这种集会的手段和一天天威胁你们而我极力防止的国家的毁灭；所有这些，难道不是一笔一画全都是按照你们的共和国（日内瓦——

---

① John P. McCormick, Rousseau's Rome and the Repudiation of Populist Republicanism. Critical Review of International Social and Political Philosophy, Vol. 10, No. 1, 2007. 3～27.

② 卢梭：《山中来信》，李平沤译，176页，北京，商务印书馆，2012。

笔者）从诞生到今天的形象描述的吗？[①]

在这段话中，卢梭着重强调的是人民的主权及其维系，这正是卢梭在《社会契约论》第三卷的主题。他念兹在兹的问题就是，政府天然地具有篡夺人民主权的倾向，这种倾向在当时日内瓦的表现就是小议会侵夺了大议会的权力。为了防止政府篡夺主权以及由此而来的国家毁灭的危险，必须采取有力的措施——人民定期举行的集会。正是在这个问题上，卢梭批评被孟德斯鸠奉为典范的英格兰[②]，而极力表扬罗马共和国，他要利用罗马来说明人民主权的基础及其实现机制。在《山中来信》的第六封信中，卢梭明确声称："我以历史上曾经存在过的最好的政府即罗马的政府为例，论述了最为有利于建立国家良好体制的方法。"[③]这一讨论的核心当然是第四卷第4章"论罗马人民大会"，辅助性的章节则包括第5章"论保民官制"、第7章"论监察官制"和第8章"论公民宗教"。本文的讨论主要集中在第4章，尤其是卢梭关于塞尔维乌斯改革的论述。

事实上，如果单纯讨论罗马共和国的历史与制度建设问题，塞尔维乌斯并不是一个合适的选择，因为毕竟塞尔维乌斯生活于王政时期，离共和国的建立还有20多年时间，他不仅不是罗马共和国的直接创立者，而且是通过非正当的手段取得王位，"他既没有由人民推举，也没有得到元老们的赞同便行使王权"。[④]那么，卢梭为什么要挑塞尔维乌斯改革作为其分析的重点呢？因为在他看来，塞尔维乌斯改革所建立的百人团大会最能体现人民主权原则。这主要表现在以下三个方面：

第一，塞尔维乌斯通过对人口的重新划分为共同意志的实现奠定了基础。改革之前，罗马采用的是部落制，三个主要部落的发展很不平衡，其中，阿尔

---

①　卢梭：《山中来信》，李平沤译，176页，北京，商务印书馆，2012。

②　在《社会契约论》第三卷第15章，卢梭批评英国，由于将代表机制误用于主权问题，导致"英国人民自以为是自由的；他们是大错特错了。他们只有在选举国会议员的期间，才是自由的；议员一旦选出之后，他们就是奴隶，他们就等于零了"。卢梭：《社会契约论》，何兆武译，121页，北京，商务印书馆，2003。关于卢梭对代表制的看法，可以参考：谈火生：《"直接民主"抑或"代议民主"？——卢梭民主理论初探》，载《政治思想史》，2012（1），18～42页；Richard Fralin. Rousseau and Representation. New York：Columbia University Press，1978.

③　卢梭：《山中来信》，李平沤译，175页，北京，商务印书馆，2012。

④　提图斯·李维，桑德罗·斯奇巴克选编：《自建城以来》，王焕生译，53页，北京，中国政法大学出版社，2009。

班人部族和沙宾人部族是按照人口自然增长的速度发展；而异邦人的部族由于异邦人的持续流入而不断扩大，超过了另外两个部族。由此导致的问题是，异邦人的部族成为最大的部族，也是最大的派系。针对这种危险，塞尔维乌斯找到的补救办法就是改变划分方法。他废除了种族的划分标准，代之以地域标准，将城市人口划分为 4 个部族。同时，将农村人口划分为 15 个部族。后来，不断进行调整，直到形成 35 个部族，"从此便固定在这个数目上，直到共和国的终了"①。卢梭认为，塞尔维乌斯的这一改革打破了基于血缘关系形成的政治认同，代之以地域，将人民整合到一种新的阶级结构之中，从而在一定程度上消解了派系对共同意志所构成的巨大威胁。

在第二卷第 3 章中，卢梭曾将塞尔维乌斯与雅典的梭伦、斯巴达的努玛并列，作为罗马立法者的代表。②他认为塞尔维乌斯为罗马开出了正确的药方："如果有了派系存在的话，那么就必须增殖它们的数目并防止它们之间的不平等"，"这种防范方法是使共同意志可以永远发扬光大而且人民也决不会犯错误的唯一好方法。"③

第二，百人团大会最具包容性，能满足罗马对主权大会的需求。在第四卷第 4 章中，卢梭考察了罗马的三个公民大会——库里亚大会（comitia curiata）、百人团大会（comitia centuiata，又译为"森都里亚大会"）和特里布斯大会（comitia tributa，又译为"部族大会"），认为"罗马人民的全部尊严唯有在百人团大会里才能充分表现出来"。为什么呢？因为"在库里亚大会里没有包括乡村各部族，而在部族大会里又没有包括元老院和贵族"。④

对此，需要稍做解释。对于库里亚大会，卢梭是贬得很低的，他说"那里唯独罗马城的民众构成了其中的大多数，它就只能有利于暴君制与险恶的用心"⑤。为什么这么讲呢？根据卢梭的历史知识，"在共和时期，库里亚经常只限于四个城市部族，而且仅只包括罗马城的民众"⑥，将"乡村各部族"排

---

① 卢梭：《社会契约论》，何兆武译，143 页，北京，商务印书馆，2003。
② 在讨论立法者的那一章（第二卷第 7 章）中，卢梭并没有提到塞尔维乌斯。但是，塞尔维乌斯是唯一一位在《社会契约论》中得到充分讨论的立法者。
③ 卢梭：《社会契约论》，何兆武译，36～37 页，北京，商务印书馆，2003。
④ 卢梭：《社会契约论》，何兆武译，153 页，北京，商务印书馆，2003。
⑤ 卢梭：《社会契约论》，何兆武译，153 页，北京，商务印书馆，2003。译文有改动，将原译的"罗马民众"改译为"罗马城的民众"。
⑥ 卢梭：《社会契约论》，何兆武译，150 页，北京，商务印书馆，2003。

除在外。而居住在罗马城里的是些什么人呢？要么是游手好闲的市民、懒汉、不幸的无产者，要么是被释放的奴隶，[①] 他们常常"会把国家出卖给不惜向其中的无耻败类贿买选票的那些人"[②]。因此，库里亚大会"有利于暴君制与险恶的用心"。对于特里布斯大会，卢梭对它的批评是"没有包括元老院和贵族"。"元老院在这里不仅毫无地位，而且甚至没有出席的权利；元老们既然不得不服从他们自己并不能投票表决的那些法律，所以在这方面，就要比一个最卑微的公民还更少自由。"[③] 强迫贵族服从他们并未参与其中的法律，这不仅有违人民主权的原则，也会鼓励贵族通过不合法的手段来影响会议结果，从而妨碍共同意志的产生。

由此看来，卢梭反对库里亚大会和特里布斯大会的理由是一样的，它们都没有将全体公民囊括其中，因而其合法性是有问题的。"唯有百人团大会才是全体的"，尽管其投票程序并不公平，但只有它最具包容性。也只有这个最具包容性的人民大会才能满足罗马对主权大会的需求，因为只有它能够在当时罗马特定的历史条件下将对立的两个部分（贵族和平民）结合起来。[④] 正是在这个意义上，发生于公元前 4 世纪最后几年针对百人团大会的改革将无产者纳入其中才具有了政治意义。无产者百人团使得百人团体制从军事—政治性的机构转变为只具有政治性的机构。[⑤] 尽管他们可能处于不利地位，但他们毕竟被纳入进来，从而使得百人团成为最具包容性的民主机构。由此，也导致了不同民众会议之间的功能分化："在共和国政制下，政治的职能变成了百人团大会所特有的，而行政管理的职能则变成了库里亚民众会议所特有的。"[⑥]

第三，在百人团大会中，罗马人民作为守门人，控制着最后的决策权，他们"在法律上与事实上都真正是主权者"。

关于这一点，卢梭讲得比较含糊，他只是笼统地说，"任何法律唯有人民大会才能批准，任何行政官唯有人民大会才能选举；而且既然没有一个公民是

---

① 卢梭：《社会契约论》，何兆武译，144 页，北京，商务印书馆，2003。
② 卢梭：《社会契约论》，何兆武译，145 页，北京，商务印书馆，2003。
③ 卢梭：《社会契约论》，何兆武译，152 页，北京，商务印书馆，2003。
④ 在这一点上，卢梭可能受到亚里士多德的影响，我们可以回忆一下亚氏的政体分类标准，其中之一就是是否为了全体的利益，只要不是出于全体的考虑，哪怕是大多数掌握政权，仍然是变态的政体。
⑤ 马尔蒂诺.《罗马政制史》（第一卷），薛军译，147 页，北京，北京大学出版社，2009。
⑥ 马尔蒂诺.《罗马政制史》（第一卷），薛军译，340 页，北京，北京大学出版社，2009。

不编入某一个库里亚、某一个百人团或某一个部族之内的，因此每个公民都不能被排除投票权，因此罗马人民在法律上与事实上都真正是主权者"①。似乎三种人民大会在这个问题上没有差别。但是，考之史实，这样一种制度安排最典型的体现还是在百人团大会。即使在共和国后期特里布斯大会也获得了立法权，但它所通过的只是"准法律"，比百人团大会所通过的法律为低。② 因此，我们可以将卢梭此处关于罗马人民在法律上与事实上都真正是主权者的论述，视为他对百人团大会的一个评述。

在此，有一个问题需要辨析，在什么意义上可以说罗马人民是主权者？因为在今人看来，一个显而易见的事实是，在罗马的政治实践中，立法权并不是由人民所独享的。其一，百人团大会没有法律创制权，大会本身不得产生法律提案，法律提案只能由官员提出；其二，百人团大会只能就提出的法律提案进行投票表决，不能对法案进行讨论、补充和修改。③ 对此，卢梭是清楚的。在这种情况下，卢梭为什么还会认为罗马人民在法律上与事实上都真正是主权者呢？

这可能与卢梭对立法权的理解有关。与我们今天所理解的立法权相比，卢梭的立法权的内涵是非常狭窄的，就是指批准法律的权力。今天，我们会将法律创制权视为立法权的重要组成部分，但卢梭似乎不这么看，他甚至认为法律创制权就不应该属于人民大会，而应该掌握在官员的手中。在《论人类不平等的起源和基础》的献词中，卢梭有以下一段话将人民和政府在立法过程中的分工说得非常清楚：

> 我希望任何人都没有任意提出新法律的权利；我希望仅只官员们才有这种权利；我希望那些官员们行使这种权利时，是那么审慎小心；在人民方面，认可这些法律时，是那么慎重；而法律的公布，也是那么郑重其事。④

在此，我们看到，卢梭理想中的立法过程是，官员负责提出法律提案，人民负责批准法律。之所以有这样的分工，与卢梭对人民和政府的定位有关。对于人民，一方面，卢梭当然希望"选择一个立法权属于全体公民的国家作为我

① 卢梭：《社会契约论》，何兆武译，148 ~ 149 页，北京，商务印书馆，2003。

② 陈可风：《罗马共和宪政研究》，127 ~ 128、132 页，北京，法律出版社，2004。

③ 陈可风：《罗马共和宪政研究》，128、134 页，北京，法律出版社，2004。马尔蒂诺：《罗马政制史》（第一卷），薛军译，219 页，北京，北京大学出版社，2009。

④ 卢梭：《论人类不平等的起源和基础》，李常山译，54 页，北京，商务印书馆，1962。

的祖国"①；另一方面，他又清醒地意识到现代人"既不是罗马人，也不是斯巴达人，更不是雅典人"，没有奴隶制作为基础，他们缺乏足够的闲暇来从事政治活动并积累政治经验。卢梭指出："你们是商人、工匠和有产者；你们成天忙碌奔波的，是你们个人的利益、工作和生计；对你们来说，甚至自由也只不过是为了没有阻碍地取得这些利益并平平安安地拥有这些利益的手段。"②

言下之意，现代人不具备准备法律提案所需要的精力和知识。与之形成对比的是，政府官员作为选举产生的政治精英，他们具备政治的实践经验，如果再配之以"审慎小心"的态度，就可以提出高质量的法律提案。因此，对于卢梭而言，他更希望政府能行使一种"积极的行政权"，在立法方面做出贡献，从而将人民的同意和政治家的智慧结合起来。③在这幅政治图景中，作为主权者的人民在立法过程中主要是作为守门人（gatekeeper），负责法律的批准。④也正是在这个意义上，卢梭才会说"是否承认否决权，是唯一一件事关你们成为奴隶还是成为自由的人民的大问题"⑤。

第二节　减缓等级投票制的危害与共同意志的实现

麦考米克对卢梭的主要批评是卢梭明确支持百人团大会的等级投票制度，而这种投票制度实际上剥夺了穷人的投票权，在这个意义上，卢梭是一个寡头论者。果真如此吗？卢梭确实不止一次地指出过，百人团大会最有利于贵族制。⑥这也是此前的思想家多次指出的一种可能性。例如，李维在《自建城以来》中就指出，塞尔维乌斯的等级划分从本质上剥夺了大众的普选权，它改变了自罗

---

① 卢梭：《论人类不平等的起源和基础》，李常山译，53页，北京，商务印书馆，1962。
② 卢梭：《山中来信》，李平沤译，273页，北京，商务印书馆，2012。
③ 亚瑟·梅尔泽：《人的自然善好：论卢梭思想的体系》，任崇彬译，296～306页，上海，上海人民出版社，2020。
④ 这一论题近年来曾引起学界讨论，笔者基本同意普特曼的观点。相关讨论可以参考：Ethan Putterman. Rousseau on Agenda-Setting and Majority Rule. American Political Science Review，Vol. 97，No. 3，2003. 459～469；Ethan Putterman. Rousseau on the People as Legislative Gatekeepers, not Framers. American Political Science Review，Vol. 99，No. 1，2005. 145～151；John T Scott. Rousseau's Anti-Agenda-Setting Agenda and Contemporary Democratic Theory. American Political Science Review，Vol. 99，No. 1，2005. 137～144.
⑤ 卢梭：《山中来信》，李平沤译，260页，北京，商务印书馆，2012。
⑥ 卢梭：《社会契约论》，何兆武译，151、153页，北京，商务印书馆，2003。

慕路斯以来以个体为单位进行投票的办法，采用以团体为单位的等级投票制度，"使得似乎既没有把任何人排除在选举之外，同时全部权力又掌握在那些最有影响的市民手里"①。

但卢梭对此是支持的吗？从行文上看，卢梭更像是在批评："第一级一个级就超过了所有其他各级票数的总和。当第一级所有的百人团意见都一致的时候，人们干脆就不再计算票数了。"对于这一现象，卢梭用"极端的权威"（extreme authority）来形容之，并做出了两个评论：①"最少数的人所决定的事，便被通过成为大多数人的决议"；②"在百人团大会里一切事情之由金钱的多少来规定，要远甚于其由票数的多少来规定。"②对于一个将平等视为重要价值的人来说，这样的评论很难被视为一种赞成。

如果我们再联系卢梭在第三卷第2章中关于三种意志的论述，卢梭此处的批评倾向就更明显了。在那里，卢梭指出，团体意志可能会凌驾于全体公民的整体意志之上。这种可能性是无法避免的，除非在完美的立法体制中，否则"共同意志便总是最弱的，团体的意志占第二位，而个别意志则占一切之中的第一位"③。而卢梭的《社会契约论》中一个反复出现的主题就是，如何防止个别意志和团体意志凌驾于全体公民的整体意志之上，从而保障共同意志的流行。

由此，我们就不难理解，为什么紧接着卢梭又指出，"这种极端的权威却有两种方法可以削弱"④。这个态度也表明，卢梭不赞成百人团的投票制度所造成的金钱说了算的局面，他试图从罗马的制度中找到相应的解决办法。卢梭讲的第一个办法是"保民官照例是，而且大多数的平民也总是属于富有者的等级的；所以他们便在这第一级里面与贵族们的威信分庭抗礼"⑤。换言之，即便在第一等级中，也不可能是贵族说了算，平民和保民官可以发挥平衡作用，由于团体投票首先必须在团体内部取得一致，而平民的人数比贵族多，从而使得第一等级中的团体投票并不一定总是倾向于贵族们的意志。其实践后果是，第一等级尽管在数量上超过百人团总数的半数，但很难保障他们能协调一致，

---

① 提图斯·李维，桑德罗·斯奇巴克选编：《自建城以来》，王焕生译，50～51页，北京，中国政法大学出版社，2009。

② 卢梭：《社会契约论》，何兆武译，151页，北京，商务印书馆，2003。

③ 卢梭：《社会契约论》，何兆武译，79页，北京，商务印书馆，2003。

④ 卢梭：《社会契约论》，何兆武译，151页，北京，商务印书馆，2003。

⑤ 卢梭：《社会契约论》，何兆武译，151～152页，北京，商务印书馆，2003。

并对决策权形成垄断。

卢梭讲的第二个办法是，引入抽签制，从而削弱等级投票制的负面影响。具体做法是："不让百人团一开始就按他们的级别——这总是要从第一级开头的——进行投票，而是用抽签抽出一个百人团，让这个百人团单独进行选举；然后在另一天再按等级召集全体的百人团重新进行这同一项选举，而通常结果也都相符。"[①] 关于这一点，需要略做解释。

第一，这种制度安排并不是在塞尔维乌斯时期产生的，而是在公元前3世纪的改革中产生的。并且，其抽签的范围并非像卢梭此处所言，是在全体百人团中抽签产生，而是在第一等级的百人团中抽签产生。[②] 卢梭在此似乎没有注意其论述中存在的史实方面的问题，这可能与其所阅读的材料有关，也可能是出于理论建构的需要而故意忽视这一历史事实。总之，卢梭相信，这个通过抽签产生的优先投票百人团（praerogativa）是从六个等级中抽签产生的。对此，麦考米克反驳道，只要算一算就知道，由于占人口绝大多数的最穷的公民只有一个百人团，因此，最富有的等级有51%的机会被抽中，而最穷的等级只有0.5%的机会被抽中。据此，麦考米克评论道："这就是卢梭支持的'民主原则'！雅典人创造了真正的抽签制来避免寡头制，卢梭则提倡一种具有欺骗性的抽签制度，试图为寡头制瞒天过海。"[③]

笔者认为，麦考米克对卢梭这一矫正措施的批评与卢梭的意图之间存在错位。卢梭认为，通过这一措施，"开例示范的权威（the authority of example）不再按照等级，而是让位于体现着民主原则的抽签"[④]。其核心在于被抽中的百人团所具有的示范作用，而不是第六等级有多大的被抽中的概率。无论被抽中的是哪个等级的百人团，如果它真能超越自身的局限性，按照国家利益来进行投票，而不是按照自身团体的利益来进行投票，那么，其示范作用将使得随

---

① 卢梭：《社会契约论》，何兆武译，152页，北京，商务印书馆，2003。
② 陈可风：《罗马共和宪政研究》，129页，北京，法律出版社，2004；马尔蒂诺：《罗马政制史》（第二卷），薛军译，147页，北京，北京大学出版社，2014。林托特更进一步将其限定为"从第一等级中选出一个青年森都里亚为第一投票森都里亚"。安德鲁·林托特：《罗马共和国政制》，晏绍祥译，79页，北京，商务印书馆，2014年。关于这一制度的变迁，可以参考王绍光：《抽签与民主、共和》，107～115页，北京，中信出版集团，2018。
③ John P. McCormick, Rousseau's Rome and the Repudiation of Populist Republicanism. Critical Review of International Social and Political Philosophy，Vol. 10，No. 1，2007. 3～27.
④ 卢梭：《社会契约论》，何兆武译，152页，北京，商务印书馆，2003。译文有改动。

后其他百人团的投票都沿着这一方向前进，从而出现卢梭所说的"通常结果也都相符"的情形。因此，在这里第六等级被抽中的概率有多大不是关键，关键是，其一，它体现了民主的原则，抽签保证了每个阶级都有机会自我立法（self-legislate）；其二，它具有示范效应，对后续百人团的投票形成一定的约束力，从而有助于共同意志的实现。

第二，这种制度安排要想发挥作用，需要一个前提，即公民德性。无论是优先投票百人团，还是后来投票的百人团，如果其成员不具备良好的公民德性，所谓的示范效应就是空中楼阁。在卢梭看来，抽签"适宜于只需要有健全的理智、公正与廉洁就够了的地方"，"在一个体制良好的国家里，这些品质是一切公民所共有的"。[1]作为卢梭眼中的政治制度典范，罗马无疑是一个体制良好的国家，因此，当某个百人团被抽中作为优先投票百人团时，其成员会清楚地意识到，他们所投下的一票对于整个决策的影响力，以及自身作为立法者所承担的责任。其公正与廉洁会促使他们从公共利益的角度思考问题，其健全的理智能保证他们的决定是明智的、合理的，是体现共同意志的。

当优先投票百人团投票结束后，其他的百人团不是马上投票，而是等若干天后再重新集中，并就同一议题进行投票。这个间隔期其实是一个冷静期，其他百人团的成员会结合优先投票百人团的投票结果，对自己的政策偏好进行反思，从而在投票之时是基于知识而非冲动来投票。[2]正因为如此，在绝大多数情况下，他们会做出与优先投票百人团同样的选择。西塞罗就告诉我们，在执政官选举中，只要成为优先投票百人团的首选，候选人几乎笃定当选。[3]这当然是一个历史事实。

但如何解释这个历史事实，可以有不同的思路。从政治文化的角度，可以解释为罗马人认为通过抽签产生的优先投票百人团代表着神意，所以不可违背。[4]从政治心理学的角度，可以解释为"羊群效应"，后面的百人团在投票时会尽量与优先投票百人团保持一致。但是，从卢梭的角度来说，他可能更倾

①　卢梭：《社会契约论》，何兆武译，140 页，北京，商务印书馆，2003。

②　David Lay Williams. Rousseau's Social Contract: An Introduction. Cambridge University Press, 2014. 174.

③　王绍光：《抽签与民主、共和》，107 页，北京，中信出版集团，2018。

④　王绍光：《抽签与民主、共和》，107 页，北京，中信出版集团，2018。

向于从规范政治理论的角度，用公民德性来解释这种一致性。诉诸神意或"羊群效应"，未免过于消极，这不符合卢梭赋予公民的主权者身份。抽签产生的优先投票百人团确实会对后来的百人团构成一定的约束，但这种约束不是来自对神意的敬畏，更不是世俗的从众心理，而是一种道德上的示范。优先投票百人团已经率先垂范，站在国家利益的角度做出了选择，后面的百人团也应该以之为榜样，超越狭隘的团体利益，做出符合共同意志的选择。这才是后面的百人团的投票往往与优先投票百人团保持一致的原因，因为他们都朝向共同意志。在此，我们看到一个有趣的现象，尽管二者的一致在事实上可能确实是出于罗马人对神意的敬畏，但卢梭赋予了它规范意义。

在卢梭看来，这两个措施结合起来可以减缓等级投票制度可能带来的负面后果，在很大程度上消除了百人团大会制度的寡头制倾向，使之变得更加符合民主的原则。因此，我们很难相信卢梭在"论罗马人民大会"这一章中是在提倡寡头制。

第三节　德性：塞尔维乌斯体制有效运作的基础

卢梭受孟德斯鸠的影响很大，其《社会契约论》中有一段话与《论法的精神》中的一个段落非常相似。在《论法的精神》中，孟德斯鸠是这样说的：

> 一般来说，虽然所有国家都有一个相同的目标，就是保持不变，但是每一个国家又有其独特的目标。**扩张是罗马的目标**；战争是拉栖弟梦的目标；宗教是犹太法律的目标；贸易是马赛的目标；太平是中国法律的目标；航海是罗德人法律的目标。①

在《社会契约论》中，卢梭写道：

> 除了一切人所共同的准则而外，每个民族的自身都包含有某些原因，使它必须以特殊的方式来规划自己的秩序，并使它的立法只能适合于自己。正因为如此，所以古代的希伯来人和近代的阿拉伯人便以宗教为主要目标，雅典人便以文艺，迦太基与梯尔以商业，罗德岛以航海，斯巴达以战争，

---

① 孟德斯鸠：《论法的精神》（上），张雁深译，155 页，北京，商务印书馆，1961。黑体为笔者所加。

而**罗马则以德性**（virtue）。①

在这两段极为相似的文字中，卢梭做了一个关键的改动，他将孟德斯鸠用以描述罗马政治组织目标的"扩张"改成了"德性"。一词之差，天壤之别。在《论法的精神》中，孟德斯鸠并没有解释为什么罗马的目的是扩张。但在《罗马盛衰原因论》的开篇，孟德斯鸠就讨论了这一问题。在孟德斯鸠看来，"罗马这个城市没有商业，又几乎没有工业。每个人要是想发财致富，除了打劫之外，没有其他的办法"②。在孟德斯鸠笔下，罗马是一台优良的战争机器。在王政时期，国王还会在战争与和平之间转换；但到了共和国时期，罗马人"每时每刻都不放松表现自己的雄心"，战争成为政府统治的原则。但这种扩张主义也使其具有一种自毁倾向。③共和国最终走向僭政正是罗马政治原则（扩张）的必然结果。

卢梭并不同意孟德斯鸠对罗马的分析，他认为罗马的政治原则是德性。人们常说卢梭政治理论的目标就是要建立一个德性的共和国。作为卢梭挑选的历史范例，罗马共和国最典型地体现了德性的特征。具体到我们此处分析的塞尔维乌斯改革及其百人团大会制度，其有效运作依赖于罗马公民的德性。

第一，塞尔维乌斯新的部族划分的有效性有赖于罗马公民的德性。卢梭认为，塞尔维乌斯对城市部族与乡村部族的区分"产生了一种极堪注意的结果"，"罗马风尚的保持及其帝国的扩张全都有赖于此"。④为什么呢？因为在卢梭看来，农村对罗马的道德生活和政治生活具有重要影响，正是农村为罗马保存了元气，而城市则是对文明的威胁。卢梭曾经感叹："请记住：城市的高墙厚壁都只是由乡村房屋的断井颓垣而构成的。每当我看见京城里兴建一座宫殿，我就仿佛看到了这是把整个的国土沦为一片废墟。"⑤

如何避免这种情况呢？"使人口平均分布在领土上，使同样的权利普及于各个地方，使到处都享有富足与生命；唯有这样，国家才能成为既是尽可能最

① 卢梭：《社会契约论》，何兆武译，68 页，北京，商务印书馆，2003。黑体为笔者所加，译文有改动。
② 孟德斯鸠：《罗马盛衰原因论》，婉玲译，4 页，北京，商务印书馆，1962。
③ 孟德斯鸠：《罗马盛衰原因论》，婉玲译，4～5 页，北京，商务印书馆，1962。
④ 卢梭：《社会契约论》，何兆武译，143 页，北京，商务印书馆，2003。
⑤ 卢梭：《社会契约论》，何兆武译，117 页，北京，商务印书馆，2003。

强而有力的，而同时又是尽可能治理得最好的国家。"① 塞尔维乌斯的改革就发挥了这样的作用，它使城市和乡村得到平衡，所以卢梭才会发出"罗马风尚的保持及其帝国的扩张全都有赖于此"的感慨。此外，农村保留了罗马共和国的道德根基，"人们宁愿过乡村人的简朴勤劳的生活，而不愿过罗马市民的游手好闲的生活；而且在城市里一向只不过是个不幸的无产者的人，一旦成为田地里的劳动者之后，就变成为一个受人尊敬的公民了"，因此，"人们也就习惯于只在乡村里去寻找共和国的栋梁"。②

第二，百人团大会制度的有效运行有赖于罗马公民的德性。当卢梭称赞塞尔维乌斯对部落的改革时，他拒绝判断百人团的等级划分是好是坏。相反，他明确地断言："如果不是早期罗马人的纯朴的风尚、他们的大公无私、他们对农业的兴趣、他们对于商业与牟利的鄙视，这种办法就不能付诸实践。"③德性相对于制度的基础性作用，这可以说是卢梭一以贯之的信念。在《社会契约论》第二卷第 12 章讨论法律的分类时，卢梭就将风尚、习俗称之为法律穹窿顶上"不可动摇的拱心石"，"其他一切方面的成功全都有系于此"。④在此，他再次强调："在罗马，风尚与舆论要比这种制度更有力量，同时也纠正了这一制度的弊病。"⑤所谓"纠正了这一制度的弊病"，指的就是百人团的寡头制倾向。正如我们上一节中所分析的，有助于削弱百人团寡头性质的优先投票百人团制度，必须以理智而公正的公民为其基础。

第三，百人团大会中的公开投票制度有赖于公民的德性。在"论罗马人民大会"这一章的最后，卢梭讨论了计票方法的问题，应该公开计票还是秘密投票？卢梭的回答是，这取决于公民的德性。"唯有正直在公民中间占有统治地位，人人都耻于公开地投票赞成一种不公正的意见或一个不体面的臣民的时候，这种办法才是好的；但是当人民腐化而可以进行贿选的时候，那就适宜于采用秘密的投票方法了。"⑥在罗马的人民大会上，包括库里亚大会和百人团大会，计票的方法是"每个人都高声唱出自己的一票，由一个记录员依次把它们记下

① 卢梭：《社会契约论》，何兆武译，117 页，北京，商务印书馆，2003。
② 卢梭：《社会契约论》，何兆武译，144 页，北京，商务印书馆，2003。
③ 卢梭：《社会契约论》，何兆武译，147～148 页，北京，商务印书馆，2003。
④ 卢梭：《社会契约论》，何兆武译，70 页，北京，商务印书馆，2003。
⑤ 卢梭：《社会契约论》，何兆武译，148 页，北京，商务印书馆，2003。
⑥ 卢梭：《社会契约论》，何兆武译，153～154 页，北京，商务印书馆，2003。

来；每个部族中的多数票便决定了本部族表决的结果，各部族间的多数票就决定了人民表决的结果"①。这一制度之所以能有效运行，关键就在于"正直在公民中间占有统治地位"。

但是，在共和国晚期（公元前 139—107 年），百人团的投票方法改成了秘密投票。西塞罗曾哀叹，共和国灭亡的重大原因之一即在于此。② 卢梭不同意西塞罗的观点，他认为正好相反，"正是由于这类的改变做得太不够了，才促成了国家的灭亡"。为什么呢？因为"正像健康人的营养不宜于病人一样，我们也决不能要求把适用于善良人民的同样的法律拿来治理腐化了的人民"③。换言之，当人民腐化而可以进行贿选的时候，秘密投票恰好是对治的办法。罗马的问题就在于它没有能够及时调整，没有通过深化改革来化解危机。

卢梭的这一立场反映了其政治思想的现实主义特点，但其观点不太好理解，卢梭自己可能也意识到了这一问题，他马上以威尼斯为例来加以说明。在卢梭看来，威尼斯的长期稳定"完全是因为威尼斯的法律仅仅适用于坏人"。④ 威尼斯人在公民德性衰败之时，实现了波考克所说的"机制化的德性"（mechanized virtue）。通过抽签和无记名投票等制度设计，使投票人"不受制于任何压力或诱惑去投票取悦别人，而是表达他对候选人的理性选择"⑤。即使存在贿选等在当代人看来不可容忍的恶行，却促成了威尼斯政局的长期稳定，在某种意义上，贿选恰恰是威尼斯政治机器平稳运行的润滑剂。⑥ 对此，曾作为法国驻威尼斯大使秘书的卢梭深有体会，在驻威尼斯期间，他亲眼目睹了威尼斯政治，并对之赞赏有加。在《社会契约论》中，卢梭有两个重要的观念与威尼斯政治经验有关。一个就是此处对威尼斯因地制宜制定秘密投

---

① 卢梭：《社会契约论》，何兆武译，153 页，北京，商务印书馆，2003。
② 西塞罗：《国家篇 法律篇》，沈叔平、苏力译，231 ～ 235 页，北京，商务印书馆，1999。孟德斯鸠也持类似观点，参见孟德斯鸠：《论法的精神》（上），张雁深译，11 ～ 12 页，北京，商务印书馆，1961。
③ 卢梭：《社会契约论》，何兆武译，154 页，北京，商务印书馆，2003。
④ 卢梭：《社会契约论》，何兆武译，154 页，北京，商务印书馆，2003。
⑤ 波考克：《马基雅维里时刻》，冯克利、傅乾译，297 页，上海，译林出版社，2013。
⑥ 王绍光对其原因有简要的分析，参见王绍光：《抽签与民主、共和》，358 ～ 360 页，北京，中信出版集团，2018。

票制度的肯定；另外一个则是关于投票前禁止相互讨论的观点。①

可以说，在整个关于罗马政治制度的章节中，卢梭始终都在强调公民德性的基础性作用，反复指出单纯依靠制度是不可能达到目标的。这也是卢梭关于罗马的讨论最后落脚到公民宗教上面的原因。

第四节　结　语

百人团大会制度有利于富人和贵族，对于这一点，古典作家们早已发现。李维在《自建城以来》中就已明确指出，塞尔维乌斯的改革"使得似乎既没有把任何人排除在选举之外，同时全部权力又掌握在那些最有影响的市民手里"，在实践中，投票"几乎从来没有轮到过最低等级"。②孟德斯鸠一针见血地指出，这"与其说是人在选举，毋宁说是资产与财富在选举"③。西塞罗甚至对其合理性进行了论证，"最大多数人不应拥有最大的权力"，这是共和国始终应当坚持的一条原则。落实到制度上，在百人团中，后面几个等级的 96 个百人队，"包括了公民的大多数，将既不会被剥夺投票权，因为那样将会导致专制；也不会给予他们很大权力，因为那样将会有危险"④。麦考米克如果要据此将支持寡头制的桂冠送给哪位思想家的话，更合适的人选应该是西塞罗，而不是卢梭。

如果卢梭真的认为富裕的精英应该以这种方式欺骗贫穷的公民，那么，他似乎应该将自己的观点掩饰起来，而不是直接点明："百人团的划分法是如此之有利于贵族制"，"在百人团大会里一切事情之由金钱的多少来规定，要远甚于其由票数的多少来规定。"⑤更不会专门讨论如何从制度设计上削弱这种"极端的权威"。因此，麦考米克的观点——卢梭对塞尔维乌斯改革和百人

---

① 卢梭：《社会契约论》，何兆武译，第二卷，第 3 章，北京，商务印书馆，2003。笔者曾对此有详细的分析，此不赘述，参见谈火生：《"直接民主"抑或"代议民主"？——卢梭民主理论初探》，载《政治思想史》，2012（1），18 ～ 42 页。

② 提图斯·李维，桑德罗·斯奇巴克选编：《自建城以来》，王焕生译，51 页，北京，中国政法大学出版社，2009。

③ 孟德斯鸠：《论法的精神》（上），张雁深译，10 页，北京，商务印书馆，1961。

④ 西塞罗：《国家篇 法律篇》，沈叔平、苏力译，72 页，北京，商务印书馆，1999。

⑤ 卢梭：《社会契约论》，何兆武译，151 页，北京，商务印书馆，2003。

团大会制度的讨论是在呼唤赋予富裕的精英以不对称的投票权——是不能成立的。卢梭对塞尔维乌斯改革和百人团大会制度有褒有贬。他褒扬的是塞尔维乌斯改革所建立的百人团大会体现了人民主权原则，他贬斥的正是百人团大会所具有的贵族制或寡头制倾向，并提出了抑制这一趋势的具体措施。在这个意义上，他是将这种贵族制或寡头制倾向视为一种制度之恶，而不是像西塞罗那样将其视为一种制度之善。

第二编

中国传统经典阐释：作为协商民主的思想资源

在儒家文明中，作为六经之首的《周易》是协商最重要的思想源头之一。它不仅提出了系统的协商思想，而且它对协商内涵的多层次理解，对协商系统的构想和对协商过程复杂性的体认非常深刻，可以成为现代协商民主建设的重要思想资源。

第七章　兑（☱）：《周易》中的协商思想及其启示

关于《周易·兑卦》，历代有不同的解释。其中，影响最大的一种解释是释"兑"为"悦"。从汉代的虞翻、晋代的王弼、唐代的孔颖达、宋代的程颐与朱熹，到清代的李光地等，均持此说。直至今天，张善文、余敦康等著名易学家仍坚持这一思路。但是，在漫长的易学研究史上，也有少数学者对这一思路有所保留，认为"兑"亦有"言说"之义。例如，王夫之在《周易内传》中指出，"兑"既为欣悦之"悦"，又为"言说"之"说"。[1] 今人高亨先生在《周易古经今注》中主张"兑即说之古文，从八，从口，八象气之分散"，"《象传》等训兑为说，当取谈说之义，非喜悦之悦也"。并且，他还特别强调"本卦兑字皆谓谈说"。[2] 金景芳先生在解释《序卦·兑》时颇感为难，按照《序卦》的解释，《兑》卦之所以在《巽》卦之后，是因为"巽者，入也。入而后说之，故受之以《兑》。兑者，说也"。金景芳认为，传统上将"说"解释为"悦"，"这个说法看起来也有点牵强"，"入"和"悦"之间没有必然联系。在他看来，"兑"应该理解为"言说"之"说"。[3] 张舜徽先生从文字学上考证，认为"兑"的本义是"言辞"。他赞同徐铉的观点，从字形上讲，兑"当从口从八，象气之分散"。他指出"兑之本义，乃谓言辞也。凡谈说、解说，皆当以兑为本字。从言之说，乃后起增偏旁体"。在此基础上，他分辨道："解者多读此说为怡悦之悦，失之矣。《易》有《说卦》，《书》有《说命》，而《礼记·缁衣》引《说命》作《兑命》，是兑、说一字之证。"[4]

---

[1]　王夫之：《周易内传》，李一忻点校，370 页，北京，九州出版社，2004。
[2]　高亨著，董治安编：《高亨著作集林》（第一卷），401 页，北京，清华大学出版社，2004。
[3]　金景芳：《周易讲座》，366 页，长春，吉林大学出版社，1987。
[4]　张舜徽：《说文解字约注》，2099 页，武汉，华中师范大学出版社，2009。

当然，主张释"兑"为"说"的学者大多并不排斥释"兑"为"悦"。船山就认为二者"义固相通"，因为"善为辞而使人乐听之"。①高亨在其晚年的《周易大传今注》中也是两种解释思路并存，在解释六爻爻辞时，均将其理解为"谈说"。但在解释卦名、彖传和象传时，则多采"喜悦"之义。②金景芳和马恒君也是主张将言谈和喜悦联系在一起来理解"说"的含义。③

笔者赞成先贤的基本立场，尽管两种解释思路并非相互排斥，但鉴于释"兑"为"悦"这一解释思路的主流地位，适当强化释"兑"为"说"这一解释思路有其合理性。从"言说"视角对《兑》卦进行重新阐释，可以丰富我们对《兑》卦的认识。一方面，就易学本身而言，通过深入发掘"言说"之"兑"，可以更好地理解"欣悦"之"兑"的基础和前提，从而使我们对《兑》卦的理解更加丰满。另一方面，可以让我们更充分地认识到《兑》卦所蕴含的丰富的社会政治内涵：它不仅提出了协商观念，而且对协商的原则、方法和作用有深入的思考。因此，对《兑》卦进行重新阐释的意义超出了易学本身，它不仅可以为现代协商政治建设提供重要的思想资源，而且有助于反思以西方为中心的协商民主理论之不足，从文明论的视野深化学界对协商政治的认识。本章试图通过现代协商民主思想与传统《周易》哲学之间的对话，重新发掘《周易·兑卦》的思想内涵。

众所周知，《周易》是一个很特殊的文本，不仅卦爻结构形式十分独特，而且卦爻辞多简略而抽象，这为后世的解释者留下了非常巨大的阐释空间。在过去的 2000 年中，有汗牛充栋的解释性著作问世，它们对于同一个卦以及卦中的每一爻的解释都歧义纷呈，甚至相互矛盾。因此，当我们尝试从"协商"角度来对《兑》卦进行解释时，首先面临的一个问题就是，这一解释路向的合理性何在？如何保证这不是一种为了赶时髦而穿凿附会的拉郎配？有鉴于此，本章将首先讨论以"协商"释"兑"的合理性问题（第一节）；其次，本章将以《兑》卦的六爻为中心来讨论协商的根据、原则和方式（第二节）；然后，本章将以《兑》卦的彖传和象传为中心来讨论协商的功能与作用（第三节）；

① 王夫之：《周易内传》，李一忻点校，370 页，北京，九州出版社，2004。
② 高亨：《周易大传今注》，349～352 页，济南，齐鲁书社，1998。
③ 金景芳、吕绍纲：《周易全解》，408～409 页，长春，吉林大学出版社，1989；马恒君：《周易辩证》，571 页，石家庄，河北人民出版社，1995。

最后，本章将讨论《兑》卦的政治协商思想对当代协商民主理论的发展和社会主义协商民主建设的启示。

第一节　"说"vs"悦"：兑之本义辨析

作为一个阐释传统异常丰富的文本，本章首先要解决的问题是，从"协商"角度来解释《兑》卦的合理性何在？这一问题又可以分解为两个小问题：其一，从"协商"角度来解释《兑》卦的可能性；其二，从"协商"角度来解释《兑》卦的优越性。

一、释"兑"为"说"的可能性

释"兑"为"言说"之"说"有文本根据吗？有。从象数上讲，兑之象为"口"，与"说"有关；从文本上讲，《兑》卦象传明确以"朋友讲习"作为兑的核心象征。虞翻在解释象传时就认为："兑两口对，故'朋友讲习'也。"[1]我们再将范围扩大一些，《周易》中兑取象"口"，表示与言语相关的事物，这种情况并不鲜见，兹举几例。《中孚》卦由上巽下兑组成，象传曰"君子以议狱缓死"，其中的"议"直接取象于下面的兑卦。船山先生的解释是"兑为言说，以详论而酌其当；巽风和缓，以俟议之平允"。[2]与之类似，《节》卦由上坎下兑组成，象传"君子以制数度，议德行"。除了"议"之外，还有"言"。《夬》卦由上兑下乾组成，处兑之初的九四"闻言不信"；处兑之终的上六"无号"。此处的"言"（忠告）与"号"（号叫）均因兑为"口"这一个象引申而来。与之类似的还有《困卦》和《革卦》。《困》卦由上兑下坎组成，卦辞"有言不信"。《革》卦由上兑下离组成，九三爻辞为"革言三就，有孚"。[3]可见，

---

① 李光地：《周易折中》，李一忻点校，511页，北京，九州出版社，2002。

② 王夫之：《周易内传》，李一忻点校，386页，北京，九州出版社，2004。对于"议"字的取象，诸家说法不一。虞翻认为是取于"震"，因《中孚卦》互卦中有震象，李鼎祚疏云："震声为'议'。"李鼎祚：《周易集解》，李一忻点校，502页，北京，九州出版社，2003。但是，宋人徐幾和清人刘沅与王夫之的观点一致，认为"议"取象于"兑"。徐幾称："兑以议之，巽以缓之。"李光地：《周易折中》，李一忻点校，516页，北京，九州出版社，2002；刘沅称："兑为口舌，议象；巽为不果，缓象。"马振彪：《周易学说》，589页，广州，花城出版社，2002。本文从之。

③ 按照余敦康先生的解释，"革言三就，有孚"的意思是，关于变革的言论和纲领，要经过再三的宣传讨论，得到广大民众的赞成和拥护。余敦康：《周易现代解读》，246页，北京，中华书局，2016。

取象"口"，将兑理解为"言说"是完全合理的。

　　具体到《兑》卦象传中的"兑者，说也"，"说"究竟是应该将其解释为"言说"之"说"，还是"喜悦"之"悦"呢？考之其他文本，以"说"为言说之"说"在《周易》中并非孤例。在今本《周易》的爻辞、彖传和象传中，"说"字共计出现 28 次，涉及 20 个卦。其中，包含"兑"的有 14 卦。按照历代的解释，这 14 卦中"说"字的含义分为三种情况：说、脱、悦，具体分布如下（见表 1）。

表 7-1　"说"字在《周易》爻辞、彖传和象传中的出现情况

"说"的含义	位　置	原　文
言说之"说" （2卦）	《兑》之彖传	兑，说也。刚中而柔外，说以利贞，是以顺乎天而应乎人。说以先民，民忘其劳。说以犯难，民忘其死。说之大，民劝矣哉！
	《咸·上六》之象传	"咸其辅颊舌"，滕口说也
脱离之"脱" （2卦）	《睽》之上九	先张之弧，后说之弧
	《困》之九五	困于赤绂，乃徐有说
欣悦之"悦" （13卦）	《履》之彖传	说而应乎乾
	《随》之彖传	刚来而下柔，动而说
	《临》之彖传	说而顺，刚中而应
	《大过》之彖传	刚过而中，巽而说
	《咸》之彖传	止而说，男下女
	《夬》之彖传	健而说，决而和
	《萃》之彖传	顺以说，刚中而应
	《睽》之彖传	说而丽乎明，柔进而上行
	《中孚》之彖传	柔在内而刚得中，说而巽，孚乃化邦也
	《困》之彖传	险以说，困而不失其所
	《革》之彖传	文明以说，大亨以正
	《归妹》之彖传	说以动，所归妹也
	《节》之彖传	说以行险，当位以节，中正以通

　　尽管以"言说"之"说"解释"说"的只有《兑》《咸》二卦，但这说明此非孤例。《咸》卦上六之象传中的"说"字是可以确定无疑地解释为"言说"之"说"、而非"欣悦"之"悦"的。《咸》卦由上兑下艮组成，作为兑之终

爻上六的爻辞是："咸其辅颊舌"。象传对此的解释是："滕口说也"。所谓"滕口说"，也就是"虚浮不实之言"。此处的"说"之所以取"言辞"之义，是因为爻辞中的"辅、颊、舌"，均为"言语之具"。[①] 对此，历代注释均无异议。尤其值得注意的是，《兑》卦上六的爻辞为"引兑"（以引诱、诱导的方式展开对话），意思与《咸》卦上六有相通之处，均为"不实之辞"。

综上，本文认为，释"兑"为"说"是一种可能的解释思路。

二、释"兑"为"说"的优越性

以上讨论只能说明我们可以从"言说"的角度对《兑》卦进行阐释，但并不能证明我们应该沿着这个思路去进行阐释。要证明这个阐释思路的合理性，还必须说明，相比于释"兑"为"悦"，释"兑"为"说"能更好地解释《周易·兑卦》的文本。下面我们就来说明这一点，本文认为，释"兑"为"说"，可以为彖传、象传、六爻提供一个融贯的解释。

首先，释"兑"为"说"可以更好地解释象传。《兑》卦象传谓"丽泽，兑。君子以朋友讲习"。如释"兑"为"悦"，这一句就被解释为："君子因此悦于良朋益友讲解道理研习学业。"[②] 为什么"朋友讲习"为"悦"呢？程颐的解释是"相益"，就像"两泽相丽，交相浸润，互有滋益"。[③] 有的学者引申得更远，认为"朋友讲习是人生最大的快乐"，其根据是《论语》首章："学而时习之，不亦说乎？有朋自远方来，不亦乐乎？"[④]。这些解释迂回曲折，不免牵强。

如果我们释"兑"为"说"，则"君子以朋友讲习"可以解释为，君子观兑之象（两口相对），朋友之间要相互讨论研习。"朋友讲习"就是相互沟通、相互交流，并践履之。"泽"与"口"均是"兑"之象，"两泽相丽、相互滋益"，此乃自然之象；"两口相对、相互交流"，此乃人事之象。这两个意象之间形成了非常好的对应关系，不需要以"悦"为中介来连接。这样的解

---

① 孔颖达：《周易正义》，卢光明、李申整理，167 页，北京，北京大学出版社，2000。
② 黄寿祺、张善文：《周易译注》，427 页，北京，中华书局，2016。
③ 程颐：《周易程氏传》，王孝渔点校，331 页，北京，中华书局，2011。
④ 金景芳、吕绍纲：《周易全解》，410 页，长春，吉林大学出版社，1989。黄寿祺、张善文、俞琰等均持此说。但黄寿祺、张善文对此不是很肯定，他们认为论语首章"似与此旨有合"。黄寿祺、张善文：《周易译注》，427 页，北京，中华书局，2016。

释在"意"和"象"之间建立起非常直观的联系，清晰易懂，不需要迂曲回护。同时，这样的解释与象传中的"兑，说也"也能很好地统一起来。更重要的是，如果释"兑"为"悦"，整个六爻就与"朋友讲习"的意象没有关系了，爻辞和象传之间完全是脱节的。

当然，通过相互沟通和交流，可能会产生"悦"的效果。但这是引申义，而不是其本义。

其次，释"兑"为"说"可以更好地解释象传。象传曰："说以先民，民忘其劳。说以犯难，民忘其死。说之大，民劝矣哉！"这是讲兑的功能和作用。

主张以"悦"释"说"的学者对"悦"的主体有不同的理解，对"说以先民"的"先"字也有不同的解释[1]，依据各自不同的理解，可以形成四种不同的解释（见表 7-2）。

表 7-2　"说以先民"的不同解释

		悦 的 主 体	
		民	君 子
先的含义	在先	能够使民悦在先，需要人民出力时，民就忘其劳；需要人民打仗时，民就忘其死[2]	君子悦于身先百姓不辞劳苦，百姓也能任劳任苦；悦于趋赴危难不避艰险，百姓也能舍生忘死[3]
	引导	执政者如以悦民之道导民前进，则民忘其劳；以悦民之道使民犯难，则民忘其死[4]	当劳苦患难之时，君子能甘之如饴，就能对民众发挥感召和引导作用，使之忘其劳，忘其死

独立来看，这四种解释也都能说得通，甚至可以说很精致。但是，如果将《兑》卦的传（暂不考虑经的部分）作为一个整体来考虑，就会发现这几种解释是割裂的，因为它们都无法与象传中的"朋友讲习"这一意象配合起来。

---

① 关于"先"字含义的辨析，详见本章第三节。
② 金景芳、吕绍纲：《周易全解》，410 页，长春，吉林大学出版社，1989。孔颖达亦持此说。孔颖达：《周易正义》，卢光明、李申整理，276 页，北京，北京大学出版社，2000。
③ 这一解释思路由吕祖谦发其端，李光地继承之。黄寿祺、张善文：《周易译注》，426 页，北京，中华书局，2016。
④ 高亨：《周易大传今注》，349～350 页，济南，齐鲁书社，1998。程颐亦持此说。程颐：《周易程氏传》，王孝渔点校，331 页，北京，中华书局，2011。

　　金景芳先生认为，彖传"兑，说也"中的"说"是"言说"之"说"。彖传"是为统治阶级说的，统治阶级要人民忘其劳，忘其死，靠暴力不行，要用说，用喜悦"①。马恒君也将此处的"说"翻译成"说（shuì）服"，认为彖传是在强调说服教育而使人心悦诚服。②在这一解释思路中，彖传中的"说"和象传中的"讲"是相互呼应的，"讲"是君子之间的交流，"说"则是君子与民众之间的沟通。

　　笔者认为，金景芳和马恒君的判断是对的，彖传中"说"的本义是"说服"，心悦诚服是"说"所达到的效果。只有这样，才能和后文的"民劝矣哉"统一起来。③"说以先民，民忘其劳。说以犯难，民忘其死"的意思是，以对话的方式来引导民众面对繁重的任务，民众能任劳任怨；以对话的方式向民众解释面临的危难，民众也能舍生忘死。因此，当我们将"说"理解为"言说"之"说"时，整个彖传的解释就很顺畅，并且与象传统一起来了。

　　最后，释"兑"为"说"可以更好地解释六爻的爻辞。《兑》卦六个爻的爻辞中，除了九五外，其余五个爻的爻辞都是遵循同样的句式：某兑。如初九"和兑"，九二"孚兑"，六三"来兑"。"某"是修饰"兑"的。如果将"兑"理解为"悦"，则"某兑"就是"某种形式的喜悦"或"以某种方式实现的喜悦"。这一解释思路会面临以下两个解释上的困难：

　　其一，六爻和象传之间的断裂。如果将六爻中的"兑"理解为"悦"，则六爻的意象与象传中的"朋友讲习"没有什么关系了。如果将"兑"理解为"说"，则六爻就是从不同侧面来分析"说"的原则、方法（具体含义我们将在本章第二节予以分析），这样，成书于春秋战国时期的象传其实是对六爻爻辞的一个总结，并以"朋友讲习"这个总的意象将其呈现出来。从这个意义上讲，释"兑"为"说"更为合理。

　　其二，将"兑"理解为"悦"，九四的爻辞很难得到妥帖的解释。九四的爻辞是："商兑未宁，介疾有喜。""商"一般解释为商量或商度，如果将"兑"解释为"喜悦"，则"商兑"就是"由商量所产生的喜悦"④或"商量思度欣

① 　金景芳：《周易讲座》，336～367页，长春，吉林大学出版社，1987。
② 　马恒君：《周易辩证》，572页，石家庄，河北人民出版社，1995。
③ 　关于"劝"字的辨析详见本章第三节。
④ 　余敦康：《周易现代解读》，290页，北京，中华书局，2016。

悦之事"①。但这种解释会与下面的"未宁"发生冲突。"未宁"就是"心绪不定"。既然是喜悦的心情或欣悦之事，怎么会心绪不宁呢？各家在提出自己的解释时都试图化解这一矛盾。从程颐、朱熹开始，就将"商"解释为商度，也就是斟酌、权衡，也就是在九五和六三之间徘徊不定，这就是"未宁"。应该说，他们对"商"的解释是很有道理的。②但是，他们没有对"兑"做出专门解释，似乎是将"商兑"理解为"商度"。黄寿祺、张善文继承了他们的解释，将"商兑未宁"解释为"商量思度欣悦之事而心未安宁"。但是，如果说"商度"是在六三和九五之间举棋不定、犹豫不决，我们就很难将其界定为"欣悦之事"，因为六三乃"邪佞之象"。

余敦康先生试图用过程性来化解这一矛盾。他认为，由商量思度所产生的喜悦要经历一个过程，这个过程分为三个阶段："未宁"是指尚未做出决定以前的斟酌考量阶段，心绪不宁；"介疾"是指做出决定之后采取行动克服困难的阶段；"有喜"是指最后的结局阶段，困难被顺利克服，自然就产生一种喜悦之情。③这一解释思路当然非常有启发性，但是，此处的"兑"恐怕不能用后面"有喜"来加以解释。正如九四象传所指出的，"九四之喜，有庆也"。按照程颐的解释，九四乃大臣之位，介疾指的是九四能介然守正，不受六三之惑。九四能如此，则"君悦之"，君指九五。④所以，有喜不是九四个体层面的喜悦之情，而是国家层面的"有庆"。可见，此处"悦"的主体不是九四，余敦康先生的解释仍然没有很好地解决"商兑未宁"的问题。

笔者认为，如果将"兑"理解为"说"，则"商兑"与"未宁"之间可能出现的冲突可以得到有效的化解。在笔者看来，程颐、朱熹对"商"的解释是恰当的，只需要对他们的解释稍做调整，即可做出融贯的解释。"商"不是"商量"，而是"商度"，也就是个体对不同立场的斟酌、权衡和考量。西方协商民主理论将其称之为"慎思（deliberation within）"，即个体内心的反思。⑤因此，"商兑"可以理解为以"商度"为特征的内心"对话"。"未宁"不是指

---

①　黄寿祺、张善文：《周易译注》，429 页，北京，中华书局，2016。

②　程颐：《周易程氏传》，王孝渔点校，333 页，北京，中华书局，2011；朱熹：《周易本义》，廖名春点校，203 页，中华书局，2011。

③　余敦康：《周易现代解读》，290 页，北京，中华书局，2016。

④　程颐：《周易程氏传》，王孝渔点校，333 页，北京，中华书局，2011。

⑤　关于这一问题的详细讨论见本章第二节。

情绪上的心绪不宁，而是指理智上对不同的立场和主张拿不定主意。"介疾"则是指九四介然守正，依据理性（也就是象传中的"顺乎天"）做出了正确的判断，远离六三。"未宁"和"介疾"是对"商"的具体描述，如此一来，"商兑"和"未宁"不仅不冲突，并且是内在统一的。

关键是，如果说将"未宁"和"喜悦"关联起来很困难的话，那么，将"未宁"和内心"对话"关联起来则很自然，因为在协商过程中有不同的立场和主张是很正常的，主体对这些立场和主张进行斟酌不仅是正常的，而且是必须的。"有喜"是断语，九四"介疾"的态度是值得赞赏的，会得到九五（人君）的肯定；对于国家来说，九四的"介疾"则是"有庆"。

综上所述，笔者认为，释"兑"为"说"是一个更有解释力的方向。即使退一步讲，"说"与"悦"两义并存，也需以"说"为"兑"之本义，以"悦"为其引申义。本章试图沿着王夫之、高亨和金景芳等诸位先贤所指明的方向，将释"兑"为"说"这一思路向前推进一步，将彖传、象传和爻辞有机贯通起来，为《兑》卦提供一个更为融贯的解释。与此同时，以《兑》卦所勾勒的政治协商图景来反思现代的协商民主理论，用古人的智慧之炬烛照前行的道路。

第二节　对话：协商的原则与方法

在确定了"说"作为基本的解释方向后，我们可以从协商的角度对《兑》卦进行全新的阐释，并将彖传、象传和爻辞贯通起来。大体而言，我们可以从以下两个方面对《兑》卦的协商思想进行阐释，即协商的原则与方法、协商的功能与作用。下面我们将分别对它们进行探讨。

一、天与孚：协商的根据和原则

《兑》卦彖传在以"说"释"兑"后，马上提出协商的根据和原则："刚中而柔外，说以利贞，是以顺乎天而应乎人。"其中，"天"即"天道"，这是协商者必须遵循的具有超越地位的正当性根据。在协商过程中，参与者在提出自己的主张和理由时必须合乎天道，不合乎天道不足以服人。这一主张与当代协商民主理论颇有相通之处。当代协商民主理论的代表人物之一埃米·古特曼就指出，协商民主首要的也是最重要的特征就是讲理，并且所讲之理必须是公共的，是能够为参加协商的人所能理解的。① 尽管古特曼或哈贝马斯可能不会赞同中国传统天道观念的形而上学预设，以及由此衍生出来的符合式真理观和认识论，但是，他们应该能够同意《兑》卦所提出的正义要求以及它对协商所构成的规范性约束。

那么，如何做到合乎天道呢？《兑》卦的象传从兑卦的象出发，提出了"刚中"和"利贞"的要求。"刚中而柔外"指的是兑的形象，初爻和二爻均为阳爻，阳刚得中，故云"刚中"；三爻是阴爻，阴为柔，在外，故云"柔外"。将"刚中"这一象征运用于人事，尤其是运用于"兑"的场景之中，就是"说以利贞"。也就是在对话中要动机纯正，坚守正道。这一点非常重要，现代的协商民主理论对聚合式民主的批评也是着眼于此。在协商民主理论看来，聚合式民主理论的问题就在于，它完全不去追问公民的偏好是否合理，以至于每个人在投票时可以完全不顾公共利益。② 这显然有悖于"利贞"的要求。

在"说以利贞"的大原则下，《兑》卦在象传和二爻、五爻的爻辞中又提出了协商必须遵循的以下两个重要原则：

第一，平等原则。《兑》卦象传以"朋友讲习"作为"兑"的主要意象。值得注意的是，在这个意象中蕴含着协商的基本原则——平等。众所周知，在中国的五伦中，唯有"朋友"一伦是"平等的"，其余四伦均是垂直的等级式关系，君臣、父子、夫妇不用说了，即便是兄弟伦，也是在长幼有序的前提下展开的。只有朋友伦，确乎是基于平等的原则建立起来的。余敦康先生特别注意到这一点，他指出，"在一个理想的社会，君民、君臣之间的等级从属关系应当像朋友那样结成人格平等的关系，只有通过平等的交往"③，才能实现兑卦之道。尽管余敦康先生是将"兑"理解为"悦"，兑卦之道指的是喜悦之道，这与本文的立场不同，但余先生此处对"朋友"一伦所蕴含的平等价值的揭示是富有启发性的。象传强调的是，平等是协商有效展开的前提。

需要指出的是，我们不能简单地将此处的平等理解为今日民主社会中的政

① 埃米·古特曼、丹尼斯·汤普森：《审议民主意味着什么？》，载谈火生编：《审议民主》，3～47页，此处见4～5页，南京，江苏人民出版社，2007。
② 埃米·古特曼、丹尼斯·汤普森：《审议民主意味着什么？》，载谈火生编：《审议民主》，3～47页，此处见11～15页，南京，江苏人民出版社，2007。
③ 余敦康：《周易现代解读》，288页，北京，中华书局，2016。

治平等。朋友一伦所蕴含的平等类似于亚里士多德所谓的比例平等。在亚里士多德那里，平等有两种，一种叫数量平等（numerical equality）；另一种叫比例平等（proportional equality）。民主政体遵循的是数量平等原则，用我们今天的话来说，就是不论你是聪明还是愚笨，是富有还是贫穷，一人一票、票票等值；但君主制、贤人制和共和政体等正当的政体遵循的则是比例平等原则，按照德性来分配政治权力，德性相等的人具有平等的政治权力。尽管不同阶级之间是不平等的，但同一社会阶级内部是平等的。[①] 我们可以借助亚里士多德的这一区分来理解余敦康先生对"朋友讲习"中的"平等"观念的阐释。象传以"朋友讲习"作为"兑"的形象，反映了战国、秦汉时期儒家寻求依据内在德性来获得平等参与资格的努力。朋友是那些在人格修养、知识背景、志趣爱好等方面大体相同的人，他们之间的平等对话应该成为"兑"之原型。因此，尽管象传的"朋友讲习"提出了平等的原则，但这并不意味着我们可以将其理解为一种民主的诉求。

余敦康先生非常清醒地意识到，协商中的平等是一种理想状态，在现实生活中，更多的是各种等级式关系。但是，《兑》卦所要传递的信息是，尽管这种等级式的关系是不可避免的，也是维系社会秩序所必须的。但是，在协商这个特定的场景和特定的时刻，参与协商的人需要将自己的各种身份暂时搁置起来，以一种比例平等的资格参与其中。在协商的场所之外，人们之间的关系可能是君臣，也可能是父子；但是，在协商时，所有参与协商的人都应该以朋友相待。唯有如此，才能有真正的协商。

众所周知，即使在人人享有法律意义上的平等权利的今天，要在协商中真正实现平等，仍然面临着诸多考验，如何在协商中实现平等也因此成为当代协商民主研究中的一个重要议题。[②] 在 2000 年多前，《周易》象传用"朋友"来象征协商中人与人之间的平等关系，这是非常难能可贵的，它提出了协商的第一个规范性原则。

第二，真诚原则。《兑》卦的二、五两爻，阳刚居中，有中心诚实之象，

①　Wolfgang von Leyden. Aristotle on Equality and Justice：His Political Argument. New York，NY：St. Martin's Press，1985，Chapter 1.
②　相关研究情况可以参考：Edana Beauvais. Deliberation and Equality. in The Oxford Handbook of Deliberative Democracy，Edited by Andre Bächtiger，et al.. Oxford University Press，2018. 144～156.

故九二和九五的爻辞均以"孚"命之。孚者，诚信也。①

九二的爻辞是"孚兑，吉，悔亡"。以爻象观之，九二以阳居阴，其位不正，亲比于不中不正之六三，且与九五无应，处境是不利的，本当有悔。但是，九二刚而得中，刚，至诚之象；中，守正不失之象。象传在解释孚兑之吉时，它给出的理由是"信志也"。"心之所存为志"，"信志"就是"志存诚信"。②因此，尽管九二履不当位，但仍然能够得吉而悔亡，关键就在于一个"孚"字。可以说，九二以真诚的态度参与对话（即"孚兑"），以诚相待、坦诚交流，充分体现了"刚中"和"说以利贞"的要求，这是其得吉的原因。

九五的爻辞是"孚于剥，有厉"。九五是六个爻中唯一的爻辞中没有出现"兑"字的爻。初九"和兑"，九二"孚兑"，六三"来兑"，九四"商兑"，上六"引兑"，唯独九五没有采用"某兑"的表述形式。因此，有论者猜测，可能是在历代传抄的过程中掉了一个"兑"字，本来应该是"孚兑"。笔者认为，这种猜测是没有道理的。九五爻辞没有"兑"字是由其爻位决定的。九五居君位，从协商的角度来讲，属于决策者。协商不是哲学讨论，协商的目的是为了决策。因此，从流程上讲，协商一般要经过议题的提出、协商前的准备、协商、决策和决策的实施等步骤。《兑》卦只有六个爻，不可能将协商的事务面面俱到，只能从大的方面着眼。但是，它还是区分出了协商与决策这两个不同的阶段。如果说其他的五个爻都是从协商的角度立论的话，那么，九五则是从决策的角度立论。因此，在九五的爻辞中没有像其他几个爻那样出现"某兑"的句式。

从协商的角度立论，考虑的是按照何种原则和方法可以有效开展协商，产生富有建设性的协商成果；从决策的角度立论，需要考虑的则是如何对协商中产生的不同意见进行抉择，做出明智而健全的判断。由此，我们在九五的爻辞中看到的是对九五的警告：如果"孚于剥"，就危险了！怎么理解这句话呢？九五处于九四和上六两个爻之间。前文已述，九四居大臣之位，能够审慎思考，介然守正，依据理性做出了正确的判断，它本来应该是九五所信任（孚）的对象；与之相对，上六参与协商的态度是不正确的，"引兑"，"引"是引诱、引导，

---

① "孚"是《周易》中的一个重要观念，在卦爻辞中出现 40 余次。《说文》《尔雅》均训"孚"为"信"。在《周易》中，集中论述此一德性的卦为《中孚卦》。《中孚卦》象传曰："中孚以利贞，乃应乎天也。"与《兑》卦象传"说以利贞""顺乎天"颇可互参。

② 程颐：《周易程氏传》，王孝渔点校，332 页，北京，中华书局，2011。

上六不是"顺乎天"，而是试图引导对话朝着对自己有利的方向发展，并且，上六以阴居阴，它会采取各种不正当的手段来实现这一点。"剥"者，阴消阳也，此处的阴当然是指上六。所谓"孚于剥"也就是信任上六。九五的问题是，身处高位，很容易过分自信，以至于独断专行，所以，这时候很容易被上六投其所好的诱惑性建议所迷惑。此时的九五需要在九四所代表的正确意见和上六所代表的错误意见中进行选择，必须以自己的诚，顺天而为，从公共利益出发，如此方能抵御上六的诱惑。正如程颐所言："虽舜之圣，且畏巧言令色，安得不戒也。"① 因此，九五的爻辞警告道：九五如果信任上六，那就危险了，会做出错误的决策！

可见，九二的"孚"和九五的"孚"在含义上是有所差别的。九二的"孚"是协商过程中的"孚"，其基本含义是"诚"；而九五的"孚"则是决策过程中的"孚"，其基本含义是"信"。"诚"是协商应遵循的基本原则，它是协商能够取得建设性成果的保障；"信"是决策过程中对决策者的考验，它是协商成果能够得到有效运用的关键。但二者又有共同之处，那就是"天"，它们都必须以天道为依据。② 在这个意义上，九五的"信"也是以"诚"为基础的，只有"诚"才能感通天地，九五只有"正心诚意"，才能信所当信。

二、和与商：协商的方式和前提

前面我们在讨论象传"刚中而柔外，说以利贞，是以顺乎天而应乎人"时，主要论述了"刚中""利贞"和"顺乎天"之间的关系，并分析了二、五两爻是如何将"说以利贞"具体化为协商所应遵循的原则。下面，我们来分析"柔外"和"应乎人"。

"应乎人"的意思是，不仅我们"说"的内容要合乎天道、应乎民心，而且我们"说"的方式还要顺乎人情。因此，"应乎人"其实有两个方面的要求，其一是应乎民心，这是就协商的议题和内容来讲的，与"顺乎天"是相呼应的，

---

① 程颐：《周易程氏传》，王孝渔点校，334 页，北京，中华书局，2011。
② 通过"诚"来沟通天道与人道的思想，后来在《中庸》中得到充分的发挥："诚者，天之道；诚之者，人之道。"需要说明的是，《周易》"经"中没有用过"诚"字，"诚"字只在"传"中出现过两次，即《乾卦》"文言传"，分别用来解释九二和九三的爻辞。

因为"天视自我民视，天听自我民听"；① 其二是顺乎人情，这是就协商的方式来讲的，它强调协商的方式必须本地化，要用对话双方熟悉的形式、听得懂的语言来进行，才能取得良好的协商效果。《兑》卦的初、三、四、上这四个爻都是在讲这个问题。其中，初、四两爻是从正面立论，三、上两爻是从反面立论。

初九的爻辞是："和兑，吉。"这一爻强调的是，以一种和顺、平和、和而不同的态度来参与协商对话，才是吉利的。初爻以"和"来修饰"兑"，看起来很简单，实则不然，其义蕴非常丰富。首先，初九虽为阳爻，但居兑之初，地位卑下，不会暴戾粗浮，而能够以和顺的态度待人接物，谦以处世，柔以待人；其次，初九虽地位卑下，但阳爻居阳位，为得其位，有"刚中"之德，故能始终保持平和的心态，不卑不亢；② 再次，初九和与之相应的九四均为阳爻，此为无应，无应则无所牵挂、无所羁绊，在协商中可以做到公而忘私，对不同意见不偏不倚、和而不同，这可以有效防止协商中的极化现象，保障协商质量；最后，要做到"和"，一方面要在对话中拿捏好分寸，就像《中庸》所言，"发而皆中节谓之和"；另一方面，要有各种善巧方便，使听者易于理解和接受你的观点。

可以说，初九的"和"是象传所说的"柔外"最重要的一个特征。从初九自身来讲，"和"是协商参与者的个体德性和协商能力的体现；从整个兑卦来讲，"和"则是协商有效进行的前提。尤其是对于那些深度分裂社会的协商而言，"和"是非常难得的一个前提条件。那些经历过内战或存在严重社会分歧的社会，不同派别和立场的人坐到一起，以和平的方式开展协商这一行为本身就是一件了不起的事情。如果他们还能够在此基础上，以和而不同的态度，相互包容、相互尊重、理性协商，那就是双方从冲突走向共识的第一步。③ 因此，兑卦一上来在初爻就将"和"作为一种协商方法提出来是非常深刻的。

九四的爻辞是"商兑未宁，介疾有喜"。我们前面已经对爻辞的含义进行了相关辨析，并提出此处的"商"不能理解为"商量"或"协商"，而应理解为"商

---

① 《尚书·泰誓中》，见（汉）孔安国·（唐）孔颖达：《尚书正义》，廖名春、陈明整理，329 页，北京，北京大学出版社，2000 年。

② 余敦康：《周易现代解读》，289 页，北京，中华书局，2016。

③ 相关论述可以参考：Juan E. Ugarriza and Didier Caluwaerts, ed. Democratic Deliberation in Deeply Divided Societies：From Conflict to Common Ground，Palgrave Macmillan，2014.

度"，也就是斟酌、权衡、考量。斟酌的内容是不同来源、不同立场的各种材料和观点，以及每种观点背后的理据；权衡的依据则是天。这其实是对话的前提和基础。《兑》卦的这一思想与当代协商民主的基本理念不谋而合。

按照协商民主的理论，"协商"一词包含两个层面的含义，一是慎思，即在个体自身对议题进行审慎的思考（deliberation within）；二是对话，即个体之间就所关心的议题进行理性的讨论（deliberation with each other）。这两层含义之间是有关联的，理性的讨论建立在审慎思考的基础之上，必须以个体的慎思为前提，而不是仅仅在讨论中表达未经反思的个体偏好。反过来，理性的讨论又会促使参与者对该问题进行反思，让他有可能改变其最初的看法。这其实蕴含着协商民主理论的核心诉求：民主不是简单的对既有的偏好进行聚合的过程，而是可以通过协商转化个体的偏好，从而将决策建立在更为理性的基础之上。[1] 尽管我们不能说《兑》卦提出了协商民主的思想，但《兑》卦九四确实指出了协商（不管是不是民主的）中非常重要的一个面向——慎思，并且强调了慎思的原则——介然守正，不为各种片面的信息或偏私的观点所诱惑，站在公共利益的角度来思考问题。

需要说明的是，无论是慎思作为协商的基础，还是介然守正作为慎思的原则，都是一种普遍性的要求，是所有参与协商的人都应遵循的基本规范。《兑》卦将这一要求放在九四中来加以表述是有深意的，因为九四乃宰辅大臣之位，是最终决策之前的最后一道关口，九四必须承担看门人的角色。即使其他的人（如六三和上六）做不到"商兑"和"介疾"，九四必须做到。九四这一关如果失守，九五在决策之时就只能基于错误的信息，从而导致决策失误。

三爻和上爻的爻辞则从反面讨论了两种需要防范的错误协商方式。

六三的爻辞是"来兑，凶"。"来"是迎合，"来兑"就是以谄媚逢迎的方式展开对话。为什么这么讲呢？从爻象上观察，六三阴爻居阳位，不中不正，处上兑下兑之间，对不同的观点左右逢迎，有柔外之态而无刚中之德。这当然是有问题的。问题在哪里呢？主要有两个方面，其一，在对话中不表达自己真

---

① 关于慎思的研究，可以参考：Goodin R E. Democratic Deliberation Within. Philosophy and Public Affairs, Vol. 29, No. 1, 2000. 81～109。中译见罗伯特·古丁：《内在的民主协商》，载詹姆斯·菲什金、彼得·拉斯莱特编：《协商民主论争》，张晓敏译，57～83 页，北京，中央编译出版社，2009。

实的意见，单纯迎合他人的意见，这一方面不符合协商"孚"的原则，另一方面也无法达到朋友讲习"相益"的效果。众所周知，协商的目标是通过协商来实现信息的汇集，通过观点的碰撞，激发出新的想法，同时让协商的参与者从不同观点的碰撞中受益，帮助自己转化既有的偏好。如果参与者一味迎合他人，既对他人无益，又无助于新的观点和想法的产生，这是达不到协商的效果的。其二，在对话中单纯迎合他人的意见，可能导致对话中的极化现象。换言之，来兑不惟无益，并且有害，这才是断语"凶"的含义。

上六的爻辞是："引兑。""引"字各家解释有异①，有人将其理解为引导或引诱②；也有人将其理解为引荐③；还有人将其理解为引而长之④。本文赞成第一种解释。上六以阴爻居阴位，这可以从三个方面来理解：①阴爻，其目的不正。②以阴居阴，引诱的手段非常隐蔽。这一点与六三不同，六三是公开的。③处六爻之位，为一卦之终，非常高明，无所不用其极。我们将其置于对话的场景之中，"引兑"就是在对话中试图通过各种隐蔽的手段，巧言令色，引导对话朝着对自己有利的方向发展，而不是出于公共利益的角度，摆事实、讲道理。从协商的角度来讲，它违背了"刚中"的要求，所以象传对它的评价是"未光也"，这样的做法在动机上是不光彩的，在效果上也是不会成功的，九五不会受其引诱。

如果说六三是回音室式的对话姿态的话，那么，上六则是独白式的对话姿态，其目的只是要他人接受自己的观点，而不是观点之间的交流和碰撞，这就失去了协商对话的作用。但是，六三和上六也有共同点，它们都是"说"不以道，没有"孚"作为基础，都背离了"兑"之道，是协商中需要反对的两种错误倾向。

---

① "引"字在《周易》爻辞中仅见两处，除兑卦上六外，只有萃卦六二："引吉，无咎，孚乃利用禴。"对于萃卦中的"引"字，各家基本没有分歧，都将其理解为"牵引"或"援引"，也就是说，尽管六二理应萃于九五，但六二不能主动前往，需待九五来援引它，如此方可得吉。

② 王弼的解释是"引导"，张善文将其翻译为"引诱"。黄寿祺、张善文：《周易译注》，430页，北京，中华书局，2016。余敦康先生认为，上六之"引兑"即六三之"来兑"。余敦康：《周易现代解读》，291页，北京，中华书局，2016。这一观点欠妥，在笔者看来，上六和六三的含义正好相对，是两个极端。

③ 马恒君：《周易辩证》，576页，石家庄，河北人民出版社，1995。

④ 程颐：《周易程氏传》，王孝渔点校，334页，北京，中华书局，2011。

第三节　"说之大"：协商的功能与作用

协商不是谈话秀，也不是学术讨论，其目的是政治行动，是为了影响决策。[①]
因此，协商不仅有时间约束，而且追求实践效果。《兑》卦的象传和象传分别
从决策和决策执行两个方面讨论了协商的功能和作用。

一、"朋友讲习"：协商提高决策质量

《兑》卦的象传从决策的角度揭示了协商提高决策质量的功能。现代协商
民主理论在讨论协商之功能时主要有两个方面，一是强调协商能汇集多样化的
信息和多元的社会视角，从而提高决策质量；二是强调其公民教育的作用，认
为协商能提升公民政治效能感、塑造积极公民，能推动公民对自身偏好进行反
思。有意思的是，易学家们在阐释《兑》卦象传时恰好也是从个体和集体两个
方向展开的。

象传曰"丽泽，兑，君子以朋友讲习"，"丽泽"和"朋友讲习"一从自
然，一从人事，阐释的其实是一个道理——"相资相益"。但是，在解释如何"相
资相益"时，易学家们分道扬镳了。其中的一个方向是从个体着眼，认为受益
者是个体。如程颐认为："两泽相丽，交相浸润，互有滋益之象。故君子观其象，
而以朋友讲习。朋友讲习，互相益也。"[②]后儒多引《论语》首章来发明《兑》
卦象传之意，如俞琰在解释"滋益"就指出，"如两泽之相丽也，若独学无友，
则孤陋而寡闻，故《论语》以学之不讲为忧"。[③]程颐、俞琰都强调"朋友讲习"
的作用是参与者个体的提升。

另外一个解释方向是从集体角度着眼，以船山先生为代表，认为受益者是
集体决策。船山先生首先对"丽泽"进行了解释，他认为《兑》卦的上卦和下
卦均为"兑"，但"重兑之卦，不可以上下言，而取象于两泽之左右并行者，
为丽泽焉"，[④]也就是说，我们不能将上兑下兑看作是上下的关系，就像地表

---

① 埃米·古特曼、丹尼斯·汤普森：《审议民主意味着什么？》，载谈火生编：《审议民主》，
3 ~ 47 页，此处见 6 页，南京，江苏人民出版社，2007。

② 程颐：《周易程氏传》，王孝渔点校，331 页，北京，中华书局，2011。

③ 李光地：《周易折中》，李一忻点校，511 页，北京，九州出版社，2002。

④ 王夫之：《周易内传》，李一忻点校，372 页，北京，九州出版社，2004。

水和地下水一样，而应该将其理解为同一平面的并列关系，即"左右并行"。那么，左右并行的两泽如何才能相丽呢？船山先生认为，"两泽并流，有若将不及而相竞以劝于行之象。然其归也，则同注于大川以致于海"。① 在此，船山先生区分了三种形态的水：泽、川、海。兑当然是泽，重兑是两泽。两泽并流，从表面上看，二者之间的关系似乎是"不及而相竞"，所谓"不及"就是不合，"相竞"就是并行不悖、相互竞争。但是，船山先生紧接着指出，就其归宿而言，二者会通过大河而同归于海。这就像洞庭湖和鄱阳湖，两泽并流，相隔千里，但是，它们都通过长江汇入东海。因此，两泽相丽的"丽"，不是通过程颐所说的"交相浸润"来实现的，而是通过"相竞"而相合来实现的，其"丽"表现在它们最后都同归于大海，在大海中交融交流，合而为一。丽泽强调的不是交流对于两泽本身的贡献，而是两泽交流交融对于一个新的集体（大川、海）的贡献。

在此基础上，船山先生对"朋友讲习"进行了全新的阐释。他首先指出"朋友讲习"的目标是"圣人之道"："君子之道，学之者一以圣人为归。"② 朋友讲习是通过相互"论难"，使之"皆至于圣人之道"。所谓的"圣人之道"所对应的就是前面的"大海"之喻。在此，需要注意的有两点，其一，讲习的原因是因为每个人由于"博约文质、本末先后之异趋"，他们对圣人之道的理解是有差别的，"相与讲习"可以防止每个人"专己而成乎私意"；③ 其二，讲习的目的不是每个人知识上的增长，而是"皆至于圣人之道"。留意此处的"皆"字，强调的是"共同"达致对圣人之道的正确理解，就像"丽泽之不相后而务相合也"。

在树立起这一客观的目标之后，船山先生进一步指出了达致这一目标的手段——"相与讲习"。他指出，讲习的方式是"各尽其说以竞相辩证"。需要注意的是，尽管在讲习之时"争先求胜而不相让"，但其目的是贯通，是"相合"。船山先生还以战国时期的稷下元老淳于髡和名家代表人物公孙龙为例指出，像他们那样"务以口说相竞，流而不及"，④ 只能称之为"佞人"，是不足取的。

---

① 王夫之：《周易内传》，李一忻点校，372 页，北京，九州出版社，2004。
② 王夫之：《周易内传》，李一忻点校，372 页，北京，九州出版社，2004。
③ 王夫之：《周易内传》，李一忻点校，372 页，北京，九州出版社，2004。
④ 王夫之：《周易内传》，李一忻点校，372 页，北京，九州出版社，2004。

换言之，协商的目的是寻找最大公约数，是寻求共识，而不是为了争强好胜，将一己私意凌驾于众人之上。如此，方可通过讲习求同存异，逐渐趋于圣人之道。当然，要做到这一点，"朋友"这个前提非常重要，只有平等的资格、共享的知识背景、共同的志趣和目标等条件得到满足，真正的协商才有可能。否则，极有可能堕为淳于髡、公孙龙之流。

笔者认为，船山先生的解释是非常富有启发性的。考虑到《周易》在传统经学中的地位，它是为从政者所作，而非为普通民众所作，其政治性是非常强的。因此，船山先生的解释思路是更为合理的，此处"朋友讲习"的意象强调的是协商对于提高决策质量的作用，所谓"讲多则义理明"，而不仅仅是参与者自身的提升，尽管它肯定有这方面的作用。船山先生的解释思路的优势在于，它可以有效打通象传和彖传。如果仅仅将"朋友讲习"理解为对于参与者个体有滋益之功的话，那么，我们很难理解彖传中"民忘其劳""民忘其死"的作用是如何产生的。如果说"朋友讲习"的主要功能是提升决策质量，从而制定出科学合理的决策，那么，正确的决策得到人民的拥护，"民忘其劳""民忘其死"也就顺理成章了。

需要稍做补充的是，船山先生此处的解释重心在于"讲"，对"习"则未曾留意。从象数上讲，"讲"取兑口之象，"习"取重兑之象。讲是相互辩难，目的是求知；习是实际践履，目的是实行。从政治实践上讲，讲习不仅强调通过"讲"来提升决策质量，而且强调通过"习"来推动决策的执行。就此而言，象传和彖传的思想是统一的。二者的区别在于，彖传中的"习"强调的是统治阶层内部在决策执行层面的统一，而彖传强调的则是统治阶层对普通民众的引导，以降低决策执行的成本。

二、"民劝矣哉"：协商强化政治认同

《兑》卦的彖传从决策执行的角度揭示了协商强化政治认同的功能。彖传在对"兑"的内涵进行界定之后，首先阐述了协商的基本原则，然后从决策执行的角度称赞了协商的作用："说以先民，民忘其劳。说以犯难，民忘其死。说之大，民劝矣哉！"

"说之大，民劝矣哉！"这是对协商之功能的总体评价。但是，如何理解"劝"字？它是指"民"被"劝"，还是指"民自劝"？这是两个不同的解

释方向。释"兑"为"悦"者一般倾向于从"民自劝"的角度来加以理解，劝者，勉也，即民众自我勉励。[1] 而释"兑"为"说"者，则倾向于从"劝民"的角度来加以理解，劝者，劝导、说服。用我们今天的话来说，就是做思想工作。那么，究竟应该如何来理解"劝"字的含义呢？

《周易》中"劝"字共出现三处，除了《兑》卦的象传之外还有两处。一处在《井卦》的象传中："木上有水，井。君子以劳民劝相。"对于此处的"劝"字，几乎所有的研究者都将其解释为"劝民"，即对民众进行劝勉、劝导、劝诱。[2] 还有一处是在《系辞下》中，对《噬嗑卦》初九的发挥："子曰：'小人不耻不仁，不畏不义，不见利不劝，不威不惩。小惩而大诫，此小人之福也。'《易》曰：'屦校灭趾，无咎。'此之谓也。"此处的"劝"，各家解释不一。现代的学者多将其理解为"勤勉""努力"。[3] 但古代的学者则多从被动的意义上来理解，如《日讲周易解义》明确指出，此处是"明人君当惩戒小人，使之远于罪戾"。惩戒的办法有两个，一是晓之以利；二是施之以威。"不见利不劝"的意思是，小人看不到利害关系是不会接受劝导而行仁义之事的。[4] 结合整个这一段来看，古人的解释更有道理，因为此处所讲并非立足于小人，其视角是人君。其着眼点是如何让"喻于利"的小人能不违背仁义的要求，而不是让小人能"喻于义"。因此，此处的"劝"不可能是小人能主动地"勤勉""努力"，以行仁义。如果我们此处对于《系辞下》的解释是成立的，则"劝导"应该是《周易》中"劝"字的基本用法。尽管杨万里认为"劝民与民自劝，相去远矣"[5]，但这并不意味着二说之间全不可通，事实上，劝民的最高境界就是达到民自劝

① 黄寿祺、张善文：《周易译注》，426 页，北京，中华书局，2016。高亨：《周易大传今注》，350 页，济南，齐鲁书社，1998。

② 金景芳、吕绍纲：《周易全解》，339 页，长春，吉林大学出版社，1989；牛钮等：《日讲周易解义》，李升召标点注释，388 页，海口，海南出版社，2012；余敦康：《周易现代解读》，240 页，北京，中华书局，2016；黄寿祺、张善文：《周易译注》，355 页，北京，中华书局，2016。

③ 黄寿祺、张善文将其译为："不看见利益就不愿勤勉。"黄寿祺、张善文：《周易译注》，520 页，北京，中华书局，2016；马恒君将其译为："不见到利就不会努力。"马恒君：《周易辩证》，640 页，石家庄，河北人民出版社，1995。

④ 牛钮等：《日讲周易解义》，李升召标点注释，567 页，海口，海南出版社，2012；船山先生讲得很明白："不耻不仁，故必利以劝之；不畏不义，故必威以惩之。"王夫之：《周易内传》，李一忻点校，490 页，北京，九州出版社，2004。

⑤ 杨万里：《诚斋易传》，何善蒙点校，201 页，北京，九州出版社，2019。

的效果。本文要强调的是，劝导、说服仍然是劝的本义，自勉、自强是引申义。据此，"说之大，民劝矣哉！"的意思是说，兑之道多么伟大啊，它可以有效地引导和说服民众。

具体而言，协商的引导和说服作用又包含两个层次：第一，协商提高民众的政策认同；第二，协商提高民众对政治共同体的认同。"说以先民，民忘其劳。说以犯难，民忘其死"这两句话看似讲的是两件事，实则互相呼应、互相阐发，必须结合起来看。

在本章的第一节，我们已经对这句话中的"说"字的含义进行了考证，在此，还需继续做一点考证的是"先"字。在历代的注释中，"先"字有两解。第一种解释是"在先"，即先后之先，做副词。金景芳、余敦康、黄寿祺、马恒君等均持此说。[①] 第二种解释是"引导"或"率领"，做动词。高亨先生认为，"先民"即"以悦民之道导民前进"；[②]《日讲周易解义》的解释是："本此悦道之正，率民以趋事。"[③]

如果从现代协商民主的角度出发，我们很容易倾向于第一种解释，将"说以先民"理解为在开展工作之前，先与民众开展协商，征求民众的意见。但这样的解释太过于现代，我们必须保持克制，不能过度阐释。尽管本文的基本立场是从协商民主的角度出发对《兑》卦进行重新阐释，但是，本文仍倾向于第二种解释。主要的理由是基于语法上的考虑。"说以先民，民忘其劳。说以犯难，民忘其死"这两句话是对偶，它们遵循的应该是同样的语法结构。换言之，"先民"和"犯难"应该是同样的语法结构。"犯难"非常清楚，"犯"是动词，"犯难"是动宾结构，这一点应该是没有什么异议的。因此，"先民"也应该是动宾结构，"先"应该是动词。并且，结合释"兑"为"说"，将"先"理解为"引导"而不是"率领"更为合理。

在解决了这一问题后，我们再回头来看"说以先民，民忘其劳。说以犯难，民忘其死"，它其实说了两个层面的问题："民忘其劳"针对的是一般性的公

① 金景芳、吕绍纲：《周易全解》，410 页，长春，吉林大学出版社，1989；余敦康：《周易现代解读》，288 页，北京，中华书局，2016；黄寿祺、张善文：《周易译注》，426 页，北京，中华书局，2016；马恒君：《周易辩证》，573 页，石家庄，河北人民出版社，1995。
② 高亨：《周易大传今注》，349 页，济南，齐鲁书社，1998 年，第 349 页。
③ 牛钮等：《日讲周易解义》，李升召标点注释，456 页，海口，海南出版社，2012。

共事务，"民忘其死"针对的则是非常重大的公共事务，尤其是与战争相关的事务。如果说前者所需要的是民众对公共政策的认同，那么，后者所需要的则是对政治共同体的认同。这二者之间当然存在一种递进关系，象传要强调的就是协商能有效塑造民众的政治认同，即使面对生命危险亦在所不辞，更不用说一般性的公共事务了。之所以将"犯难"之"难"理解为非常重大的公共事务，尤其是与战争相关的事务，当然与后面的"民忘其死"有关，但更重要的是在《周易》写作的时代，"国之大事，在祀与戎"。① 从政治学的角度来讲，民众在一般性公共事务中能够"忘其劳"，这是建立在民众对公共政策的认同基础之上；民众在战争等险难中能迎难而上"忘其死"，这是建立在民众对政治共同体的热爱的基础之上。

需要注意的是，此处的"说"与"朋友讲习"中的"讲"在方式上是有所差别的。"朋友讲习"中的"讲"是统治阶级内部平等主体之间的讨论，尤其是宋儒所推崇的君臣共治形态下的理想的"公议"，其基本方式是摆事实、讲道理，通过真诚的交流，就公共事务达成共识。而"说以先民""说以犯难"中的"说"则是统治阶级对民众的"说服"，它除了摆事实、讲道理之外，可能要更多地诉诸修辞手段、诉诸情感。尤其是在塑造民众对政治共同体的认同时，这些成分会更多。当然，这并不是说在"公议"中就不会使用修辞、情感等元素，而是说在"公议"中会相对较少。②

第四节　《兑》卦对当代协商民主建设的启示

前面我们以"对话"为中心线索对《兑》卦进行了重新阐释。象传和象传解题，用"朋友讲习"这一基本形象来界定协商，然后阐释对话应该遵循的基本依据及其重要意义；在六爻中，不仅确定了对话的基本原则，而且通过具体情境从正反两面阐释了对话的方法。

---

① 杨伯峻编著：《春秋左传注》（第二册），3 版，861 页，北京，中华书局，2009。
② 关于这个问题，当代的协商民主理论有很多讨论。可以参考：林·M.桑德斯：《反对审议》，载谈火生主编：《审议民主》，323～354 页，南京，江苏人民出版社，2007；艾丽斯·杨：《包容与民主》，彭斌等译，第 2 章，南京，江苏人民出版社，2013；莎伦·克劳斯：《公民的激情：道德情感与民主审议》，谭安奎译，上海，译林出版社，2015。

当然，我们也不能过度阐释，将《兑》卦解读为一种古典形态的协商民主理论，就像我们不能将亚里士多德的"宴会之喻"解读为古典形态的协商民主思想一样。[①]《兑》卦所展示的当然不是一种民主的图景，无论是象传中的"朋友讲习"，还是象传中的"说以先民"，都有非常浓厚的精英色彩，完全缺乏现代协商民主理论所追求的大众协商理想；同时，《兑》卦也没有哈贝马斯式的双轨制协商民主构想，更没有强调大众协商对于正式制度的导引作用。这既不奇怪，也没有什么好遗憾的，因为协商观念在西方也一直具有非常浓厚的精英色彩，直到 1980 年代才开启了与大众民主的艰难结合之旅。[②]

但是，我们确实可以将《兑》卦所展示的图景称之为协商，并且是政治性质的协商，而不是日常意义的协商。这是它可以成为我们今天协商民主建设之思想资源的原因。笔者认为，《兑》卦起码在以下三个方面对社会主义协商民主建设和协商民主理论的发展具有启发意义：

第一，《兑》卦提醒我们应该更加全面地理解协商的内涵。根据我们前面的考察，作为"说"的"兑"起码有三种不同的表现形式：其一，九四"商兑"中的个体慎思，这种形式的"兑"，其实是发生在个体之中，而不是个体之间，是个体内心的对话，也就是斟酌、权衡和考量。其二，政治精英（尤其是君臣）之间的"说"（shuō），它在《兑》卦中表现为象传中的"朋友讲习"。这是一种平等而真诚的对话，旨在通过对话达成"顺乎天"的政治共识。其三，精英与大众（即君民）之间的"说"（shuì），它在《兑》卦中表现为象传中的"说以先民""说以犯难"。这是一种面向民众的政治沟通，旨在通过"应乎人"的对话进行有效的政治动员。

相对而言，中国的协商民主研究比较重视后面两种，尤其是第三种，而在一定程度上忽视了第一种形式的协商。这一倾向所带来的问题是，它忽视了协商的反思性。协商民主兴起的一个重要原因是，传统的民主形式仅仅满足于对民众的既定偏好进行聚合，而缺乏对偏好进行理性的反思。忽视协商的第一个面向，可能会误将协商仅仅视为一种民意表达形式，从而背离协商民主的初衷。

① 谈火生：《亚里士多德的"宴会之喻"是民主的认识论证明？《政治学》第三卷第 11 章解读》，载《政治学研究》，2019（3），57～68 页。
② 约·埃尔斯特主编：《协商民主：挑战与反思》，周艳辉译，导言，北京，中央编译出版社，2009。

与之相对，西方的协商民主理论比较重视前面两种，而在一定程度上忽视了第三种形式的协商。这一倾向所带来的问题是，它忽视了协商成果的落实，过于注重协商本身和协商对决策的影响，而没有看到协商在决策执行过程中的作用。如果本文的解释能够成立，则"兑"不仅包含西方的"deliberation"一词两方面的含义——慎思和讨论，而且包括"deliberation"一词没有的含义——说服，即政策执行过程中的政治沟通和社会动员。尽管它不是民主的，但它确实是一种更为全面的协商观念。

第二，《兑》卦提醒我们应该立足于系统的观点来看待协商民主建设。协商系统（deliberative systems）理论是协商民主理论近年来新的发展趋势。① 从理论发展脉络来讲，30 多年来，协商民主理论的发展经历了四个阶段，即第一代提出规范性理想、第二代转向经验研究、第三代关注制度构建、第四代集中在系统建设。② 协商系统理论关注的核心问题是不同协商领域之间的相互衔接，以及协商与决策之间的衔接。通过前面的分析，我们发现《兑》卦不仅已经提出了协商系统的思想萌芽，而且对当代协商系统理论不无裨益。

首先，《兑》卦提出了协商与决策之间的相互衔接问题。兑卦的六个爻，下面三爻代表的是协商阶段，上面三爻代表的则是决策阶段。除六三和上六是对错误协商倾向的批评之外，其余四个爻分别承担着不同的角色。初九和九二属于一般的协商者；九四居大臣之位，是守门人，需要对协商提出的不同意见进行权衡和筛选，供决策者参考；九五居君位，是决策者，他需要根据天道原则对协商成果进行处理，做出最后决策。可以说，在《兑》卦所勾勒的协商图景中，政治体系中不同地位的人具有不同的职责，他们各司其职共同完成从协商到决策的过程。

其次，《兑》卦不仅注重协商与决策之间的衔接，而且注重决策的执行问题，当代协商系统思想可以从中汲取营养。《兑》卦象传强调协商可以降低决策执行成本，推动决策的有效执行，有效的政治沟通和社会动员，可以达到"民忘其劳""民忘其死"的效果。而当代西方的协商系统思想尚未注意到政策执行中的协商问题，还停留在如何实现协商对决策产生影响这个阶段。但是，从

---

① John Parkinson，Jane Mansbridge. Deliberative Systems：Deliberative Democracy at the Large Scale. Cambridge University Press，2012.

② 谈火生：《协商民主理论发展的新趋势》，载《科学社会主义》，2015（6），10 ～ 16 页。

协商到决策，再到决策的执行，这是一个系统工程，不可分割开来。就此而言，《兑》卦对当代协商系统理论的进一步深入是具有启发意义的。

最后，《兑》卦提醒我们应该深刻地认识协商过程的复杂性。前文已述，当代协商民主理论迄今已经经历了四个发展阶段，从第二代经验研究转向开始，学界就认识到，从规范性理想到现实的操作存在诸多困难。现实政治生活中的协商不可能具备哈贝马斯所设想的"理想沟通情境"，参与协商的人也不一定都是君子，都能秉持理性的立场、具备协商的能力，他们很多时候不一定能够将公共利益置于私人利益或集团利益之上。[①] 有意思的是，对于这一问题，《兑》卦早就进行了警示，它花了三分之一的篇幅（六个爻中的两个爻）来讨论协商可能出现的错误倾向。在《兑》卦看来，尽管理想的协商是君子观"丽泽"之象而行"朋友讲习"，但是，在现实中总是会有小人与之背道而驰，其具体表现就是六三的"来兑"和上六的"引兑"。[②]

"来兑"就是以谄媚逢迎的方式展开对话，不惟无益，而且有害。其危及协商的原因在于，"来兑"会导致协商出现桑斯坦所说的极化现象。也就是说，当人们以逢迎的方式开展协商时，它会强化参与者既有的偏好，并使之走向更为极端的观点。[③] 如此一来，协商不仅无助于增进共识，相反，它会进一步加剧社会分歧。这是协商必须加以防止的，否则协商就失去意义了。与之相对，"引兑"则是试图操纵对话，引导对话朝着对自己有利的方向发展。这就从根本上违背了协商的原则，既不是以公共利益为归依，也不是以"更佳论证"为判准。这样的协商一方面会导致协商中的虚假认同，另一方面则会让利益集团以协商之名行游说之实。如此一来，协商不仅不能提出更为合理的政策选项，反而为利益集团操纵政策议程大开方便之门。有鉴于此，《兑》卦九五提出了相应的

---

① 相关研究可以参考：林·M. 桑德斯：《反对审议》，载谈火生主编：《审议民主》，323～354 页，南京，江苏人民出版社，2007；Ian Shapiro. Enough of Deliberation: Politics is About Interests and Power. In: S Macedo, ed. Deliberative Politics Politics: Essays on Democracy and Disagreement. Oxford University Press, 1999. 28～38.

② 宋儒程颐、杨万里和今人金景芳、余敦康都明确地将六三和上六界定为"小人"，以与君子相对。程颐：《周易程氏传》，王孝渔点校，332 页，北京，中华书局，2011；金景芳、吕绍纲：《周易全解》，411 页，长春，吉林大学出版社，1989；余敦康：《周易现代解读》，290 页，北京，中华书局，2016。

③ 卡斯·桑斯坦：《团体极化法则》，载詹姆斯·菲什金、彼得·拉斯莱特主编：《协商民主论争》，张晓敏译，84～106 页，北京，中央编译出版社，2009。

防范措施，提醒协商的主持者和决策者提高警惕，在协商和决策过程中坚持诚孚，按照天道原则，对协商过程进行调节，对协商成果审慎抉择，从而保证协商的真实性和有效性。

可以说，《兑》卦对协商过程的复杂性有清醒的认识，它秉持"孤阴不生、孤阳不长"的基本理念，充分认识到在现实政治生活中既不可能没有小人，也没必要根除小人，关键的问题是如何领导和引导小人，如何保证"阳"所代表的积极力量在协商和决策中的主导性地位。就此而言，《兑》卦其实提出了当代协商民主研究中一直被忽视的两个问题：领导在协商中的地位和作用问题①，以及如何处理协商中的私利（self-interest）问题②。其阴阳互根的基本原理对于我们思考这些问题是非常有启发性的。

---

① Kuyper, Jonathan W. Deliberative Democracy and the Neglected Dimension of Leadership. Journal of Public Deliberation, Vol. 8, Iss. 1, 2012, Article 4.

② Mansbridge, Jane, James Bohman, Simone Chambers, David Estlund, Andreas Follesdal, Archon Fung, Cristina Lafont, Bernard Manin, José Luis Martí. The Place of Self-interest and Power in Deliberative Democracy. The Journal of Political Philosophy, Vol. 18, No. 1, 2010. 64 ～ 100.

第八章 《周易程氏传》中的君臣共治
——以四、五爻为中心的讨论*

　　君臣关系是中国传统政治思想的一个重要主题。在中国的政治著述中，几乎所有的作品都或多或少地会涉及这一主题，并且一般都会将其安排在比较重要的位置。[①] 相比之下，君臣关系在西方的政治论述中处于一个比较次要的位置，在《政治学》中，亚里士多德在专门论述君主制的第三卷第 14 ～ 17 章中，对君臣关系基本未置一词；即使是在《君主论》中，马基雅维利也是到了全书快结束的第 22 ～ 23 章，才花了几页纸的篇幅来讨论君臣关系，并且只从君的视角来观察，根本没有考虑臣的视角。由此可见，君臣关系是中国传统政治思想中的一个非常有特色的论题。

　　在传统君臣关系的论说中，有两个基本的范式，即"乾纲独断"的绝对主义范式和"君臣共治"的相对主义范式。前者以法家为代表，后者以儒家为代表。[②]从历史的发展来看，这两种范式长期以来处于相互竞争的状态。在先秦时代，儒家论君臣关系完全是对待性的，正如孟子所言，君臣义合，否则即为"妾妇之道"（《孟子·滕文公下》）。在义的前提下，君臣共同参与宇宙秩序和社会政治秩序的构建和维续。但是，到了秦汉以后，由于受到法家君尊臣卑和阴阳家扶阳抑阴观念的影响，君权日益高涨，而有了"君为臣纲"的讲法，于是，君臣关系转变为一种绝对的服从关系。唐宋转型之际，宋代理学重新回归先秦"君臣义合"的思想传统，强调君和臣均需统摄于道义之下，不可片面地强调

＊　本章曾发表于《复旦政治学评论》第 21 辑，169 ～ 201 页，上海，复旦大学出版社，2019。
①　例如，先秦时期的《孟子》《荀子》《韩非子》、汉代的《淮南子》《春秋繁露》、唐代的《贞观政要》、明代的《大学衍义补》、清代的《明夷待访录》均将君臣关系作为重要的主题来加以论述。
②　余敦康：《易学与中国政治文化》，载余敦康：《中国哲学论集》，456 ～ 470 页，此处 459 页，沈阳，辽宁大学出版社，1998。

臣对君惟命是从，"君臣共治"重新成为政治论说的基调。

在关于君臣共治问题的研究中，《周易程氏传》没有得到应有的重视。事实上，程颐作为宋代理学兴起的关键人物，在君臣共治思想的发展中发挥了极为重要的作用。作为程颐唯一的一部著作，《周易程氏传》在其中的地位是不应被忽视的。他的弟子尹焞曾言："先生平生用意，惟在《易传》，求先生之学者，观此足矣。"① 但是，从既有的研究来看，相关研究非常薄弱。据笔者有限的阅读，只有余英时的《朱熹的历史世界》、余敦康的《汉宋易学解读》、唐纪宇的《程颐〈周易程氏传〉研究》、李璐楠的《〈周易程氏传〉之"中"与"正"》和姚季冬的《程颐君臣观的治道意蕴》对此有专门的讨论。② 但这几项研究均未注意到《周易》这一文本的特殊性在阐述君臣关系时所具有的优势，因而没有充分考察程颐在充分利用这一优势来进行阐释时所展示出来的丰富性。余英时和姚季冬通过对文本的解读梳理出君臣共治的基本逻辑，但是，他们没有注意到不同的爻位关系所构成的各种复杂的情境；唐纪宇和李璐楠注意到程颐利用二爻、五爻的关系来阐释君臣关系，但是，他们没有注意到程颐在阐释君臣关系时并没有局限于二爻、五爻，而是将六个爻均纳入考量。

据笔者初步统计，《周易程氏传》在对 64 卦的解释中，约有 45 卦涉及君臣关系。其中，涉及二爻、五爻的有 20 卦，涉及四爻、五爻的有 24 卦，涉及三爻、六爻的有 10 卦。很多时候，他会将几个爻放在一起来加以讨论。因此，仅以二爻、五爻为中心来概括程颐的君臣共治思想是有很大局限性的。

本章拟以四爻、五爻为中心来讨论《周易程氏传》中的"君臣共治"思想，这一方面是由于此前没有人从这个角度切入来加以讨论；另一方面也是因为四爻、五爻在君臣关系中处于特殊的地位，因为五爻为君位，四爻则为宰辅大臣之位。如果说二爻、五爻反映的是一般意义上的君臣关系的话，那么，四爻、五爻反映的则是宰辅大臣与君主之间的关系，它是君臣共治中最为重要的内容。如果我们考虑到程颐"天下治乱系宰相"的基本立场的话，四爻、五爻的关系

① 程颢、程颐：《二程遗书》，潘富恩点校，404 页，上海，上海古籍出版社，2000。
② 余英时：《朱熹的历史世界》，"绪说"5.5"程氏《易传》中的政治思想"，157～172 页，北京，生活·读书·新知三联书店，2004；余敦康：《汉宋易学解读》，第 14 章"程颐的《伊川易传》"，北京，中华书局，2017；唐纪宇：《程颐〈周易程氏传〉研究》，第 6 章，北京，人民出版社，2016；李璐楠：《〈周易程氏传〉之"中"与"正"——从"道"与"势"、"德"与"位"及君臣关系的角度看》，载《河北学刊》，2015（4）；姚季冬：《程颐君臣观的治道意蕴》，载《政治思想史》，2018（3）。

就更为重要了。本章的讨论分为五个部分：第一至第四部分从四爻、五爻不同的组合来分类考察在不同的情境下君臣共治的可能性；在论文的最后部分，本章将在前面讨论的基础上，对程颐君臣共治思想的基本特点进行总结。

众所周知，《周易》文本的特殊性就在于，它透过 64 卦和 384 个爻，形成了一套错综复杂的体系，不同的卦之间、同一卦不同的爻之间构成了一个个具体的情境。因此，君臣共治的大原则在具体的情境之中如何加以运用就是一个大问题。这一特殊的文本形式，也使得程颐在讨论君臣共治的理想时将很多现实的因素纳入考量，从而形成了一个丰富的解释传统。

《周易程氏传》中共有 24 卦在讨论四爻、五爻时涉及君臣关系。由于爻有阴阳之分，因此，从理论上讲，四爻、五爻之间的关系就存在四种可能的组合，每一种组合都代表了特定类型的君臣关系。在下面的四节中，我们就分别就这四种组合的君臣共治形态进行分析（见表 8-1）。

表 8-1　《周易》中君臣共治的四种理想类型

五　爻 ＼ 四　爻	阳　爻	阴　爻
阳爻	1. 圣君贤臣	3. 圣君明臣
阴爻	2. 庸君贤臣	4. 弱主常臣

第一节　圣君贤臣：君臣协力与君臣之分

第一种类型为阳阳组合，即四爻和五爻均为阳爻。从理论上讲，出现这种情况有两种可能性，即上卦为乾卦或兑卦。但是，检视《周易程氏传》的文本，上卦为乾卦的八个卦中，程颐在阐释四爻和五爻时，均未涉及君臣关系。而在上卦为兑卦的八个卦中，有四个卦在阐释过程中涉及君臣关系，它们分别是大过、革、随、萃。其中，《大过卦》和《革卦》主要涉及政治变革时期君臣如何同心协力；《随卦》和《萃卦》则讨论了一个很特殊的问题：能力超群的贤臣可能功高盖主，如何处理君臣关系方能保持政治团结。

一、君臣协力

《大过卦》和《革卦》所面临的形势是一种"非常时刻"，程颐用"尧舜之禅让、汤武之放伐"来形容这种"世人所不常见"的"大过于常"的历史时刻。①

《大过卦》的形象是栋梁不堪重负而弯曲，整座大厦面临倾覆的危险。在此艰难处境之下，如何挽大厦于将倾？这就需要有大过人之才能与德性，方能力挽狂澜。在《大过卦》中，代表君的九五以中正居尊位，承担着转化局势的主要责任，可惜，由于受特定条件的限制，成效不大，非不为也，是不能也。②因为与之相应的九二为阳爻，"下无应助"，"不能成大过之功"。③而代表臣的九四"居近君之位，当大过之任者也"，其"以刚处柔"，正得其宜。九四要协助九五力挽狂澜，就必须心无旁骛，全力以赴。程颐结合爻辞中的"有它吝"解释道："有它谓更有它志"，"四与初为正应，志相系者也。九既居四，刚柔得宜矣，复牵系于阴，以害其刚，则可吝也。"④也就是说，当大过之时，九四牵系初六，尽管二者为正应，但这种牵系也会对九四力挽狂澜的任务形成干扰。后来，清代的《日讲易经解义》对此进行了发挥："四能胜大过之任，而不可昵于私应也"，"夫所贵大臣者，以其正色立朝，不可攀援，而后能仔肩天下之重；苟悦小人之柔媚而亲比之，其不为所累而自损功名者，罕矣。"⑤笔者以为，《解义》以"私"对之进行定位是准确的，但所举"小人攀援"的例子则不是很恰当。因为九四与初六为正应，也就是说，此"应"本身是有其合理性的。这种正应不一定是"小人"所为，完全有可能是家人、宗室或同僚的合理要求。但是，当大过之时，对于承担政治改革重任的九四而言是不合时宜的。九四在此非常时刻，必须摆脱各种因素的干扰，一心一意辅佐君王，方能共济时艰。

有意思的是，在解释《革卦》九四时，我们看到了类似的情形。按照《周易》的理解，"汤武革命，顺乎天而应乎人"（《革卦·象辞》），程颐的解释是："王者之兴，受命于天"，"顺理时行，非己之私意所欲为也"，"稽之众论（或公论）。"⑥在此过程中，"九五以阳刚之才，中正之德，居尊位，大人也。以大人之道，革天下之事，无不当也，无不时也"，"天下蒙大人之革，不待

---

① 程颐：《周易程氏传》，王孝渔点校，157 页，北京，中华书局，2011。
② 余敦康：《周易现代解读》，150 页，北京，中华书局，2016。
③ 程颐：《周易程氏传》，王孝渔点校，161 页，北京，中华书局，2011。
④ 程颐：《周易程氏传》，王孝渔点校，161 页，北京，中华书局，2011。
⑤ 牛钮等撰：《日讲易经解义》，李升召标点注释，248 页，海口，海南出版社，2012。
⑥ 程颐：《周易程氏传》，王孝渔点校，281、283 ～ 284 页，北京，中华书局，2011。

占决，知其至当而信之也"。① 在《革卦》中，作为君的九五的作用比《大过卦》大得多。此时，无论是作为九五正应的六二，还是"得近君之位"的九四，均当"进而上辅于君，以行其道"。其中，九四的作用尤其重要，因为九四当"革之胜"，在时、势、任、志、用等各方面均得其宜。和《大过卦》形成对比的是，程颐在解释九四爻辞时，特别强调"下无系应，革之志也"。② 所谓"下无系应"，是指作为九四正应的初爻为阳爻，因此，九四和初九不存在牵系和连累的问题，也就是不会出现《大过卦》九四的"志相系"的问题，使之能专心从事革弊的事业，"上信而下顺"，不仅得到君王的信任，而且赢得民众的拥护。

从《大过卦》和《革卦》九四的对比阐释中，我们可以体会到，程颐在处理君臣关系时，特别强调君与臣的共治需以大公无私为其前提，否则，君臣的互信和共治的前景就堪忧了，这一点在非常时刻表现得尤为明显。

二、君臣之分

如果说《大过卦》和《革卦》处理的是政治变革的问题，那么，《随卦》和《萃卦》关心的则是政治信任的问题。从君臣关系的角度来观察，这两卦均讨论了一个共同的主题：大臣如何消除君臣之间可能的猜忌，维护政治共同体的团结。之所以有此问题产生，根本原因在于九四为阳爻，能力很强，又身居高位，很容易产生民心所向的局面，甚至功高盖主。

在《随卦》中，九四"以阳刚之才，处臣位之极"，下据二阴，六三又来追随自己，此时的九四"于随有获，虽正亦凶"。③ 为什么"虽正亦凶"？所谓"正"，是指九四能持守正道，并未主动结党营私、拉帮结派，其"有获"也是人来随己，非以己随人。但是，即便如此，"得天下之心随于己"有违"为臣之道"，因为"为臣之道，当使恩威一出于上，众心皆随于君"。现在众心皆随于己，威望凌驾于君王之上，无疑是"危疑之道"。④ 怎么办呢？只有"孚诚积于中，动为合于道，以明哲处之"，方能"下信而上不疑，位极而无逼上之嫌"。下信而随，这一点不用解释，为什么上能不疑？关键在于，"其得民

① 程颐：《周易程氏传》，王孝渔点校，284 页，北京，中华书局，2011。
② 程颐：《周易程氏传》，王孝渔点校，284 页，北京，中华书局，2011。
③ 程颐：《周易程氏传》，王孝渔点校，99 页，北京，中华书局，2011。
④ 程颐：《周易程氏传》，王孝渔点校，99 页，北京，中华书局，2011。

之随，所以成其君之功，致其国之安"。①程颐这里所强调的"明哲处之"其实是提醒九四要严君臣之分，作为大臣一定要将功劳归之于君主，在在处处须以国家安危为重，不能有丝毫私心掺杂于其中。当然，这是非常困难的一件事情，"非圣人大贤，则不能也"。程颐还援引故事区分了两种情况，一是以伊尹、周公和诸葛亮为代表，几乎是完美的典范，"其所施为无不中道"；二是以唐代名将郭子仪为代表，虽不完美，但也能做到"威震主而主不疑"。②

在《萃卦》中，我们也看到类似的警示。《萃卦》谈的是人类社会的组织问题，如何通过有效的手段将天下人聚合起来。在整个卦中，只有两个阳爻，就是九五和九四。从这一点上讲，《萃卦》和《比卦》形成了对比，《比卦》只有九五一个阳爻，五个阴爻皆与九五亲比；但是，《萃卦》有两个阳爻，四阴聚于二阳。于是，问题来了："四当萃之时，上比九五之君，得君臣之聚也；下比下体群阴，得下民之聚也，得上下之聚，可谓善矣。""得君臣之聚"当然没有问题，但是，九四无尊位而"得下民之聚"就有问题了，与《随卦》一样，这种情况极易得咎，有僭越本分威逼至尊的嫌疑。③所以程颐解释说："四以阳居阴，非正也。"④他还举了春秋时期齐国的田常和鲁国的季氏为例，来说明"非理枉道而得民"的情形。怎么办呢？六四的爻辞给出的出路是，必得大吉，方能无咎。大者，周遍。九四处事必须无所不周，无所不正，鞠躬尽瘁，至诚不贰，此之谓"大吉"，只有做到大吉，然后可以无咎。⑤

上面，我们是从臣的角度来进行的分析，那么，从君的角度来讲，又该如何做呢？在《随卦》九五中，《周易》塑造了一个理想君王的形象。"九五居尊得正而中实"，所谓"中实"是从阳爻引申而出，具体的内容程颐将之界定为"诚"，并进一步解释为"随善"，即从善如流。如果说九四展示的形象是

---

① 程颐：《周易程氏传》，王孝渔点校，100 页，北京，中华书局，2011。

② 程颐：《周易程氏传》，王孝渔点校，100 页，北京，中华书局，2011。明来之德以汉初故事来阐释明哲，也颇能说明问题："汉之萧何、韩信皆高帝功臣。信既求封齐，复求王楚，可谓有获矣，然无明哲，不知有获贞凶之义，卒及大祸。""何拜为相国，封五千户，何让不受，悉以家财佐军用，帝又悦，卒为汉第一功臣"，诚明哲之至也。来之德：《周易集注》，108 页，上海，上海古籍出版社，2000。

③ 余敦康：《周易现代解读》，228 页，北京，中华书局，2016。

④ 程颐：《周易程氏传》，王孝渔点校，261 页，北京，中华书局，2011。

⑤ 《日讲易经解义》在解释这一问题时还将其具体坐实为不植党、不徇私，虚公（即公正无私）寅畏（即恭敬戒惧），并举伊尹、周公为例。见牛钮等撰：《日讲易经解义》，李升召标点注释，370 页，海口，海南出版社，2012。

人来随己，那么，九五所展示出来的形象则是以己随人。九五之吉，在于它以至诚之心，任贤纳谏，从善如流。程颐在解释这一爻时，认为此处所随之善专指六二，但笔者更赞同余敦康先生的意见，它应该包括六二和九四。尽管六二疏远九五而亲近初九，犯了错误，但九五仍以至诚之心，积极争取；九四权重，众望所归，九五也毫不猜忌，信任有加。[①] 在《萃卦》九五中，程颐强调了德位相应。九五"居天下之尊，萃天下之众，而君临之，当正其位，修其德"。即便如此，总是有"不信而为归者"，对待这些人，君王不应该以武力征伐之，而"当自反"，"修德以来之"，通过德性的修养，感化昏冥。[②]

在《随卦》和《萃卦》中，我们看到，德是君臣共治的基础。君要修其德，对臣从善如流；臣要时时刻刻注意与自己的位相应的职分，千万不可僭越。

第二节　庸君贤臣：得君行道与士大夫的政治主动性

第二种类型是五爻为阴爻，四爻为阳爻。从理论上讲，出现这种情况有两种可能性，即上卦为离卦或震卦。检视《周易程氏传》的文本，上卦为离卦或震卦的 16 个卦中，有 5 个卦在阐释过程中涉及君臣关系，它们分别是鼎、离、豫、解、丰。作为阴爻的五爻可能有两种含义，它既可能取其柔弱的内涵，代表"庸君常主"（如《丰卦》），也可能取其虚心、明智之义，代表睿智的明君（如《鼎卦》）。与之类似，作为阳爻的四爻也可能有两种含义，它既可以取其阳刚的内涵，代表贤臣（如《丰卦》《豫卦》），也可以取阳居阴位、位不当之义，代表强臣或德薄位尊之人（如《离卦》《鼎卦》）。

这样，五爻为阴爻、四爻为阳爻就有四种组合关系：①明君常臣（如《鼎卦》《解卦》）；②弱君强臣（如《离卦》）；③明君贤臣（此处五卦没有这种情况）；④庸君贤臣（如《丰卦》《豫卦》）。其中，第一种情况类似于第三节的分析，不过在这里，程颐是从反面立论的。他认为《鼎卦》九四不明用人之道，所用之人"不胜任而败事"，没有发挥大臣应有的作用；对于《解卦》九四，程颐警告道，"居上位而亲小人，则贤人正士远退矣"，因此，必须"斥去小人"，"则君子之党进"。第二种情况则是我们第四节将详细加以分析的情形，程颐

① 余敦康：《周易现代解读》，102 页，北京，中华书局，2016。
② 程颐：《周易程氏传》，王孝渔点校，261～262 页，北京，中华书局，2011。

在解析《离卦》时警告世人，弱主强臣非理想的君臣关系。第三种情况与我们第一节的分析有类似之处，此处不论。只有第四种情况是我们此处论述的重点。

尽管与第三种明君贤臣的状态相比，庸君贤臣并不理想，但是，从实际的政治实践来看，庸君贤臣的格局其实还算是比较好的状态。因为圣王在现实政治中出现的概率其实很低，在绝大多数情况下，君王均为中常之人，在这种情况下，如果有贤臣相辅，已经非常难得。在对《丰卦》和《豫卦》的解释中，程颐提出两个比较重要的问题：其一，即使是庸君，在政治运作中也承担着非常重要的功能，离开了君，即使是贤臣，也不能有大作为；其二，在庸君的情况下，贤臣的地位愈显突出。

一、得君行道

程颐在《丰卦》的解释中将宋儒得君行道的观念进行了阐释。他在解释九四时自我设问："如四之才，得在下之贤为之助，则能至丰大乎？"他给出的答案是否定的。为什么呢？我们来看看其推理过程。

"丰"的含义是无以伦比的盛大，《丰卦》要处理的问题是如何使天下财物至富至有，天下人口至繁至庶，天下土地至广至大。[①] 在《丰卦》中，君乃"阴暗柔弱"之君，但臣为贤臣。在这种情况下，君臣如何自处，方能实现丰盛的理想？程颐给出了两个方面的思考。

第一，必须得君，才能行道。这就是他在解释九四时自我设定的问题。程颐的回答是，"致天下之丰，有君而后能也"，如果君不"虚中巽顺下贤"，"下虽多贤，亦将何为"？[②] 在《丰卦》中，代表臣的初至四爻均堪称贤臣。《丰卦》上震下离，震为动，离为明。"明"指清醒务实的理性，对事物的发展明若观火；"动"指行动能力、执行能力。"明动相资，致丰之道。"据此，初九位于离卦之中，为"明之初"，具"离明之德"；六二为"明之主"，"有文明中正之德，大贤之在下者也"；九三"居明体之上，阳刚得正，本能明者也"；九四位于震卦之中，为"动之主"，以阳刚居大臣之位。按理说，他们是可以有所作为的。程颐指出，"贤智之才，遇明君则能有为于天下"。六二明则明矣，可惜所应之六五"阴柔不正，非能动者"，因此，在明动相资之时，六二"独

---

① 金景芳、吕绍纲：《周易全解》，388 页，长春，吉林大学出版社，1989。
② 程颐：《周易程氏传》，王孝渔点校，320 页，北京，中华书局，2011。

明不能成丰"；九三的情况更糟，其所应之上六，"无位而处震之终"，完全没有行动能力；九四"得在下之贤（初九）为之助"，同舟共济，明动相资，情况最为有利，于致丰之道不无裨益。但是，"遇阴暗柔弱之主"，六五"无虚已下贤之义"，九四和初九也只能徒唤奈何。①因此，处丰之时的核心任务是争取六五的支持，得君行道。

第二，如何得君行道呢？程颐认为，关键在于"诚"。在解释六二时，程颐指出，六二"所遇乃柔暗不正之君，既不能下求于己，若往求之，则反得疑猜忌疾"。②怎么办呢？程颐的建议是，"不得其心，则尽其至诚，以感发其志意而已"。他还以管仲之相桓公、孔明之辅后主为例，指出古人为我们做出了榜样，"事庸君常主，而克行其道者，己之诚意上达，而君见信之笃也"。③程颐相信，自诚而明，在贤臣的诚意感动之下，庸君之昏蒙可开，"虽柔弱可辅也，虽不正可正也"。④对于九四，则是另一番情形。六二作为离卦主爻，有离明之德，其主要问题在于有明而无动；九四处震卦之初，有震动之性而无离明之德，其主要问题是以阳居阴，"位不当"也。按照丰卦明动相资的总体原则，九四必须与具有离明之德的初九联合才能克服自身的弱点，并与之"同心协力，共匡君德"。《解义》对此的解释是，君心未明，一人正之则不足，众贤辅之则有余。⑤程颐相信，只要六五虚已下贤，则群贤毕至，团结一心，以贤臣之明助君王成就丰大之事业。

值得注意的是，即便对于庸君贤臣的情形，程颐（包括其他的思想家）似乎从来没想过，群贤可以起来废掉阴暗柔弱之主，以贤人制的方式来进行有效治理。这一方面固然是由于政治伦理的约束（如诸葛亮）；另一方面也是由于中国君主政体本身的结构性特征，从而导致思想家的致思方向朝着强化君主权威的方向发展。

二、士大夫的政治主动性

对于庸君贤臣的政治结构，程颐尤其强调士大夫集团在政治运作中的作用。

---

① 程颐：《周易程氏传》，王孝渔点校，317～320页，北京，中华书局，2011。
② 程颐：《周易程氏传》，王孝渔点校，318页，北京，中华书局，2011。
③ 程颐：《周易程氏传》，王孝渔点校，318页，北京，中华书局，2011。
④ 程颐：《周易程氏传》，王孝渔点校，318页，北京，中华书局，2011。
⑤ 牛钮等撰：《日讲易经解义》，李升召标点注释，440页，海口，海南出版社，2012。

这一点在程颐对《豫卦》九四的解释中体现得尤为明显。

豫者，安和悦乐之义。《豫卦》下卦为坤为顺，上卦为震为动，"顺以动"，顺应万物的本性和自然的节律而动，这样才能形成安和悦乐的局面。但是，豫有两种，即天下之豫和一身之豫。天下之豫不可无，要让天下百姓像天地万物那样调适畅达、安和悦乐；一身之豫不可有，所谓"逸豫可以亡身"。从卦而言，它要通过"顺以动"来实现天下之豫；从爻来说，它又通过警示，告诫人们不要耽于享乐。整个《豫卦》五阴一阳，作为阳爻的九四"为动之主"。相反，六五"以阴柔居君位，当豫之时，沉溺于豫，不能自立者也"。因此，在《豫卦》中，九四任天下之事。

但是，任天下之豫的九四处境很艰难，对上，他要获得六五的信任；对下，他要获得下面三个阴爻的支持。就前一个问题来讲，"四居大臣之位，承柔弱之君，而当天下之任"，以强臣事弱主，"危疑之地也"。[①]九四必须竭其诚信，消除六五的猜疑。即便能做到这一点，九四仍面临严峻的考验，"独当上之倚任，而下无同德之助"，[②]下面三阴除六二外，均为不守正道之小人。初六"鸣豫"，本来是"不中不正之小人"，[③]因为与九四相应就自鸣得意、忘乎所以，如同一个纨绔子弟，耽于豫乐；六三"盱豫"，"阴而居阳，不中不正"，[④]本来并无豫乐的条件，因靠近九四，就趋炎附势、谄媚逢迎。如何得到他们的支持，并对他们进行合理的引导，这是一件非常困难的事情。程颐给出的建议仍然是"至诚"，"夫欲上下之信，唯至诚而已"。[⑤]只要"尽其至诚"，不违反"顺以动"的行为准则，就能将上下五阴团结成为一个整体，就像簪子把头发聚合成束一样。[⑥]可见，在致天下之豫的过程中，九四发挥着主导性的作用。在此，有两个问题需要略加辨析。

第一，如果说九四发挥着主导性作用的话，这是否与得君行道的理想和严

---

① 程颐：《周易程氏传》，王孝鱼点校，94 页，北京，中华书局，2011。
② 程颐：《周易程氏传》，王孝鱼点校，94 页，北京，中华书局，2011。
③ 程颐：《周易程氏传》，王孝鱼点校，92 页，北京，中华书局，2011。
④ 程颐：《周易程氏传》，王孝鱼点校，93 页，北京，中华书局，2011。
⑤ 程颐：《周易程氏传》，王孝鱼点校，94 页，北京，中华书局，2011。《解义》对此做了进一步发挥，认为九四必须具备知人之哲，一方面要能聚合同道君子；另一方面又能不惑于同利之小人，不溺于谄媚之徒。牛钮等撰：《日讲易经解义》，李升召标点注释，166 页，海口，海南出版社，2012。
⑥ 余敦康：《周易现代解读》，97 页，北京，中华书局，2016。

君臣之分的前提相冲突？在程颐看来，二者并没有冲突。他在解释六五时指出，"若五不失君道，而四主于豫，乃是任得其人，安享其功，如太甲、成王也"。[①]当年伊尹辅太甲、周公辅成王之时，伊尹、周公是严守君臣之分的。尽管太甲耽于淫豫，成王年幼，伊尹、周公仍然是在君臣共治的框架下恪守为臣的本分，不仅自己要做好自己的本职工作，而且想尽各种办法帮助太甲、成王走向成熟。所以，程颐引太甲、成王的故事来说明，九四所为"不失为臣之正也"。[②]从君臣关系上讲，"任得其人，安享其功"才是主弱臣贤条件下理想的君臣关系形态。

第二，与第一问题相关，九四究竟是"贤臣"还是如《离卦》九四那样的"强臣"？在解释六五时，程颐对此进行了辨析。在《离卦》中，九四"以阳居离体而处四，刚躁而不中正"，对六五阴柔之君呈"刚盛陵烁之势，气焰如焚然"。所以，程颐就九四象辞评论道："上陵其君，不顺所承，人恶众弃，天下所不容也。"[③]那么，《豫卦》九四是这样吗？正好相反！九四作为一卦之主，最能体现全卦的宗旨——"动而顺"，它要顺天而为，顺理而动，以至诚之心，获上下之信。

那么，为什么会产生"贤臣""强臣"的疑问呢？这是由六五爻辞引起的。六五爻辞是"贞疾，恒不死"，王弼的解释是"四以刚动为豫之主，专权执制"，六五"不敢与四争权"，故贞疾。程颐在一定程度上继承了这一传统解释："柔弱不能自立之君，受制于专权之臣也，居得君位贞也，受制于下有疾苦也。"[④]这似乎与贤臣的形象相距颇远。程颐意识到这一问题，他马上解释道，"人君致危之道非一，而以豫为多。在四不言失正，而于五乃见其强逼者，四本无失，故于四言大臣任天下之事之义，于五则言柔弱居尊，不能自立，威权去己之义，各据爻以取义"。值得注意的是，九四"强逼"的形象是"各据爻以取义"的结果，并非九四本身的问题，九四本身是没有过失的，问题在于六五，自己不能自立，而认为九四对自己构成威胁。换言之，从九四自身的行止来看，他是

---

① 程颐：《周易程氏传》，王孝渔点校，95 页，北京，中华书局，2011。
② 程颐：《周易程氏传》，王孝渔点校，94 页，北京，中华书局，2011。
③ 程颐：《周易程氏传》，王孝渔点校，172 页，北京，中华书局，2011。
④ 程颐：《周易程氏传》，王孝渔点校，95 页，北京，中华书局，2011。余敦康先生更明确地将"疾"解释为心病，而不是身体之病，是柔弱之君在阳刚强臣的威逼之下所产生的巨大心理压力。余敦康：《周易现代解读》，98 页，北京，中华书局，2016。

"贤臣";但从六五的感受而言,九四则成了"强臣"。所以,程颐接下来指出:"若五不失君道,而四主于豫,乃是任得其人,安享其功。"一个"若"字表明,程颐是从反面批评此时的六五有失君道,不仅耽于逸豫,而且错误地将"贤臣"视为"强臣",将九四对自己沉溺豫乐行为的校正视为一种"强逼",这就不是一种理想的君臣关系了。如果这样,即使自己"恒不死",君臣同心共致天下之豫的理想也是无法实现的。

从《豫卦》来观察,与前面圣君明臣的情况不同,在弱君的情况下,士大夫集团尤其需要发挥更大的主动性。并且,与圣君明臣不同的是,居大臣之位的贤臣应该在其中发挥更为重要的作用。如果说在圣君明臣条件下,居大臣之位的六四值得赞赏的地方在于其有自知之明、下顺贤才,那么,在弱君贤臣条件下,居大臣之位的九四值得赞赏的地方则在于其既具备独担大任的能力和勇气,又具备至诚无私的高尚品格和与上下合作的善巧方便,从而将整个士大夫集团团结起来,共同辅佐弱主,实现天下豫乐的宏伟事业。

第三节 圣君明臣:上巽于君、下顺贤才

第三种类型是五爻为阳爻,四爻为阴爻。从理论上讲,出现这种情况有两种可能性,即上卦为巽卦或坎卦。检视《周易程氏传》的文本,上卦为巽卦或坎卦的 16 个卦中,有 7 个卦在阐释过程中涉及君臣关系,它们分别是坎、屯、比、蹇、小畜、观、涣。在这一组卦中,由于四爻为阴爻,其能力、德性均有所不足,因此,这一组卦的一个共同关切就是,在自身能力不足的情况下,身居高位的大臣应该如何自处,方能实现君臣共治的理想。①

---

① 在这七卦中,有两个例外:《比卦》和《涣卦》。在解释《比卦》六四时,程颐既没有强调六四能力不足的问题,也没有强调君臣共治,只是指出,六四"阴柔不中之人,能比于刚明中正之贤","君臣相比","亲贤从上,比之正也,故为贞吉"。程颐:《周易程氏传》,王孝渔点校,50 页,北京,中华书局,2011。《涣卦》面临的挑战是"天下离散",需重新"收合人心"。在解释《涣卦》六四时,程颐从功能的角度立论,"四,巽顺而正,居大臣之位;五,刚中而正,居君位。君臣合力,刚柔相济,以拯天下之涣者也","非大贤智,孰能如是"?程颐:《周易程氏传》,王孝渔点校,337 页,北京,中华书局,2011。

一、上巽于君

前文已述，君臣共治的基本原则是君主臣辅。但是，在君臣共治的过程中，根据君臣的不同情况，如何有效实现这一原则需要高超的政治技巧。在第一节，我们分析了在圣君贤臣的情况下程颐强调君要从善如流；在这一节中，我们碰到的情况是，君仍然是圣君，但臣相对较弱。在这种情况下，程颐强调作为辅弼大臣的六四要"顺"，上顺圣君，下顺贤才。

这一点尤其体现在上卦为巽卦的几个卦中，因为巽的含义就是顺。在解释《观卦》六四时，程颐指出："五以阳刚中正，居尊位，圣贤之君也"，"圣明在上，则怀抱才德之人，皆愿进于朝廷，辅戴之以康济天下。"六四"虽阴柔"，但居巽体（巽者，顺也），且居正（四爻为阴爻），"切近于五"，不仅能目睹"人君之德"，而且能观察"国家之治"，据此，程颐对六四的定位是"观见而能顺从者也"。他受到人君的礼遇，"上辅于君，以施泽天下"。[①]在对六四象辞进行解释时，程颐又进行了一番发挥："君子怀负才业，志在乎兼善天下。"

但是，很多时候，他们只能"卷怀自守"，因为"时无明君，莫能用其道"。而在《观卦》之时，圣君在上，国家盛大光辉，程颐感叹道："此古人所谓非常之遇也！"君子自当"宾于王朝"，追随圣君，"以行其道"。[②]从他的这番发挥中，我们不难体会到北宋士人对得君行道的殷切期待。在《益卦》中，程颐同样强调，六四，"大臣"，乃"巽顺之主，上能巽于君，下能顺于贤才（初九）也"，"上依刚中之君而致其益，下顺阳刚之才以行其事"。[③]单从君臣关系上讲，尽管六四"处近君之位，居得其正"，但是，六四为阴爻，本性柔弱，缺乏阳刚特行之才，所以，他应该"以柔巽辅上"。请注意程颐此处的用词：以"柔巽"的姿态辅佐君上。[④]具体的表现是什么呢？举凡大事，都应该向君上请示汇报，要"依附于上"，而不能自专。

与此同时，顺上是有条件的，不是绝对的。代表君的五爻为阳爻，这既可能代表圣君（阳刚中正），也可能代表过刚之君（阳刚居阳位）。在前一种情况下，

① 程颐：《周易程氏传》，王孝渔点校，115 页，北京，中华书局，2011。
② 同上。
③ 程颐：《周易程氏传》，王孝渔点校，239、242 页，北京，中华书局，2011。
④ 程颐：《周易程氏传》，王孝渔点校，242 页，北京，中华书局，2011。

作为臣的六四应该"柔巽辅上"；在后一种情况下，六四则应该发挥自己的政治智慧，对有弊之君进行校正。我们可以从《小畜卦》和《坎卦》中体会到这层用意。

在《小畜卦》中，程颐对六四的解释是，"四于畜时处近君之位，畜君者也"。但是，六四为阴爻，本质阴柔，势单力薄，"以人君之威严，而细微之臣有能畜止其欲者"，不可"以力畜之"，因为"一柔敌众刚，必见伤害"，因此，只能用"孚诚以应之"，"孚信以感之"。[1] 这段话很值得琢磨。其一，畜君，畜什么？程颐的解释是畜止君之欲。这就涉及宋学中非常重要的一个命题：天理与人欲的问题。在程颐看来，君臣关系必须建立在理的基础上，当君偏离理的轨道，臣有责任将其校正过来，革君心之非，使之回到正确的轨道上。在《大畜卦》六四中，程颐将这一点讲得更明白："大臣之任，上畜止人君之邪心，下畜止天下之恶人。"[2] 其二，如何畜？程颐明言不可"以力畜之"，只可以诚感之。[3]

在《坎卦》六四中，程颐在强调"至诚"的同时，借助对爻辞"纳约自牖"的解释，提出了臣劝谏君王的策略："自古能谏其君者，未有不因其所明者也。"[4] 也就是说，臣在劝谏君王时要讲究策略，不可直谏，应将君王已经明白的道理作为突破口，引导君王认识其所弊。他还举了历史上汉高祖时的"四老"和战国时期触龙的故事来说明这一策略。

二、下顺贤才

六四在上能巽于君的同时，还需下顺贤才。这一点在上卦为坎卦的诸卦中表现得尤为明显，因为坎为艰险，上卦为坎卦的坎、蹇、屯等卦的处境均为艰难险阻，此时尤需君臣协力，方能摆脱困境。在《蹇卦》九五中，程颐着重强调了君臣共治的必要性："自古圣王济天下之蹇，未有不由贤圣之臣为之助者，汤、武得伊、吕是也；中常之君，得刚明之臣而能济大难者则有矣，刘禅之孔明，

---

[1] 程颐：《周易程氏传》，王孝渔点校，58 页，北京，中华书局，2011。
[2] 程颐：《周易程氏传》，王孝渔点校，148 页，北京，中华书局，2011。
[3] 唐纪宇先生将其解读为对君主权力的限制或约束，这恐怕是一种误解。唐纪宇：《程颐〈周易程氏传〉研究》，249～250 页，北京，人民出版社，2016。程颐明确强调臣畜君，不可"以力畜之"，只能以诚感之，否定了以力量来制衡的思路。
[4] 程颐：《周易程氏传》，王孝渔点校，166 页，北京，中华书局，2011。

唐肃宗之郭子仪，德宗之李晟是也。虽贤明之君，苟无其臣，则不能济于难也。"[1] 幸运的是，六四"以阴居阴，为得其实"，能够以"诚实"对待下面的三个爻，"与下同志"，故"能与众合"，和下面的三个爻要联合起来，共同辅佐九五之君，共济塞难。[2]

在《屯卦》中，程颐对下顺贤才又进行了较为充分的论述。屯者，屯难之时，六四，"居公卿之位"，己之才"不足以济时之屯"。这时该怎么办呢？程颐的解释是，"若能求在下之贤，亲而用之"，"则可济矣"。那么，此处的"贤"是指谁呢？指初九。初九"阳刚之贤"，如果能求此阳刚之贤，与之共同辅佐"阳刚中正之君，济时之屯，则吉无所不利也"。在对六四象辞进行解释时，程颐对六四赞叹道："知己不足，求贤自辅而后往，可谓明矣！"[3] 也正是从这个意义上讲，程颐对圣君常臣条件下臣的要求是"明"，有自知之明，知己不足；又能明理，团结同僚，共同辅佐君王。在解释《益卦》六四时，程颐同样也强调六四应下顺初九"刚阳之才"，"作大益天下之事"。[4]

但在《坎卦》中君臣的处境就更为艰难了，六四想下顺贤才都做不到。程颐对《坎卦》的描述是一种典型的君臣均处险中，君、臣均无力济世的局面。尽管从坎卦的卦义而言，处险之时，当"君臣协力"，方能"济天下之险难"。[5] 但就全卦观之，"君臣协力"却无法实现。尽管"以九五刚中之才，居尊位，宜可以济于险"，但是，"人君虽才，安能独济天下之险"？[6] 还需君臣协力，问题在于，人君没有可与协力之臣，"下无助也"。程颐还具体分析了各爻的情况，与五爻正应的九二本来具备济世的才能，但是它"陷于险中未能出"，无法帮助五爻。"余皆阴柔，无济险之才。"此处的"余"主要指六三和六四，六三不仅阴柔，而且不中不正，完全不可用；此时的六四，"阴柔而下无助"，想联合其他各爻也做不到，"非能济天下之险者"。当此之时，能做的"唯至诚见信于君"，并努力尽到为臣的本分，通过进谏的方式"开明

① 程颐：《周易程氏传》，王孝渔点校，223 页，北京，中华书局，2011。
② 同上。
③ 程颐：《周易程氏传》，王孝渔点校，24 页，北京，中华书局，2011。
④ 程颐：《周易程氏传》，王孝渔点校，239、242 页，北京，中华书局，2011。
⑤ 程颐：《周易程氏传》，王孝渔点校，168 页，北京，中华书局，2011。
⑥ 程颐：《周易程氏传》，王孝渔点校，167 页，北京，中华书局，2011。

君心"。①

在程颐看来，通过上巽于君，下顺于贤，作为辅弼大臣的六四将政治体系中的有生力量团结起来，共同辅佐君王，如此方能在相对不利条件下实现有效的治理。

第四节 弱主常臣：止君之恶与下顺贤才

第四种类型是四爻、五爻均为阴爻。从理论上讲，出现这种情况有两种可能性，即上卦为坤卦或艮卦。检视《周易程氏传》的文本，上卦为坤卦或艮卦的 16 个卦中，有 8 个卦在阐释过程中涉及君臣关系，它们分别是谦、临、复、明夷、升、艮、颐、大畜。作为阴爻的五爻可能有两种含义：它既可能取其柔弱的内涵，代表"弱主"，乃至"暗君"（如《明夷卦》）；也可能取其虚心、明智之义，代表睿智的明君，力量虽弱，但明晓事理（如《临卦》）。与之类似，作为阴爻的四爻也可能有两种含义：它既可以取其爻位得正之义，代表明臣或贤臣（如《复卦》《临卦》）；也可以取阴爻居阴之象，代表阴邪小人（如《明夷卦》）。

这样，四爻、五爻均为阴爻就有四种组合关系：①明君明臣（如《临卦》《复卦》《大畜卦》）；②明君邪臣（在这 8 个卦中没有出现这种组合）；③暗君贤臣（如《升卦》）；④暗君邪臣（如《明夷卦》）。其中，在第一种情况下，除《大畜卦》比较特殊外，《临卦》《复卦》均强调居大臣之位的四爻与初九相应，以正确的方式处理与下属的关系，任用贤人，其义与第三节所论下顺贤才类似，但均未提及与五爻的关系。在第三种情况下，程颐在《升卦》中对严君臣之分的讨论是十分值得关注的，在解释六四时，程颐面对"王（文王）用享于岐山"的爻辞，明确指出"近君之位，在升之时，不可复升，升则凶咎可知"。尽管当时纣王无道，居天子之位，文王三分天下有其二，得众人拥戴，但"不可复升"，再升就僭越天子之位。第四种情况则是本节所要重点处理的独特处境。

面对弱主乃至暗君，君臣共治如何可能？这是本节关心的问题。具体而言，

---

① 程颐：《周易程氏传》，王孝渔点校，165 ～ 166 页，北京，中华书局，2011。

这 8 个卦从以下两个方面对相对不利条件下的君臣共治问题进行了论述。

一、止君之恶与自止其身

代表君的五爻为阴爻，此时的君不仅可能是"庸君""弱主"，甚至可能是"暗君"。在上一节中，我们分析了"庸君"条件下大臣的应对之道。在这一节中，我们继续分析面对"暗君"大臣该如何自处。一般而言，在这种情况下，居于四爻的大臣有几种可能的选择：①推翻无道的"暗君"，取而代之，尽管这一选项在历史上不乏其例，但在思想家的政治思考中似乎从来没有当作真正的选项；②止君之恶，校正君王的思想和行为，使之符合为君之道；③独善其身，洁身自好；④为了自己的地位和利益，投其所好，推波助澜。程颐在《大畜卦》《艮卦》和《明夷卦》中分别对后面三种情况进行了讨论。

严格来讲，《大畜卦》六四并没有止六五之恶的含义，六五也非"暗君"。因为《大畜卦》上艮下乾，艮为止，乾为大，所谓"大畜"，即"艮止畜乾也"。因此，乾卦的三个爻都是取"被止"之义，它们是"止"这个动作的接受者；而艮卦的三个爻都是取"止"之义，它们是"止"这个动作的发出者。因此，四爻和五爻都是"止"别人，按照周易的爻位相应原则，四止初，五止二。四爻并不"止"五爻。但是，程颐在解释六四时，借题发挥："概论畜道，则四艮体居上位而得正，是以正德居大臣之位，当畜之任者也。"[1]请注意，程颐借六四"概论"大畜之道，而不仅仅局限于四爻的爻义了。那么，当畜之时，大臣之任的内容是什么呢？程颐认为："上畜止人君之邪心，下畜止天下之恶人。"[2]他将本来是对下（初九）进行畜止的任务扩展到对上对下两手抓。程颐发挥孟子"唯大人为能格君心之非"的思想，将格君心之非看作大臣最主要的职责。在程颐看来，"中常之君，无不骄肆"，如不对君主的邪恶之心进行校正，国之根基可能会随之动摇。

处暗君之时，"止君之恶"相对来说是一个比较高的要求，但自止其身则是大臣起码应该做到的，在《艮卦》中，程颐着重论述了自止其身的道理。《艮卦》的形象为山，"安止之义，止其所也"[3]。六四居大臣之位，就其职责而言，

---

[1]　程颐：《周易程氏传》，王孝渔点校，148 页，北京，中华书局，2011。
[2]　程颐：《周易程氏传》，王孝渔点校，148 页，北京，中华书局，2011。
[3]　程颐：《周易程氏传》，王孝渔点校，298 页，北京，中华书局，2011。

应当"止天下之当止者也"。但是,它自身阴柔,力量不足,又"不遇阳刚之君",因此,"止天下之当止"的理想很难实现。在这种情况下,只有"自止其身",也就是独善其身,而不能兼善天下。对于普通人而言,独善其身当然不错,但对于肩负重任的大臣而言,程颐不免要予以批评:"在上位而仅能善其身,无取之甚也!"①

在《明夷卦》中,程颐则分析了另外一个极端:邪臣之事暗君。《明夷》"昏暗之卦,暗君在上,明者见伤之时",君子处此,当如箕子,"藏晦其明,而自守其正志"。但是,六四"以阴居阴,而在阴柔之体,处近君之位,是阴邪小人居高位,以柔邪顺于君者也",邪臣之事暗君,"必以隐僻之道,自结于上","先蛊其心,而后能行于外"。②这样的邪臣不仅不能止君之恶,相反,他是"以柔邪顺于君",以各种"奸邪之见"蛊惑君心,使得人君在恶的道路上越走越远。这种阴邪小人德不配位,当然要遭到程颐的摒弃。

二、下顺贤才

复、临、谦、颐四卦中代表臣的四爻为阴爻,此时的六四为常臣,自身能力有所不足。临、复二卦六四,均取坤顺之义,强调下应阳刚初九,"守正而任贤",但与第三节中的相关论述相比,此二卦没有提供新的思想。但是,谦、颐二卦有所不同,此二卦将六四、六五置于一个更为开阔的背景下来加以考察,并为"下顺贤才"注入了新的内涵。

《谦卦》一阳五阴,唯一的阳爻是九三,它"以阳刚之德而居下体,为众阴所宗","众阴"不仅包括下面的初六、六二,而且包括上面的六四、六五,所以,九三为成卦之主,"上为君所任,下为众所从",承担着主持大局的重任。同时,九三也最圆满地体现了谦德,程颐直接以周公为其代表:"古之人有当之者,周公是也。"③关键的问题是,在《谦卦》中,六四和六五该如何自处?六四最难办,它处在六五和九三之间,"六五之君又以谦柔自处,

---

① 程颐:《周易程氏传》,王孝渔点校,302 页,北京,中华书局,2011。对于九四的解释,很少有人像程颐这样批评的,一般均从正面立论,认为四、五两爻从行为和内心两个方面体现了《艮卦》"止于至善"的宗旨。只有《程传》因将其置于君臣关系中来加以考察,才对六四提出了更高的要求。

② 程颐:《周易程氏传》,王孝渔点校,205 页,北京,中华书局,2011。

③ 程颐:《周易程氏传》,王孝渔点校,88 页,北京,中华书局,2011。

九三又有大功德，为上所任，众所宗，而己居其上"，稍有不慎，动辄得咎。好在六四以柔爻居阴位，内怀柔顺，外行谦道，"恭畏以奉谦德之君，卑巽以让劳谦之臣"，一举一动，不违法度。六五以柔居尊位，是在上而能谦者。此处六五阴爻的取义就不是弱或暗，而是柔顺、谦和，"五以君位之尊，而执谦顺以接于下，众所归也"①。

如果我们结合程颐给出的周公的例子，则在《谦卦》所设定的情境中，无论是居大臣之位的六四还是居至尊之位的六五，都应该以九三为中心，在政治运作中充分尊重九三的意见。这种情况和《升卦》之六五下顺九二不同，在《升卦》中，六五和九二是正应；但在《谦卦》中六五和九三并非如此，六五之所以下顺九三，是因为九三为一卦之主，因此，即便六五居尊位，也要充分尊重九三的意见。这一点在前面开列的下顺贤才的诸卦中是没有体现的。

从君臣关系的角度来观察，程颐在《颐卦》中强调"圣人则养贤才，与之共天位"，②可以说将君臣共治提升到一个非常崇高的地位。更有意思的是，他再一次使用了伊尹、周公的故事，不过这次是在上九。在解释六四时，程颐指出："四在人上，大臣之位；六以阴居之，阴柔不足以自养，况养天下乎？"怎么办呢？"求在下之贤而顺从之，以济其事，则天下得其养。"至此，与复、临、蹇、屯诸卦所言之"下顺贤才"并无不同。但是，接下来程颐借爻辞"虎视眈眈、其欲逐逐"讲出了另外一番道理："夫居上位者，必有才德威望，为下民所尊畏，则事行而众心服从。"现在六四"顺动从刚"，尽管从自身来讲是"不废厥职"，但从他者的眼光来观察，则是"赖人以养"，因此，很容易为人所轻，并由此导致"政出而人违，刑施而怨起"的恶果，此致乱之由也。程颐建议，作为大臣"必养其威严，眈眈然如虎视，则能重其体貌，下不敢易"。③在此，程颐提出了一个很重要的问题，作为宰辅大臣的六四在下顺贤才的过程中如何保持自身的权威，从而保证政令的有效执行？程颐的建议是在养贤、礼贤和维系权威之间保持平衡。

① 程颐：《周易程氏传》，王孝渔点校，89 页，北京，中华书局，2011。
② 程颐：《周易程氏传》，王孝渔点校，151 页，北京，中华书局，2011。
③ 程颐：《周易程氏传》，王孝渔点校，154 页，北京，中华书局，2011。关于"虎视眈眈"的解释，各家分歧很大，程颐从大臣权威与政治运行角度进行阐释，体现了他在解易过程中对政治的高度敏感。

针对六五，程颐一方面指出其处"颐之时，居君位"，"养天下"是其职责，但是，"其阴柔之质，才不足以养天下"；另一方面，又不是像《萃卦》《随卦》那样，通过二爻、五爻来阐释君臣关系，而是从五爻、六爻来阐释君臣关系，这一点和《谦卦》类似。程颐指出，"上（指上九）有刚阳之贤，故顺从之，赖其养己以济天下"①。这里有几点需要注意：其一，颐之六五之"下顺贤才"，从爻位上讲，是指其上面的"刚阳之贤"上九，而不是下面与之相应的六二，因为六二自己都是"阴柔，不能自养，待养于人者也"。②但是，从君臣关系上讲，上面的上九仍然是臣，从这个意义上讲，六五之顺从上九仍然是"下顺贤才"。其二，"赖其养己以济天下"如何理解？如果自己都靠别人养，如何可能"济天下"呢？对此，程颐有一个解释："自三以下，养口体者也；四以上，养德义者也。以君而资养于臣，以上位而赖养于下，皆养德也。"③从这个意义上讲，上九尽管是臣，但对于六五而言，有"师傅"之实。故程颐指出，"既以己之不足顺从于贤师傅，上，师傅之位也"，六五必须"居贞守固，笃于委信"，充分信任上九，才能使上九"辅翼其身，泽及天下"。④

从君的角度讲，要充分信任；从臣的角度讲，则需"尽忠"。对于上九，程颐首先指出了其任之重，"上九以阳刚之德，居师傅之任，六五之君，柔顺而从于己，赖己之养"，这是"当天下之任，天下由之以养也"！接着，他强调为臣的本分，"得君如此之专，受任如此之重"，如果不能"竭其才力，济天下之艰危"，"何足称委遇而谓之贤乎"？他警戒道："以人臣而当是任，必常怀危厉则吉也。"程颐还举伊尹、周公为例来加以说明："如伊尹、周公，何尝不忧勤兢畏？"⑤

通过程颐的解释，我们在《颐卦》中看到了一幅在弱主常臣条件下所能实现的比较理想的君臣共治图景。一方面，君充分信任贤臣，贤臣竭尽全力辅佐君王，共济天下；另一方面，身居大臣之位的宰辅下顺贤才，以济其事。同时，大臣又能在礼贤下士和维系权威之间保持适当平衡，以保证政令畅通。

① 程颐：《周易程氏传》，王孝渔点校，155 页，北京，中华书局，2011。
② 程颐：《周易程氏传》，王孝渔点校，153 页，北京，中华书局，2011。
③ 同①。
④ 同①。
⑤ 程颐：《周易程氏传》，王孝渔点校，156 页，北京，中华书局，2011。

第五节　程颐君臣共治思想的基本特征

正如余英时先生所言，在 11 世纪上半叶，士大夫的政治主体意识逐步凸现，"以天下为己任"成为士人的追求。也正是在这一背景下，皇帝与士大夫同治天下成为当时的政治共识。[①]但是，君臣共治到底应该以何种形态呈现呢？仍是一个需要进一步探究的问题。从以上对《周易程氏传》四爻、五爻的梳理，我们发现，程颐的君臣共治思想起码具备四个方面的特征。

一、君臣共治的形态具有多样性

尽管就其理想形态而言，君臣共治应如《泰卦》所示，"君推诚以任下，臣尽诚以事君"，小往大来，"上下之志通"。[②]但是，在政治实践中，无论是君还是臣都有不同的类型，这也决定了君臣共治的形态也会千差万别。那么，在不同情况下，君臣共治应如何展开？这正是《周易程氏传》希望解答的问题之一。程颐试图通过经典的诠释对君臣关系加以规范，使之尽量符合君臣共治的理想。

程颐非常清晰地意识到，君臣共治可能呈现出各种不同的形态。在《蹇卦》的解释中，程颐明确地对君臣共治的不同形态进行了区分："凡六居五、九居二，多由助而有功。如蒙、泰；九居五、六居二，则其功多不足，如屯、否。臣不及君，仅赞助而已。"即便是在六居五、九居二（即"臣贤于君"）的情况下，也是"助"而有功，臣可以"辅君以君所不能"；在九居五、六居二（即"臣不及君"）的情况下，臣所发挥的作用仅仅是"赞助"而已。[③]在明夷、颐等卦中，他甚至设想到弱主常臣或暗君邪臣的局面。但是，无论在何种情况下，他从来也没有放弃过士大夫"以天下为己任"的理想。

在程颐的思想世界中，士大夫的政治主动性不仅体现在士大夫要积极主动地投身于政治治理过程，而且体现为根据具体的情况采取适当的方法，以达成共治的目标。欣逢圣君，当然要"上巽于君"，尽心辅佐；适遭暗君，也要尽

---

① 余英时：《朱熹的历史世界》，第三章，北京，生活・读书・新知三联书店，2004。邓小南也持类似的看法。邓小南：《祖宗之法》，417～420 页，北京，生活・读书・新知三联书店，2006。
② 程颐：《周易程氏传》，王孝渔点校，63 页，北京，中华书局，2011。
③ 程颐：《周易程氏传》，王孝渔点校，223～224 页，北京，中华书局，2011。

心竭力"止君之恶"。自己德位相应当然好,自己德薄而居高位,则要"下顺贤才"。除了圣君贤臣这种理想状态之外,程颐一再强调,无论是人君还是辅弼大臣,都要礼贤下士,积极引荐贤才,并对之充分信任。只要能下顺贤才,即便在《颐卦》这样弱主常臣的不利条件下,亦有可能实现比较理想的共治。

二、严君臣之分是君臣共治的前提

余英时认为,程颐向往的是一种虚君制度,君主是以德居位而任贤的象征性元首,无为而治,一切"行道"之事操于士大夫之手。[①] 尽管这一观点有一定的文本依据,但考之程氏的著述,则未免失之简单。从程颐的理想而言,当然还是"圣君贤臣"式的五帝之治,尽管虞舜已不可及,但三代之治仍可期,程颐曾明言:"为治不法三代,苟道也。虞舜不可及已,三代之治,其可复必也。"[②] 与此同时,程颐也清醒地意识到,在绝大多数的时候,人们不得不面对的是"中常之君",甚至"暗君"。在这种情况下,虚君式的君臣共治成为一种不得已的选择。除此而外,还要考虑臣的情况,不是所有的大臣都能德位相应,多数情况下,恐怕也是"中常之臣"居多,此时就如《益卦》六四所示,臣不可自专,需"柔巽辅上"。纵观《周易程氏传》,程颐努力在不同的君臣组合下寻找较为妥帖的解决方案,而不是只提供一种最佳的选择。尽管我们可以说虚君制可能是一种较为理想的君臣共治形态,但在程颐这里,它是有条件的,这个条件就是"中常之君"搭配"贤臣"。

从君臣关系的处理上,不同的判断可能导致不同的行为策略。如果认为虚君制是程颐的理想的话,那么,作为臣,应该将大小事务均操于自己之手。如果我们认为虚君制只是一种不得已的选择的话,那么,一切"行道"之事操于士大夫之手就是在"暗君"条件下的被动应对。在正常情况下,还是应该在君臣共议的基础上做出决定,并且会强调君在共治中的主导性作用,其具体表现就是"严君臣之分"。

事实上,在《周易程氏传》中,程颐一方面强调臣在政治生活中应该积极发挥作用;另一方面,又一再强调要严君臣之分,臣的职分是辅佐君王。在解

---

① 余英时:《朱熹的历史世界》,162 ~ 163 页,北京,生活·读书·新知三联书店,2004。
② 程颢、程颐:《二程集》(下),1211 页,北京,中华书局,2004。

释《革卦》六二时，程颐写道："如二之才德，所居之地，所逢之时，足以革天下治弊，新天下之治。"但是，程颐并没有说六二行变革之事，而是认为它应当"进而上辅于君，以行其道"，这就是宋儒所说的必须"得君"以"行道"。如此，"则吉而无咎"。[①]与《革卦》九五的"圣君"不同，《丰卦》六二和九四面对的则是"暗君"，在这种情况下，程颐仍然要求他们积极争取六五的支持，即"得君"。"得君"之后如何"行道"呢？首要的恐怕不是虚君，而是相反，要严君臣之分。严君臣之分是中国式君主制的必然要求，因为整个政体就是以君主为核心来运转的，一旦君主这个核心坍塌，整个体系就面临着崩溃的危险。

严君臣之分，首先是维护君的核心地位。即便是弱主，也不能取而代之，无论在什么情况下，臣都不能有僭越之举。《升卦》六四的爻辞直接使用文王的故事，"王用亨于岐山"。在解释该爻的爻辞时，程颐指出，尽管"德则当升"，但"分"则当止，再次强调了严君臣之分的要求。[②]

其次，严君臣之分要上巽于君，在第三、第四两节中，我们分析了不同情境下上巽于君的要求。如《随卦》，面对圣君，当"明哲处之"；如《小畜》《大畜》，当"止君之恶"。

最后，严君臣之分要求臣不可以贪功。在解释《坤卦》时，程颐强调："义之所当为者，则以时而发，不有其功耳"，"为下之道，不居其功，含晦其章美，以从王事，代上以终其事而不敢有其成功也"，"有善则归之于君，乃可常而得正。"[③]通过将功劳归于君，可以保持君在整个政治秩序中的神圣性和权威性，从而维持政治秩序的有效运转。对于这一点，程颐反复申说。在《随卦》九四中，程颐指出："为臣之道，当使恩威一出于上，众心皆随于君。"[④]这是从反面进行的解读，强调只有将功劳归于君，才能消除君主的疑虑之心，并由此巩固君臣合作共治的基础。否则，君臣相互猜忌，所谓的共治就没有了根基。

程颐对君臣之分不厌其烦的强调说明，在君臣共治的结构中，君主臣辅是必须予以维持的基本原则。程颐如果真的主张"虚君"，一定会引起君的猜忌

---

① 程颐：《周易程氏传》，王孝渔点校，282 页，北京，中华书局，2011。
② 程颐：《周易程氏传》，王孝渔点校，226 页，北京，中华书局，2011。
③ 程颐：《周易程氏传》，王孝渔点校，15、16、19 页，北京，中华书局，2011。
④ 程颐：《周易程氏传》，王孝渔点校，99 页，北京，中华书局，2011。

从而导致共治结构的破裂。从这个意义上讲，我们很难想象程颐会认为君臣共治应该是一种"虚君"制度。

三、君臣义合是君臣共治的基础

前文已述，在君臣关系问题上，宋代回归先秦时期的"君臣义合"的传统，这一点在《周易程氏传》中表现得非常明显。程颐明言："君臣朋友，义合也。"①

在解释《姤卦》象辞时，程颐指出："君得刚中之臣，臣遇中正之君，君臣以阳刚遇中正，其道可以大行于天下。"②君臣相遇比较理想的状态是"阳刚"和"中正"，这一要求在其他的诸卦中也有所体现，例如，在解释《蒙卦》九二时即强调其"刚中之德"："二居蒙之世，有刚明之才，而与六五之君相应，中德又同，当时之任者也。"③

从君的角度讲，人君自身需具备"中正之德"，才能吸引"刚中之臣"前来。在《姤卦》九五的解释中，程颐认为："内蕴中正之德，充实章美，人君如是，则无有不遇所求者也。"如果"其德不正"，即使人君"屈己求贤"，贤者也不屑与之为伍，只有"内蕴中正之德"，并"内积至诚"之心，则贤人来附"有陨自天"。他还举高宗感于梦寐和文王遇于渔钓的例子来说明自己的观点。④也正是基于这样的考虑，程颐特别强调"正君"的意义，在《大畜》等卦中提出"止君之恶"的主张，发挥孟子"格君心之非"的大义。

从臣的角度讲，臣需"竭其忠诚，致其才力"，但是，在与君合的过程中，"不可阿谀奉迎，求其比己也"。⑤因为君臣以"义"合，以"道"合，"道合而进，乃得正而吉。以中正之道应上之求，乃自内也，不自失也。汲汲以求比者，非君子自重之道，乃自失也"。⑥程颐在解释《比卦》六二时的这一段话可以说将君臣义合的原则和方法都进行了很好的分析。从原则上讲，二者的合作必须建立在道义的基础之上，而不是利益的基础之上，需"道合而进"，才能得吉。对此，程颐在解释《临卦》六五时再次强调："人君之于贤才，非道同德

---

① 程颐：《周易程氏传》，王孝渔点校，274 页，北京，中华书局，2011。
② 程颐：《周易程氏传》，王孝渔点校，251 页，北京，中华书局，2011。
③ 程颐：《周易程氏传》，王孝渔点校，28 页，北京，中华书局，2011。
④ 程颐：《周易程氏传》，王孝渔点校，254 ～ 255 页，北京，中华书局，2011。
⑤ 程颐：《周易程氏传》，王孝渔点校，51 页，北京，中华书局，2011。
⑥ 程颐：《周易程氏传》，王孝渔点校，49 页，北京，中华书局，2011。

合，岂能用也？"① 从方法上讲，二者的合作应该始于人君的求贤，尽管在《比卦》中，二与五为正应，并且都得中得正，但是，作为臣的六二不能主动逢迎，他只能"应上之求"。

余敦康先生曾将程颐的贤人政治与法家的专制主义进行对比，认为法家片面强调尊君卑臣的秩序原则，完全排斥君臣同心的和谐之义，认为权力结构的正当合理性在位不在德。而程颐则认为权力结构应以人心悦服为本的政治理念，② 强调德位相应、相互亲辅的君臣关系。这一观察是很有见地的。确实，在程颐的笔下，无论是君还是臣，他们合作的基础就是"至诚"，以及在此基础上所发展出来的"互信"。在丰、豫、颐、随、萃诸卦中，程颐一再强调"诚"在君臣共治中的极端重要性。

四、抽象的政治论说背后有深厚的实践经验为其底蕴

已有论者注意到程颐在解易过程中大量运用历史典故，援史入易，将易学的义理建立在历史经验的基础之上。③ 其实，程颐解易还有一个特点，那就是他将自己实际的政治经验融入义理之中，使抽象的义理不仅具备了历史的底蕴，而且具备了实践经验的底蕴。与西方思想家不同的是，中国的政治思想家几乎全部都是政治实践者，他们不仅从事政治著述，而且从事政治实践，并以实践为主、著述为辅。从这个意义上讲，其政治著述在很大程度上是其实践经验的总结。即使面对《周易》这样抽象的文本，解释者的阐释中也会将大量的实践智慧凝聚于其中。在《周易程氏传》中，这一特点表现是很明显的，兹举两例予以说明。

程颐在《周易程氏传》中多次提到"君臣道合"，强调君子"自重"，反对"阿谀奉迎"。这一主张的背后是有大量的政治实践作为经验支撑的。当年王安石就以道自重，在神宗没有表示完全信任他之前，绝不肯轻出。另一方面，司马光因反对新法，也坚决不肯奉神宗之召。王安石"以道进退"，司马光"义

---

① 程颐：《周易程氏传》，王孝渔点校，111 页，北京，中华书局，2011。在解释《困卦》九二时，程颐也使用了"道同德合"的表述，见第 271 页；在解释《革卦》六二时，程颐则用了"同德相应"来形容君臣之间的关系，见第 282 页。

② 余敦康：《汉宋易学解读》，460～461 页，北京，中华书局，2017。

③ 这一解释路径对于后来以李光、杨万里为代表的"参证史事"学派产生了直接的影响。

不可起"。如果皇帝不接受他们的原则，他们是绝不会为做官之故召之即来的。[①]
他们的所作所为，同朝为官的程颐应该是很熟悉的，当程颐写下"汲汲以求比者，
非君子自重之道，乃自失也"时，心中浮现出来的可能就是王安石、司马光的
形象。事实上，他自己也有类似的经历。元祐年间，程颐被任命为崇政殿说书，
这是一个给皇帝当老师的机会。对于一直主张"君德成就责经筵"的程颐来说，
这无疑是一次很好的实现自己抱负的机会。但是，程颐接到任命后，既未允诺，
也未力辞，而是上了一份奏疏，他要根据朝廷对其经筵主张的态度决定去留。[②]

　　在《颐卦》中，程颐再次以周公为例比拟上九，这一看似平常的引证背后
蕴含着程颐对君臣共治的深入思考和自身的政治经验。程颐在《周易程氏传》
中经常引用周公，但这一次的引用是颇具深意的。在程颐眼中，周公是一身而
兼师、相，他既是成王德性养成的辅导者，又是王朝具体政务的主持者，[③]可以说，
周公将程颐"天下治乱系宰相，君德成就责经筵"这两项最重要的政治功能集
于一身。而在《周易》64 卦 384 爻中，能很好地将这两种形象统一起来的就只
有《颐卦》上九这一爻了。

　　总之，通过对《周易程氏传》四爻、五爻的分析，我们可以体会到中国传
统政治思想中"君臣共治"这一命题的丰富内涵。当然，正如文章开头所言，四爻、
五爻只是这一命题的一个侧面，要全面理解程颐乃至宋代的君臣共治思想，不
仅需要进一步考察二爻、五爻的关系以及三爻、六爻与五爻的关系，而且需要
进一步深入宋代的政治实践中，才能深刻把握程颐的这些论述所针对的究竟是
什么问题。只有将文本分析和政治史有机结合起来，才能真正理解程颐的良苦
用心。

---

①　余英时：《朱熹的历史世界》，224～225 页，北京，生活·读书·新知三联书店，2004。
②　姜鹏：《北宋经筵与宋学的兴起》，209～210 页，上海，上海古籍出版社，2013。
③　姜鹏：《北宋经筵与宋学的兴起》，211 页，上海，上海古籍出版社，2013。

第九章　家国殊途与家国同构：中西政治思想中的家国观比较
——以亚里士多德和先秦儒家为中心的考察 *

对于熟悉"修身、齐家、治国、平天下"的中国人来讲，当他翻开亚里士多德的《政治学》时可能会受到强烈的冲击。因为《政治学》一开篇就提出，"家"和"国"是不同的（1252a8-17）。[①] 亚里士多德花了整整一卷的篇幅来讨论为什么"家"和"国"是不同的，并以此作为全书的立论基础。在笔者看来，中西方轴心时代关于家国关系的不同想象对后来的政治思想甚至政治实践的发展都产生了很重要的影响。

应该说，家国关系并不是一个新问题，无论是在西方还是在中国，关于家国关系都有比较丰厚的研究积累，并且，有不同的学科参与其中，尤其是历史学、社会学和政治人类学的研究，为我们提供了丰富的洞见。[②] 从政治思想史角度对西方思想家关于家国关系的研究成果较多，相关研究分别对西方不同历史时段的代表性思想家如亚里士多德、奥古斯丁、洛克、卢梭、罗尔斯等人的

---

* 本章曾发表于《政治学研究》，2017 年第 6 期。

[①]　亚里士多德：《政治学》，吴寿彭译，3～4 页，北京，商务印书馆，1965。以下凡《政治学》引文均出自该译本，不再一一注明，仅随文注明标准页码。

[②]　比较有代表性的成果包括：库朗热：《古代城邦：古希腊罗马祭祀、权利和政制研究》，上海，华东师范大学出版社，2006；尾形勇：《中国古代的"家"与国家》，北京，中华书局，2010；岳庆平：《中国的家与国》，长春，吉林文史出版社，1990；马克垚：《论家国一体问题》，载《史学理论研究》，2012（2）；张丰乾：《"家""国"之间——"民之父母"说的社会基础与思想渊源》，载《中山大学学报》（社会科学版），2008（3）；沈毅：《"家""国"关联的历史社会学分析——兼论"差序格局"的宏观建构》，载《社会学研究》，2008（6）。

家国关系思想进行了探讨。①但是，从政治思想史角度对中国思想家关于家国关系的论述进行梳理的专著尚不多见，②对中西思想家家国关系的学说进行比较研究的成果就更少了。林安梧先生在其著作中辟有专章对此加以讨论，但是，他将西方家国关系置于近代以来社会契约论的背景下来加以考察，这种处理方式过于化约，不仅抹杀了西方思想传统内部的复杂性，而且以西方近代思想来对勘中国传统思想，未免有时代错置之嫌。③本章试图从政治思想史的视角，以中西方轴心时代的思想家为例来审视二者关于家国关系的不同想象及其影响。

作为一项比较政治思想史的研究，有几点方法论方面的考虑需要提前说明。

第一，在研究对象的选择上，本章将比较的对象限定为亚里士多德和先秦时期的儒家。这是因为中西政治思想内部各自都存在着丰富多彩的思想传统，亚里士多德和先秦儒家在各自的文化传统中都占有举足轻重的地位并对后世的政治思考产生了重要影响，而且二者之间确实存在可比性。④就具体的文本而言，本文对亚里士多德文本的运用相对集中，主要是《政治学》和《尼各马可伦理学》。儒家的文本则主要集中在"四书"，兼及《尚书》《孝经》等。

第二，在研究方法上，比较政治思想研究需留意思维的空白点和分叉处。留意空白点是指我们不仅要关注思想家说了什么，还要关注有哪些内容是思想

①　D Brendan Nagle. The Household as the Foundation of Aristotle's Polis. Cambridge：Cambridge University Press，2006；孙帅：《社会的动物——奥古斯丁思想中的家国问题》，李猛主编：《奥古斯丁的新世界》，36 ～ 108 页，上海，上海三联书店，2016；Laurence B Reardon. The State as Parent：Locke，Rousseau and the Transformation of the Family. The Catholic University of America，Ph. D. Dissertation，2007；Maxine Eichner. The Supportive State：Families，Government and America's Political Ideals. New York：Oxford University Press，2010.

②　就笔者有限的阅读，林安梧先生的著作可能是唯一的一本专著，林安梧：《儒学与中国传统社会之哲学省察——以"血缘性纵贯轴"为核心的理解和诠释》，上海：学林出版社，1998。当然，很多论著有相关的章节涉及这一主题，如刘泽华：《中国的王权主义》，上海：上海人民出版社，2000。

③　林安梧：《儒学与中国传统社会之哲学省察》，第 8 章。

④　余纪元：《德性之镜：孔子与亚里士多德的伦理学》，导论，北京，中国人民大学出版社，2009。儒家是中国政治思想的主流，这一点无需赘言。亚里士多德的《政治学》是西方政治学的开山鼻祖，对后世政治学学科的发展影响深远。在其身后有逍遥学派继承其衣钵；在中世纪晚期，托马斯·阿奎那将《政治学》中的许多主张披上了天主教的外衣；在近代，霍布斯在与亚里士多德的对话中发展出自己的政治学说。以阿拉斯代尔·麦金泰尔、玛萨·纳斯鲍姆等人为代表的新亚里士多德主义（neo-Aristotelianism）的兴起表明，时至今日亚里士多德仍是西方政治学发展的重要思想资源。

家没有说的。就本文的论题而言，我们需要关注，为什么在中国传统的政治话语中基本上看不到关于政体问题的讨论，而它在西方却是政治思考的核心？为什么君臣关系在中国传统政治话语中留下了丰富的材料，但在西方政治思想中基本不见踪迹？留意分叉处是指有些议题双方都进行了讨论，但讨论的方式差别很大。例如，先秦儒家有"圣王"，柏拉图有"哲人王"，亚里士多德也讨论过如神一般的君主，但是，他们运思的方向差别很大。这些空白点和分叉之处，正是比较政治思想史研究需要着力的地方。

第三，在研究视角上，笔者主张内在视角和外在视角相结合。内在视角强调每一特定的思想传统本身都有其特定的问题意识和内在逻辑；[①] 而外在视角则强调政治思想与政治实践之间的互动。笔者认为，在比较政治思想的研究中，这两种视角都不可偏废。例如，只有通过内在视角，我们才能理解为什么忠孝一体会成为中国古代政治思想的一个核心观念；只有通过外在视角，我们才能理解为什么忠孝一体在先秦时期是孝优先于忠，而到秦汉以后则逐渐变为忠优先于孝。因此，在研究过程中，我们必须在政治思想与政治实践的互动过程中来把握思想发展的曲折历程。

由于本文是政治思想研究，落脚点在于政治思想，而不是政治实践。这意味着中西方的政治实践和家庭形态不是本文关注的重心，它们只有在有助于我们理解思想家关于家国关系的思考时才会进入我们的视野；本文也不拟处理思想传统本身如何对政治实践构成约束，甚至被人利用来对外在的政治环境进行塑造的问题。与此同时，本章的研究主要限定在轴心时代的政治思想，尚无力处理思想传统内部的张力在后世的展开问题。

本章分为三个部分。第一节勾勒中西方政治思想中的"家国殊途"和"家国同构"这两个基本预设；第二节分析为什么"家国殊途"的预设有利于打开政体设计的想象空间，而"家国同构"的基本预设则趋向于以君主制为唯一的政体选项；第三节考察为什么儒家会移孝作忠，将家庭伦理中的孝扩展到社会和政治领域，而亚里士多德是以朋友之间完善的友爱作为原型来思考公民间的关系。在结论部分，我们将探讨在"国"中如何安放"家"，才能更好地推动政治的健康发展。

---

① 余英时：《戴震与章学诚》，252 页，北京，生活·读书·新知三联书店，2000。

第一节　基本预设：家国殊途与家国同构

亚里士多德认为家和国是两种不同性质的事物，而先秦儒家则认为家和国是同构的，甚至是一体的。

在《政治学》的一开篇，亚里士多德就树了一个靶子："有人说城邦政治家和君王或家长或奴隶主相同，这种说法是谬误的。"（1252a8-9）这里的"有人"指的是柏拉图《政治家篇》中的"爱利亚来的客人"，① 他认为大家庭和小城邦之间没有实质性的差别，政治家和家长"只是在其所治理的人民在数量上有多寡之别而已"（1252a10）。这一观点与中国传统的观点非常相似：家是小国，国是大家。

但是，亚里士多德显然不能同意这种观点，他认为家与国之间存在质的差别，它们是两种不同类型的共同体，《政治学》第一卷的主题就是讨论它们之间的差别。为此，亚里士多德提出了两个论证：第一个是发生学的论证。人类社会的产生首先是由于男女同主奴这两种关系的结合组成了家庭，再由若干家庭联合组成了村坊，等到若干村坊组合而为城邦，社会就进入了高级而完备的境界（1252b10-29）。发生学论证显示了家庭和城邦之间的联系，如果我们仅仅限于发生学论证，就很容易得出一个结论：城邦不过是家庭的扩大。但是，紧接着，亚里士多德又给出了第二个论证：目的论的论证。他指出，城邦虽在发生程序上后于个人和家庭，在本性上则先于个人和家庭（1253a19-20）。目的论的论证要说明的是，城邦不仅在规模上要大于家庭，家庭只是城邦的一个组成部分，而且它在性质上异于家庭。正是目的论论证将亚里士多德与"爱利亚来的客人"区别开来。

亚里士多德的目的论论证可以从以下两个方面来加以理解：

（1）城邦是政治性的，这意味着城邦的性质迥异于前政治（pre-political）的家庭、村坊。尽管人被称为"政治动物"，生性喜好群居，但他的群居性必须达到城邦而后止。作为一种外在善，城邦以促进公民的德性为目的（1280b5-7）。它与家庭的区别在于，家庭的目的只是为了"生活"（life），而城邦的目的则是"好生活"（good life）（1252b29-30）。那么，城邦为什

---

① 柏拉图：《柏拉图全集》（第三卷），88～89页，北京，人民出版社，2002。家国同构在当时是一种流行的观点，在色诺芬的《回忆苏格拉底》中亦有所反映。

么能实现这一目的呢？这是因为城邦是由平等而自由的公民组成，城邦的政治统治是自由公民之间轮番为治。城邦让人人有机会参与政治、砥砺德性。只有在城邦中，通过参与审议和裁决等政治性活动，人的政治性（理性言说的机能）才能得到充分的运用，人的德性才能在理性沟通的过程中得到圆满的实现。①

反观家庭，家庭中包含三种关系，即主奴、夫妇和父子（1253b3-5）。亚里士多德指出"政治家所治理的人是自由人；主人所管辖的则为奴隶。家长对家务的管理类似于君主制，因为一个家中只有一个统治者；至于政治家所执掌的则为平等的自由人之间所付托的权威"（1255b17-20）。这段话有以下两点值得注意：

其一，此处所言的"家务"，除了主奴外，② 兼及夫妇、父子，三者都由"家长"一人主治。在家庭中，男性和女性在地位上存在一定差异，"就天赋来说，男性比女性更适合做主导"（1259b1-2）；在《欧台谟伦理学》中，亚里士多德甚至说"夫妻关系是治者与受治者的关系"（1238b25）。与此同时，"父权对于子女就类似于王权对于臣民的性质"（1259b10-11），他们之间也不是一种平等的关系。换言之，等级成为亚里士多德赋予家庭最主要的特征。亚里士多德给出的理由是，只有作为成年男性的家长具备完全的理性，奴隶完全不具备理性，妻子虽有理性但不充分，子女具备理性但不成熟，因此，奴隶听从主人的指挥、妻子服从丈夫、儿子听父亲的话，也就合乎自然了（1260a12-19）。

其二，家长的家务管理和君主对国家的管理被等同起来，但二者都区别于政治家的政治统治。亚里士多德指出，"君王正是家长和村长的发展"（1252b19-22），君主制的统治方式与家长对家务的管理一样，都是一种前政治的形态，是等级式的，家长或君王具有绝对的权威。只有当社会发展到城邦之时，统治的方式才由君王的个人统治转变为政治家凭城邦政制的规章加以治理。并且，权力掌握在全体公民手中，全邦人民轮番为统治者和被统治者，政治家不是像君王那样高高在上，而是人民的一员，仅仅在当值的年月执掌政权

---

① 关于亚里士多德的"政治"概念，中文文献可参考：江宜桦：《"政治是什么？"——试析亚里斯多德的观点》，载《台湾社会研究季刊》，第19期，1995年6月。英文文献可参考：Bernard Yack. The Problems of a Political Animal: Community, Justice and Conflict in Aristotelian Political Thought. Berkeley: University of California Press, 1993.

② 此处不拟讨论亚里士多德关于自然奴隶的观点，相关论述可以参考：Richard Kraut. Aristotle: Political Philosophy. New York: Oxford University Press, 2002, Chapter 8.

（1252a14-15）。

（2）城邦在逻辑上先于家庭，这意味着应该按照国来定义家，而不是以家来想象国；家只有在国的框架中才能获得自身的意义。作为国的一部分，家的目的必须与国的目的协调起来，家庭的功能——人类"生活"的发展——是为了更好地实现城邦的功能——人类的"好生活"，不能误认为家务管理的目的就是聚财（1257b38-1258a1），家务"重在人生的善德，不重家资的丰饶"（1259b20）。与此同时，要按照国的规范来重塑家庭关系。作为一家之主，要根据城邦治理的原理来教育儿童和妇女（1260b15-17）。即便是主奴之间，也要遵循正义的原则，主人的责任"不仅在于役使群奴从事各种劳务，他还得教导群奴，培养他们应有的品德"（1260b4-5）。

与亚里士多德不同，先秦儒家则认为家和国是同构的，甚至是一体的，这一点在"修身、齐家、治国、平天下"的公式中得到了集中的体现。[①] 具体言之，先秦儒家的家国关系包含以下三个方面的含义：

（1）家国同构。家与国是一个同心圆的结构，家是微缩版的国，国是放大版的家，它们在性质上是一样的，在结构上是相同的。众所周知，周制一直是孔子心目中理想的政治制度和社会制度。事实上，西周时期周公制礼作乐就是以礼乐方式构筑"家天下"的政教结构，封建不过是将天下分由天子的兄弟伯叔甥舅共同治理。[②] 尽管秦汉之际封建制转为郡县制，但是，家国同构的基本架构并没有改变，钱穆先生指出，在秦汉"化家为国"的历史进程中，家宰一变而为国家的政治领袖，家臣一变而为朝廷的重臣，汉代九卿均由过去的家臣转化而来。[③]

（2）家国一体。家国不仅是同构的，而且是一体的。皇帝之家自不待言，皇帝的家务即国事。同时，国事也常常被当作家事来对待，这就是为什么外戚

---

① "修齐治平"公式包含多重政治关系，本文处理的主要是家与国的关系，其余不论。关于身与国的关系，请参考：詹石窗：《身国共治——政治与中国传统文化》，厦门，厦门大学出版社，2003；刘畅：《心君同构——中国古代政治思想史的一种原型范畴分析》，天津，南开大学出版社，2009。关于家与天下的关系，请参考：尾形勇：《中国古代的"家"与国家》，第五、第六章，北京，中华书局，2010。

② 陈赟：《"家天下"与"天下一家"：三代政教的精神》，载《安徽师范大学学报》（人文社会科学版），2012（5）。

③ 钱穆：《中国历代政治得失》，6～10页，北京，生活·读书·新知三联书店，2001。

在中国历代政治中常常为祸的原因。[①] 即便是普通百姓家，也具有政治性。有人问孔子："子奚不为政？"孔子答道："书云：'孝乎惟孝，友于兄弟。'施于有政，是亦为政，奚其为为政？"（《论语·为政篇》）明确肯定在家孝悌，做事恰如其分，将家治理得井井有条，那就是从政。齐家等于治国，行孝等于尽忠。

（3）以家拟国。按照家的形象来想象国的结构、运行和治理，将家内秩序原理运用于政治秩序之中。其中，最重要的模拟主要有三个方面：一是官民关系，被比拟为父母与子女的关系。早在《尚书·洪范》中就有"天子作民父母，以为天下王"的说法。二是统治集团内部，君臣亦同父子。孟子曾将这一转换表达得十分清楚："内则为父子，外则为君臣，人之大伦。"（《孟子·公孙丑下》）父子之亲是齐家的原理，君臣之义则是治国的根本。三是政治行为，君、臣、民之间以家庭成员相待。朱熹在解释《论语·学而篇》中的"其为人也孝弟而好犯上者，鲜矣"时，引用北宋理学家游酢的话发挥道："若是者，其事君必如其亲，忧国必如其家，爱民必如其子。"[②]

综上，亚里士多德和先秦儒家对于家和国的关系有不同的构想。作为西方政治学鼻祖的亚里士多德强调家国分途，认为它们是两种性质完全不同的事物，家庭是前政治性的，城邦则是政治性的；等级是家庭的主要特征，自由而平等的公民关系则是城邦的基础，因此，不能用治理家庭的方法来治理城邦。而先秦儒家则认为家与国没有本质区别，只是规模大小不同，家是小国，国是大家，因此，家的治理和国的治理不仅道理相通，而且互摄互融。

本文认为，亚里士多德和先秦儒家关于家国关系的不同构想对中西后世的政治思考均产生了重大的影响。无论是讨论政体问题还是讨论政治伦理问题，家国观都是一个基本参数，它引导了政治思考的基本方向。

第二节　政体设计：异彩纷呈与囿于一隅

中国人在阅读《政治学》时经常浮现出来的一个疑问是，为什么政体问题

---

① 邢义田：《天下一家：皇帝、官僚与社会》，165～166页，北京，中华书局，2011。
② 朱熹：《论孟精义》，见《朱子全书》（修订版）第7卷，32页，上海：上海古籍出版社、合肥，安徽教育出版社，2010。

在西方政治思想史上是一个历久弥新的永恒主题，而中国传统政治思想关于政体的问题基本上囿于一隅，几乎所有的思想家都是在君主制的框架下展开自己的思考？

我们起码可以从两个不同的角度来思考这一问题。一是从实践与理论互动的角度来观察政治实践对政治思想的约束作用。古典希腊世界不同城邦确实存在各式各样的治理模式，这为当时的思想家思考政体问题提供了丰富的素材。而在孔子生活的时代，各诸侯国采取的都是国君制，这在一定程度上限制了先秦儒家在治理形式上的想象力。当然，在春秋时期也确实有几个诸侯国（如晋、郑、鲁）曾经被强权贵族结成的联盟把持，君主被边缘化，甚至遭到驱逐。但是，没有人胆敢将这种寡头政治形式制度化，思想家们也没有人提出君主制的替代方案。①

为什么春秋时期寡头制的政治实践没有催生出政体理论的发展呢？这就涉及第二个观察角度：理论自身的约束作用。具体言之，家国同构的政治想象对思想家在思考治理形式时所构成的约束。按照儒家"修齐治平"的公式，"欲治其国者，先齐其家"，"家齐而后国治"（《大学》）。这一公式不仅预设了家与国的同构，而且规定了致思的顺序，必须先家后国，以家拟国，将家的原理应用于国的治理。因此，本文认为，儒家政治思想形成之时的政治实践和家国同构、以家拟国的逻辑起点，二者共同挤压了先秦儒家关于国家治理形式的运思空间，使君主制成为最有可能的一个选项。

有人可能会反驳道，亚里士多德曾经说过，在家庭中也可以看到与政体相似的形式。父子关系类似于君主制，夫妻关系类似于贵族制，②兄弟关系类似于资产制（1160b22-1161a5）。③这似乎暗示着即使以家拟国，也有可能构想出不同的政体形式。但是，这样的质疑需要考虑两个问题。

其一，亚里士多德此处的类比是在了解城邦所具有的不同政体形式的前提下，从家中找出与各政体形式类似的元素。它是一个以国拟家的过程，而不是以家拟国的过程，这与先秦儒家的思考路线正好相反。

① 尤锐：《展望永恒帝国：战国时代的中国政治思想》，24页，上海，上海古籍出版社，2013。
② 在《政治学》中，亚里士多德认为夫妻关系类似于共和制（1259b1）。
③ 亚里士多德：《尼各马可伦理学》，248～249页，北京，商务印书馆，2003。以下凡《尼各马可伦理学》引文均出自该译本，不再一一注明，仅随文注明标准页码。

　　其二，即使我们承认，以家拟国也有可能想象出不同的政体形式，我们也需要解释为什么先秦儒家选择了父子关系，而不是夫妻关系或兄弟关系作为原型来想象"国"的治理形式。

　　从发生学的意义上来讲，父子关系和兄弟关系都是后起的，夫妻关系才是家的起点。先秦儒家为什么没有选择夫妻关系作为原型来想象"国"的治理形式呢？这可能有两个方面的原因。一是从政治实践的角度来看，儒家思想形成之时，中国社会早已越过母系氏族阶段进入男权社会，男尊女卑的格局已然形成。二是与中国传统的阴阳理论有关。《系辞传上》一开篇就是"天尊地卑，乾坤定矣。卑高以陈，贵贱位矣"。乾为阳为尊为贵，坤为阴为卑为贱。金景芳先生认为，这两句话把握了《周易》的要害和关键。《周易》与殷代的《归藏》不同，卦序由首坤次乾变为首乾次坤，这一变化构造了当时人们整个的思维模式，影响中国数千年的思想发展趋势。中国传统思想，尤其是儒家思想，其源头可以追溯到这里。夫尊妻卑、父尊子卑、君尊臣卑的思想都由首乾次坤发展而来。[1] 在阴阳思想的指导下，先秦儒家只会选择男权原则而不可能是男女平等原则，夫妻关系不可能成为以家拟国的原型。

　　那么，在男权原则的指导下，为什么没有选择兄弟关系，而是选择了父子关系作为原型来想象"国"之治理呢？这与西周所建立的宗君合一的"宗法封建制"国家形态有关。按照周制，作为政治组织的封建制度是以血缘宗法关系为基础的，宗统与君统是合一的，天子和诸侯都是以"宗族领袖"兼为"政治领袖"。[2] 宗法封建制最重要的特点就是嫡长子继承制，它在权力继承问题上彻底确立了父死子继的原则，由此导致在政治意义上父子的重要性超越了兄弟。[3] 在宗法制度下，大权操于家长之手，男女上下、长幼之间，尊卑有序，

---

① 金景芳、吕绍刚：《周易全解》，435 页，长春，吉林大学出版社，1989。

② 管东贵：《从宗法封建制到皇帝郡县制的演变》，北京，中华书局，2010，尤其是其中《周人"血缘组织"和"政治组织"间的互动与互变》一文。

③ 父死子继的权力继承方式并非始于西周，在殷商末期即已出现。但是，在商代兄终弟及是常态，商代 17 世 29 王（据甲骨文"周祭谱"中所排的商王世系）中兄终弟及的有 19 王。一世兄弟数人为王时，最后一位弟死后，其王位应回传给长兄之子。从汤到阳甲的 10 世 19 王中，这一制度基本保持完好。只是到康丁之后的最后 5 王。才行一世一王，确立嫡长子继承制。西周王朝在建立以前，周方国也没有确立较为明确的嫡长子继承制。武王之后，在周公等重臣的全力维护下，嫡长子继承制才作为一项制度确立下来。相关情况可以参考：王宇信、杨升南：《中国政治制度通史》（第二卷），175 ～ 176、217 ～ 219、320 页，北京，人民出版社，1996。

各安其位，整个制度就是以父子为中轴建立起来的。因此，在男权原则之下，孔子选择了父子关系而不是兄弟关系作为原型来想象"国"的治理形式。按照"父子中轴"原理，先秦儒家排除了共和制或贵族制的制度选项，将君主制作为政制的不二选择。[①]

与之相反，希腊古典时期的政治实践和家国殊途的逻辑起点，拓展了西方思想家关于国家治理形式的运思空间，为政体理论的发展创造了条件。古希腊丰富多彩的城邦治理实践为思想家思考政体问题提供了丰富的素材，亚里士多德本人就是在广泛收集了 158 个城邦资料的基础上写出《政治学》这本传世名著的。但是，丰富的政治实践本身还不足以保证思想家能据此提出对后世产生深远影响的政体理论，更不能保证政体问题成为后世政治思考的重心。在很大程度上，这要得益于亚里士多德做出的一个创造性的理论工作：区分家与国。当家国殊途、"家"不是"国"之原型时，制度安排的想象空间就被打开了。由于国是由没有血缘关系的自由而平等的公民组成，因此，公民之间如何相处就具有了多种可能性，而不是像在家中那样，成员之间的关系和结构是不可更改的。如果说家的治理因其自然的规定性而选择空间有限的话，那么，国的治理则因其成员的平等性而可以有不同的设计。

当君主制成为政体的唯一选项时，圣王理想也就成为先秦儒家政治思想的核心论题，[②]因为君主是整个政体的核心，政体能否有效运转，端赖君主的状况。因此，儒门之论治，其有望于天子，必期天子为"圣王"。[③]圣是一种规范性理想，王是一种政治事实。圣王理想期待由德行最高同时也最智慧的人来掌握最高权力。[④]正是在圣王思想的引导下，中国在政治实践中发展出非常丰富的制度安排，努力实现"圣"与"王"的合一。例如，东宫制度，对太子进行系统的政治教育；

① 此处强调家国关系对政体设计的影响，并不排除其他因素对此的影响，如天道观、宇宙观对王权的论证。相关论述可以参考：王爱和：《中国古代宇宙观与政治文化》，上海，上海古籍出版社，2011。

② 圣王不仅是先秦儒家的理想，也是诸子百家的共同理想。见邓国光：《圣王之道：先秦诸子的经世智慧》，157 ～ 158 页，北京，中华书局，2010。

③ 同上书，170 页。

④ 传统政治思想关于圣王的论述经历了"圣人最宜做王"到"帝王最有资格当圣人"的变迁过程。张分田：《中国帝王观念》，245 页，北京，中国人民大学出版社，2004。关于圣王理想更详细的论述可以参考：王文亮：《中国圣人论》，第 4、第 5 章，北京，中国社会科学出版社，1993。

经筵制度，即使当了皇帝，还要接受终生教育；谏议制度，兼听则明，防止君主独断。①

尽管柏拉图也提出过与圣王有诸多相似之处的"哲人王"思想，但哲人王和圣王还是有很大的不同的。儒家的圣王理想主张的是德化，柏拉图的哲人王思想主张的是知识的统治。② 儒家的德化模式强调政治的主要工作在于化人，非以治人，更非治事，③ 为政就是政治领袖以自身的德性来感召他人。柏拉图哲人王的原理则是，统治从本质上来讲是一种知识的统治。尽管家庭、王国和城邦在规模上有差异，但是，其统治有一个共同点：它们都是专家统治，即适当的人在实施统治。作为专家的哲人王的统治合法性源于他掌握了关于善的理念的知识（473c-e，502d-541b）。④

亚里士多德并不认为只有在圣王的统治下才能获得善治，尽管他也希望能有才德超群的君主或贵族群体，以便建立君主政体或贵族政体，但是，他深知儒家式的圣王是可遇不可求的。因此，他认为更应该设想"最适合于一般城邦而又易于实行的政体"（1288b37-39）。从这个意义上讲，圣王理想，无论是儒家还是亚里士多德都有，尽管他们对于圣王的理解可能有所不同。但是，在没有圣王的情况下如何治理呢？双方存在巨大差别。在没有圣王的条件下，儒家强调君臣共治，通过贤臣来弥补君的不足；而亚里士多德从来没有讨论过君臣关系，他强调城邦的治理靠的是法治。他在批评民主制或寡头政治时，总不忘法治这个背景，他最严厉的批评就是，政体脱离了法治，简直就不成其为一个政体了（1292a30-35）。

第三节　政治伦理：友爱与忠孝一体

无论是在中国还是在西方，政治伦理都是非常重要的议题。但是，有意思

---

① 张分田：《中国帝王观念》，509～538 页，北京，中国人民大学出版社，2004。
② 萧公权先生指出："柏拉图之哲君为一尚智之哲人，孔子之君师为一尚德之仁者。君师以德化人，哲君以智治国，其为人与操术俱不相同。"萧公权：《中国政治思想史》，43 页，北京，中国人民大学出版社，2014。
③ 同上。
④ 关于哲人王和知识的统治更详细的讨论，可以参考：Malcolm Schofield. Plato: Political Philosophy. New York: Oxford University Press，2006，Chapter 4.

的是，先秦儒家和亚里士多德在政治伦理问题上所重视的具体德目差别很大。在先秦儒家那里，忠孝被置于核心位置；而在亚里士多德那里，与忠孝对应的关系性政治伦理是友爱。

"孝"在儒家思想中占有重要的地位。从孔子开始，孝就被认为是整个德性修养的基础："孝弟也者，其为仁之本与。"（《论语·学而篇》）孟子进一步将孝作为政治原理："尧舜之道，孝悌而已。"（《孟子·告子下》）在春秋晚期至战国晚期，甚至出现了一本专门论述孝的《孝经》，孝被提升到"天之经也，地之义也"（《孝经·三才章》）的高度，并在此基础上发展出"孝治天下"的主张。①

与先秦儒家相比，在专门论述德性的《尼各马可伦理学》中，亚里士多德讨论了三组共十多种具体的德性。其中，友爱占的篇幅最大，亚里士多德花了整整两卷的篇幅来讨论友爱，却没有专门讨论过"孝"这个在中国传统思想中最重要的德性，他将"孝"的相关内容融入友爱之中，作为友爱的一种——家室的友爱——来加以讨论。

那么，儒家对"孝"的重视和亚里士多德对"友爱"的重视，对于各自文化系统的政治思维究竟意味着什么呢？

儒家提出了五伦，即君臣、父子、夫妇、兄弟、朋友，作为人在处理社会关系时最重要的五个方面。如果让亚里士多德来回答这个问题，他可能会加上一伦，即公民。从性质上看，父子、夫妇和兄弟属于家庭关系，朋友、君臣、公民属于家庭之外的社会和政治关系。其中，在父子、夫妇和兄弟这三组家庭关系中，父子是最自然、最纯粹的家庭关系。②"孝"针对的是父子伦，"友爱"针对的则是朋友伦，朋友之间的爱是友爱的原型（1155a4-5）。

儒家的伦理图示以父子伦为中轴，将家庭伦理中最本质的要求"孝"扩展到其他领域，成为诸德的基础和起点，"百善孝为先"是其最经典的表述。表现在政治领域，在家为孝，在国为忠，"父子之道，天性也，君臣之义也"（《孝经·圣治章》）。作为家庭伦理的孝与作为政治伦理的忠之间的关系有两个层次：①忠孝相通、孝导致忠。当季康子问孔子，如何使民忠其上时，孔子告诉他"孝

① 李隆基注，邢昺疏：《孝经注疏》，邓洪波整理，22 页，北京，北京大学出版社，2000。
② "五伦中惟父子一伦，乃纯以天合，故孔门特重言孝。"钱穆：《论语新解》，3 版，97～98 页，北京，生活·读书·新知三联书店，2012。

慈则忠"（《论语・为政篇》），这可能是后世忠孝相通观念的源头。孔子还明确地指出孝可以向政治领域延伸："其为人也孝弟而好犯上者，鲜矣；不好犯上而好作乱者，未之有也。"（《论语・学而篇》）与忠相比，孝是更为根本的伦理要求，也是忠得以形成的基础，东汉时期出现的"忠臣出于孝子之门"的谚语集中体现了这种忠孝相通、孝导致忠的观念。②忠孝一体、忠即是孝。忠孝混同的观念出现于战国晚期，《荀子》将"忠臣孝子"连称，开启了忠孝一体的先河。在《礼记》和《孝经》中都可以见到孝道政治化和忠孝混同的表述。《礼记》"事君不忠，非孝也；莅官不敬，非孝也；朋友不信，非孝也；战阵无勇，非孝也"（《礼记・祭义》），明确指出家之外的各种规范均是孝的延伸，从本质上讲都是孝的变体，事君之忠本身即是孝。《孝经》更明确地提出"以孝事君则忠"（《孝经・士章》）。成书于五代北宋之间的《忠经》进一步发挥《孝经》"移孝作忠"的思想，提出"以忠保孝"，孝以忠为贵，无忠则无孝，故先忠而孝道尽。①

如果说将孝扩展至政治领域在先秦儒家那里还只是停留在思想层面的话，那么，到了秦汉，它则进一步进入制度层面，汉代皇帝号称以孝治天下，自惠帝起皆以"孝"入谥号，并于郡国学校遍设《孝经》师。东汉以后，孝廉成为政府用人最主要的来源。②一直到明清，孝治天下的传统都在帝国的文化秩序中扮演了重要的角色。③

与儒家不同，亚里士多德决不能同意将家庭统治关系和家庭伦理扩展到政治领域，以之来比拟政治统治或公民之间的友爱。④也许在他看来，移孝作忠

---

① 陈玮芬：《近代日本汉学的"关键词"研究：儒学及相关概念的嬗变》，154 页，上海，华东师范大学出版社，2008。当我们说中国传统政治思想将忠与孝视为一体时，也不能忽视忠与孝之间可能存在的冲突。早在孔子和孟子那里，就多次遭到诘难，孔子"子为父隐"（《论语・子路篇》）和孟子"窃负而逃"（《孟子・尽心上》）的公案就将二者之间的冲突尖锐地凸显出来。同时需要指出的是，如果说先秦儒家的基本立场是"孝"优先于"忠"的话，那么，秦汉以后，随着皇帝制度的建立，体制要求将"君臣"置于优越的地位，并将"父子"纳入整体的秩序之中，"忠"优先于"孝"的立场逐渐占据主导地位。相关论述可以参考：尾形勇：《中国古代的"家"与国家》，143～149 页，北京，中华书局，2010；甘怀真：《皇权、礼仪与经典诠释：中国古代政治史研究》，217～222 页，上海，华东师范大学出版社，2008。

② 邢义田：《天下一家：皇帝、官僚与社会》，37、165 页，北京，中华书局，2011。

③ 吕妙芬：《孝治天下：〈孝经〉与近世中国的政治与文化》，台北：联经出版事业股份有限公司，2011。

④ May Sim. Remastering Morals with Aristotle and Confucius. Cambridge University Press，2007. 170.

会掩盖政治的基本性质，"孝治天下"等于取消政治，因为政治是自由而平等的公民轮番为治的过程。与先秦儒家将父子之间的孝作为标准来衡量君臣关系不同，他是以朋友之间完善的友爱作为标准，试图对政治领域的公民友爱进行提升，从而将城邦打造成为一个友爱的共同体，促进城邦的团结，促进公民德性的完善。

按照亚里士多德的分类，友爱分为三种类型，即完善的友爱、实用的友爱和快乐的友爱。"完善的友爱是在德性上相似的好人之间的友爱。"（1156b7）它完全是因朋友自身之故而愿意并尽力去做于他是善的事，它超越了任何功利的目的，是很少见的（1156b24）。因有用而爱的人是为了对自己有好处，因快乐而爱的人是为了使自己愉快，他们的爱都不是因对方自身之故（1156a11-15），因而属于低等的友爱。

作为城邦团结纽带的公民友爱属于实用的友爱，与完善的友爱相比，实用的友爱和快乐的友爱都是不稳定、不持久的，这一方面意味着城邦团结的脆弱性，另一方面也意味着公民友爱需要提升。为此，需要从公民和政体两方面着手。从公民角度来讲，应使他们认识到，所有其他公民，甚至那些他几乎或完全不认识的公民都自愿支持共同的制度，并自愿提供社会公共产品；而所有公民都将从这些制度和产品中受益。这样，公民们将本着相互友善的精神进行交往，并按照友爱的要求，为共同利益而牺牲自己的直接利益。[①] 就政体而言，政体形式对友爱与公正的昌行与否影响甚大。在正常政体中，充满友爱；但在变态的政体中，就少有友爱。在最坏的政体中，友爱就最少（1161a10-31）。一个城邦要使友爱与公正昌行，成为牢固的联系纽带，立法者就要设计好的适合城邦公民社会的政体，并使德性得到最大的尊敬。[②]

公民友爱的提升不仅能使城邦的团结建立在坚实的基础之上，而且也使公民自身的卓越成为可能，因为通过公民友爱，一个人可以养成对他人的友善与同情，而这正是完善的道德自我所要求的。[③] 通过共同生活的朋友之间分享谈话和思想，它一方面是我们的政治自然（本性）的实现，另一方面又是我们的

①　John M Cooper. Reason and Emotion. Princeton，NJ：Princeton University Press，1999. 333.

②　廖申白：《亚里士多德友爱论研究》，170 页，郑州，河南人民出版社，2000。

③　John M Cooper. Reason and Emotion. p. 335.

理性自然（本性）的表达。①

值得注意的是，当孝与友爱这两种伦理要求被应用于政治领域时，其所带来的后果是不一样的。

一方面，当基于父子关系发展出来的"孝"被扩展到政治领域，以之来处理君臣或官民关系时，它需要突破自然的障碍。父子关系是一种血缘关系，它是天然的，不可改变的。但是，君臣关系和官民关系则不是。那么，基于血缘关系发展起来的孝如何在非血缘关系中转化为政治形式的孝（即忠）呢？这显然不是一个简单的平移过程，它需要一种飞跃，而实现这种飞跃的手段就是模拟血缘关系。所以，我们在儒家的政治论述中经常会读到诸如"为民父母""义为君臣、恩犹父子"之类的表述。② 但是，这种拟制所造成的结果是，无法构造出"公"家。也就是，即使"家"的规模扩大了，但其活动仍被限制在"私"的范围之内。③ 与此不同，当朋友之间完善的友爱被当作标准应用于政治领域，以之来提升公民友爱时，则不会遭遇类似的困境，也不会产生拟制的负面作用，因为无论公民还是朋友，都是基于后天因素关联起来的。

另一方面，无论是孝所处理的父子关系，还是忠所处理的君臣或官民关系，都是一种垂直关系，因此，在中国传统政治思想中几乎没有讨论过水平形态的民与民之间的关系。结果，本来应该是水平形态的政治伦理被想象成为垂直形态的伦理关系，本来应该是相互之间的敬与爱被扭曲为人身依附关系。在极端的情况下，君臣关系竟变成了主奴关系。④ 与此不同，朋友之间的友爱和公民之间的友爱都是水平形态的，因此，亚里士多德在讨论政治伦理时，几乎没有涉及过在中国传统政治话语中占核心地位的君臣关系。

第四节 结论：安"家"以兴"邦"

在追溯了亚里士多德和先秦儒家关于家国关系的思考以及它们对各自文化

① 伯格：《尼各马可伦理学义疏——亚里士多德与苏格拉底的对话》，282、293 页，北京，华夏出版社，2011。
② 在《三国志》中，刘晔形容刘备和关羽的关系，用的就是"义为君臣、恩犹父子"。甘怀真：《皇权、礼仪与经典诠释：中国古代政治史研究》，216 页，上海，华东师范大学出版社，2008。
③ 尾形勇：《中国古代的"家"与国家》，177 页，北京，中华书局，2010。
④ 尾形勇：《中国古代的"家"与国家》，176 页，北京，中华书局，2010。我们在清宫戏中经常听到的"奴才在"就是典型。

系统所产生的影响之后，我们需要思考的一个问题是，如何在"国"中安放"家"，才能更好地推动政治的健康发展？

第一，家国殊途比家国同构更有利于政治的健康发展。如前所述，亚里士多德严格区分家与国，为制度安排的多样性敞开了大门，政体理论成为西方政治思想的核心内容；先秦儒家以家拟国，对政体问题的思考被局限于君主制的窠臼之中，对规则之治的热情远远低于对圣王的期待。在家国殊途的前提下，自由而平等的公民观念得以确立；而在以家拟国的过程中，移孝作忠，极易形成流弊，造成人身依附和君、国不分。在公民模式下，公民之间的友爱与对国家的爱是重合的；但是，在君臣模式下，对君的忠与对国家的爱可能会发生错位。只有当君是明君时，忠君与爱国才是合一的；当君是昏君时，忠君就与爱国背道而驰，变成了愚忠。①相比较而言，家国殊途的基本预设可能更有利于我们对政体问题的思考和政治伦理的健康发育。

第二，家与国各归其位、各安其位。"家"不是"国"，家的组织原理不应该成为国模仿的对象，应将国建立在自由平等的基础之上。同时，"国"也不是"家"，国乃天下公器，非一家一姓之私产，亦非某个利益集团的囊中物，既要破除"家天下"的思维定势，也要防止国侵入家，让社会领域的家保持其自主性。社会的归社会，政治的归政治，各自按照自己的法则运行，这可能是一幅比较健康的"家—国"图景。

第三，在政治中为家留出适当的空间。这一点非常重要，结合中西方政治思想的历史我们发现，在中西方都有过对家进行贬斥甚至否定的经验。这一点在柏拉图那里表现得最为明显，他在《理想国》中竟然提出彻底废除家庭，由城邦来承担家庭的抚育和教育功能（457c-466d）。中国近代以来，在西方思想的冲击下，家族制度作为君主制的原型遭到严厉批判，许多知识分子批评儒

---

① 需要指出的是，愚忠只是"忠"观念的流弊所致的一种状态。按照孔子和孟子的看法，"忠"是有条件的，它必须以"义"为根据，否则即为"妾妇之道"（《孟子·滕文公下》）。事实上，"君臣义合"在宋代作为大原则被重新确立起来，后来甚至产生出将家庭伦理和社会政治伦理进行区分的思想。例如，清代的吕留良就认为父子与君臣是两种不同类型的事物，应按照不同的原则来加以规范："五伦中，惟父子兄弟从仁来，故不论是非。若君臣朋友二伦，却从义生，义则专论是非"，"合则为君臣，不合则可去，与朋友之伦同道，非父子兄弟比也。"吕留良：《吕留良全集》，第5册25页、第6册626页，北京，中华书局，2015。在此，我们可以观察到儒学思想内部的张力。

家的家庭伦理对于个体发展的压抑，并指责孝道为专制政治的温床。[①] 连新儒家的代表人物熊十力也认为"家庭是万恶之源，衰微之本……无国家观念，无民族观念，无公共观念，皆由此"[②]。尽管他们对家的批评是出于不同的立场，但其结果都是取消了家在政治中的合法性，这就从一个极端走到了另一个极端，本来是要纠偏，结果却将孩子和洗澡水一起泼出去了。

本文认为，尽管不宜以家为原型来思考和安排政治，但是，我们应该在政治思考和政治实践中给家留出适当的空间，因为家具有重要的社会和政治功能。一方面，家作为社会的细胞对于政治稳定具有重要的作用；另一方面，家在公民教育方面具有不可替代的功能。毕竟，家是一个人最初的社会化场所，也是一个人最初和最重要的政治社会化场所。一个人基本的社会体验均来自家，孔子说孝为"仁之本"是有道理的，家是一个我们乐于置身于其中的温暖场所，尽孝对一个人修养其人性是本质性的。[③] 尽管孝本身不能直接地转化为公民之间的友爱，但它对人性的培养确实能为公民德性的养成奠定良好的基础。

从这个意义上讲，家庭应该在公民教育中占有重要的地位，一方面，我们要以"情"为基础，培养个体成员的人性，首先将一个婴儿培养成"人"；另一方面，我们要按照"国"的原理来规范"家"，让家成为公民教育的场所，为"人"成长为"公民"奠定良好的基础。例如，引入政治领域的自由、平等原则，将自由、平等的精神灌注于家庭成员的日常生活之中。在父母和子女的关系上，要尊重子女的人格和独立，以平等的方式对待他们；在夫妻关系上，要破除男尊女卑的传统观念。通过"情"与"理"的结合，让自由、平等的精神以更自然的方式植入儿童幼小的心灵。只有在这样的家庭氛围中，儿童才能更好地成长为未来的公民。

---

① 吴虞：《家族制度为专制主义之根据论》，载吴虞：《吴虞文录》，1～7页，合肥，黄山书社，2008；陈独秀：《东西民族根本思想之差异》，林文光编：《陈独秀文选》，61～64页，成都，四川文艺出版社，2009。

② 熊十力：《现代新儒家的根基——熊十力新儒学论著辑要》，336～337页，北京，中国广播电视出版社，1996。

③ 余纪元：《德性之镜：孔子与亚里士多德的伦理学》，200页，北京，中国人民大学出版社，2009。

第三编

理论旅行与中国民主思想的生发

　　无论是从 19 世纪末到 20 世纪初民主理论的输入，还是 21 世纪初协商民主理论在中国的兴起，都是中西文明对话的结果。正是在文明间对话的过程中，中国古代典籍中"民主"一词被赋予了新的意义，并逐渐与英文的"democracy"建立了固定的联系；中国共产党政治传统中的"政治协商"被激活，中国历史上的廷议、谏诤等政治实践逐渐引起政治学界的关注，并可能成为协商民主进一步深化的思想资源。

第十章　"民主"一词在近代中国的再生 *

　　思想史上常常有一些关键词（keyword），这些词虽然为数不多，但地位很重要，可以说，思想史的研究在很大程度上就是围绕着这些关键词而展开的。不同的时代会有不同的词被发明或被重新发掘出来，成为这一时代的关键词。但在某一特定的历史情境中，为什么是这些词而不是那些词被发明或被重新发掘出来，成为这一时代的关键词呢？这是思想史研究所需要特别加以关注的问题。由于这些关键词被不同的作者在不同的意义上加以使用，每个人都给这些词涂上了一层厚厚的油彩，以至于作为后人的我们已很难辨识其本来的面目，而常常迷失在一片斑驳的图景之中。因此，清理掉涂抹在这些关键词身上的油彩，考察这些关键词是如何被发明或被重新发掘出来，又是如何被重新加以界定的，无疑是思想史研究的一个重要维度。

　　在近现代思想史上，"民主""科学""革命"无疑是很重要的几个关键词，"科学"和"革命"在近代的重新发掘和界定过程已有学者做了详细的考订，① "民主"一词也引起了一些学者的兴趣。② 本章试图在这些学者已有研究的基础上，系统考察"民主"一词在近代是如何被重新发掘出来并加以界定的过程。

---

*　本章曾发表于《清史研究》，2004 年第 2 期。
① "科学"一词的考订见汪晖《科学的观念与中国的现代认同》，收入汪晖：《汪晖自选集》，桂林，广西师范大学出版社，1997。"革命"一词的考订见陈建华《"革命"的现代性》，上海，上海古籍出版社，2000。
② 金观涛、刘青锋：《〈新青年〉民主观念的演变》，载《二十一世纪》，1999 年 12 月号；方维规《"议会""民主"与"共和"概念在西方与中国的地变》，载《二十一世纪》，2000年 4 月号；熊月之：《自由、民主、总统三词汇在近代中国的翻译与使用》，载《百年》，1999年 5 月号。

第一节 古汉语语境中的"民"与"主"

"民主"一词并非舶来品,而是汉语中本来就有的一个词,因此要考察"民主"一词在近代的再生过程,就有必要回顾一下"民主"一词在古汉语中的含义和用法。有论者已经指出,"民主"一词由"民"和"主"两部分构成,在古汉语中,"民主"是一个偏正结构的词,即"民之主",而在现代汉语中,"民主"变成了一个主谓结构的词,即"民做主"。[①] 在这里,虽然注意到了"民主"中的"主"由古代汉语中的名词("主人")到现代汉语中的动词("做主")的变化,但人们忽略了"民主"中的"民"的含义在古代汉语中也有一个发展变化的过程,并且在不同的语境中有着十分不同的用法,"民"作为"人民"的用法只是近现代思想家勘定的结果。[②] 这一勘定抹杀了"民"在古汉语中用法的丰富性,也遮蔽了"民主""民本"与"君本论"之间的联系,使我们在肯定"民"为"人民"的同时无法面对以下的诘难:既然"民"就是"人民",为什么有着悠久民本思想传统的古代中国长期以来却与君主制相安无事?不仅较为开明的唐太宗、康熙皇帝提倡民本,就连一向作为专制主义代表人物的朱元璋都提倡民本?[③]

因此,我们有必要考察"民"以及与之相关的"民主""民本"等词在古汉语中的含义,特别是它们在古代政治思想史的脉络中的具体用法,以为后文做一个铺垫。下面我们将通过对两段被视为民本思想的关键史料的重新解读来看一看"民本"之"民"究何所指,并进一步考察"民本"思想在中国传统政

---

① 见前揭《〈新青年〉民主观念的演变》一文。

② 自五四以来,"民主"成为中国知识界的宠儿,大家不仅热心地介绍来自异国他乡的民主思想,而且不遗余力地在古代典籍中寻觅民主的踪迹,找来找去,很快发现了民主的中国版本——民本思想。于是围绕着民本和民主的关系,大家展开了激烈的论争,但无论是主张还是反对民本思想等于民主思想,争论双方的一个共同点是,"民"就是"人民",民主中的"民"如此,民本中的"民"亦如此。"民"就是"人民"是争论双方的一个共同预设。

③ 参见段丽江:《试论唐太宗民本思想与"贞观之治"》,载《人文杂志》,1996(3);刘泽华:《贞观时期君臣的民本思想》,载《南开学报》,1991(3);陈劲松:《民本思想与封建君主制结合的必然性与冲突性》,载《浙江师大学报》,1998(5);宋得宣:《论康熙天人感应中的民本思想》,载《云南社科》,1986(6)诸文。

治思想格局中的位置。①

第一段史料出自《尚书·泰誓》："天视自我民视，天听自我民听。"这段史料是几乎所有讲民本思想的人都要引的一段经典史料。一般解释为："上天所看到的来自我们人民（或老百姓）所看到的，上天所听到的来自我们人民所听到的。""民"被解释为"人民"或"老百姓"。如果我们抛开这句话的文献背景和文献本身所处的历史背景，抽象地来看，这样的解释似乎并没有什么问题，但一旦我们把它放回到具体的历史场景中，我们马上就会发现这种解释是有疑问的。

实际上，此处所谓的"民"与殷商时期的另一个词"民主"中的"民"是同一含义，"民主"即"各族盟主"，② "民"即"族"。我们知道，商代的政治结构是比较松散的，氏族组织规模不大，数量众多（号称诸侯三千，据许倬云先生估计，至少有一千五，而当时的总人口不过110万左右，③ 平均一族不过600人，周武王孟津大会诸侯，参加者有八百族之众，兵力不过6万人）。商王虽为各族盟主，但他对各族的控制力很有限，各族具有较强的独立性，再加上当时的生产力发展水平等因素，"个人"不可能从氏族中独立出来作为独立的个人行动，而作为超越于各族之上的"人民"的概念则更难以生发。因此，此时的基本行动单位是"氏族"或"氏族联盟一部落"。明白了这一层，则训"民主"为"各族盟主"就不难理解了，既然"民主"中"民"即"族"，④ "天视自我民视，天听自我民听"中的"民"为什么就是"人民"而不能是"族"呢？

我们还可以举几个旁证。《尚书·酒诰》："故天降丧于殷，罔爱于殷，惟逸，天非虐，惟民自速辜。"此处"殷""民"对举，"民"显然不是指"人民"，而是"殷族"。《师询簋》："以临保我有周，于四方民，亡不宁静。""有周"

---

① 民本思想在近现代以来一向被视为民主思想的中国版本，而古汉语中的"民主"则被视为"君主"的同义词而被轻轻放过，见刘泽华：《中国政治思想史·先秦卷》，20页，杭州，浙江人民出版社，1990。

② 刘泽华：《中国政治思想史·先秦卷》，20页，杭州，浙江人民出版社，1990。"民主"一词最早见于《尚书·多方》"天惟时求民主，乃大降显休命于成汤，刑殄有夏"，以及"乃惟成汤，克以尔多方，简代夏，作民主"，《诗》中也多次出现。

③ 许倬云：《西周史》（增订本），第二章，北京，生活·读书·新知三联书店，1994。

④ 前揭许著及杨向奎：《宗周社会与礼乐文明》（修订版），北京，人民出版社，1997。

即"周族",将周族与"四方民"对举,"民"显然也是"族"而不是"人民"。[①]

正因如此,所谓的"民本"和"民主"在商周时期是统一的,它们都是对殷商时期共和体制的一种描述。[②]"天惟时求民主"的"民主"讲的是政治的合法性问题,而"天视自我民视,天听自我民听"的"民本"讲的则是具体的政治治理(即行政合法性)问题,二者之间的关系并不是像我们今天有些学者理解的那样是矛盾的,而是贯通的。而它们贯通的基础就在于,无论是"民本"中的"民"还是"民主"中的"民"都是指的"氏族"。如果我们将"民本"中的"民"解释为"人民",而将"民主"中的"民"解释为"氏族"就很难说得通了。正是在这个基础上,贯通成一体的"氏族—天—民主"模式成为后来"民心—天意—君王"模式的母体。

当然,这并不是说,"民"在商周时期就没有其他的用法,比如,"民"还有"众庶"之义,但"民"的这种含义和用法在这一时期的政治论说中处于非常边缘的地位,与这一时期的"民本"思想没有太多的关联。但随着春秋以降,殷商共和体制逐渐名存实亡,政治结构发生了重大变化,政治重心下移,"民"作为"族"的含义也开始发生偏转,这种变化突出地表现在我想解读的第二段史料中。

第二段史料出自《孟子·尽心下》:"民为贵,社稷次之,君为轻,是故得乎臣民而为天子,得乎天子为诸侯,得乎诸侯为大夫。"其中前半段"民为贵,社稷次之,君为轻"亦为人们论说民本思想的经典史料,被认为是中国古代民主思想之铁证。但这里的"民"是"人民"吗?是西方民主制中作为政治主体的人民吗?非也。这里的"民"既不是"人民",也不是"天视自我民视,

---

① 方维规指出,在中国古籍中,表达民族概念的词汇,既有"民""族""种""人""部""类"等单音词,也有"民人""民群""民种""族种""族类"等双音词,正显示了"民"与"族"之间的亲缘关系。十九世纪,最初介绍各国概况的文献中,与"国家民族(state-nation)"观念最贴近的,也正是"民"字。《东西洋考》便偶尔使用"国民"一词,以及"欧罗巴民""法兰西民""俄罗斯民""西班雅民"等。见方维规:《论近代思想史上的"民族""nation"与"中国"》,载《二十一世纪》,2002年4月号。"民"作为"族"的含义在近代仍有人使用,如罗存德在《英华字典》(1866)中以"民"译nation(今译"民族")即是一例;又如,章太炎的《检论·商平》:"然则以种族言,吾九皇六十四民之裔,其平等也已夙矣。"见刘凌、孔繁荣编:《章太炎学术论著》,163页,杭州,浙江人民出版社,1998。
② 只有在这一脉络中,我们才能够理解为什么"民主"一词最早不是用来翻译"democracy",而是用来翻译"republic",详后。

天听自我民听”中的“族”，而是指“民心”。①也正是由于这一变化，“民主”一词再也没有被后来的思想家提及，直到近代才在西方思想的刺激下被重新翻检出来。究其原因，还是社会政治结构的变化。

如果说在春秋时期，齐桓公九合诸侯还要假尊王攘夷之名，以行天下共主之实的话，那么到了战国时期，连这一层遮羞布也不要了。政治合法性的道德外衣已彻底让位于赤裸裸的国力竞争，由此才有了“诸侯之宝三：土地、人民、政事”的公式。②作为“民主”之基础的“族”早已不在“主”的笼罩之下，作为部落联盟盟主的“民主”早已让位于列国争雄的“霸主”，“民主”一词因已失去其所指称的对象而退出历史的舞台，特别是秦汉以后，随着大一统帝国的建立，更铁定了“民主”一词作为历史陈迹的地位。而西周时期居于政治论说边缘的“民”为“众庶”的含义开始由边缘挤入中心，“人”与“民”开始连用，“民”的核心含义开始发生漂移。“民心”的说法就是在这种背景下出现并逐渐占据主流的。

“民心”的说法后来成为中国政治思想中的一个经典论式，在历朝的政治论说中占有相当重要的位置，后来的唐太宗、康熙、范仲淹、顾炎武均是这一路数。孟子的“民心说”的确是中国民本思想的标准版本。

我们应该注意的不仅是这种民本思想的具体论说，更应该注意的是这种论说是在一个什么样的框架中进行的。可以说，与君本论相比，民本论居于次一级的地位，民本是在君本的框架下展开的，民本的目标是君本。孟子说得很清楚，“诸侯行仁政，则得民心，可一统天下”，民本的意义在于它可帮助君主一统天下，重心在君主的身上，而不是什么“民心”，“民心”只是君主实现自身理想的一个工具，其后所有关于民本的思想，都是在劝君主做一个理想的君王，实行仁政，仅此而已。因此，准确地说，“民本论”只是一种“有前提的君本论”，其着眼点始终是统治者如何借此以获得天下，而根本不涉及政治权力的归属、行使和限制等问题，当然更谈不上对这些问题的制度性安排。这就是为什么两

---

① 详细辩析请见杨泽波：《孟子评传》，第三章，特别是 185～191 页，南京，南京大学出版社，1998。

② 《孟子·尽心下》，注意，这时已出现了“人”与“民”连用的“人民”一词，而在殷商时期，“人”是“君子”的专名。见侯外庐主编：《中国思想通史》，第 1 卷，387～388 页，北京，人民出版社，1957。

千年来,我们的民本思想与君主专制相安无事,甚至相辅相成的原因。

从以上的辨析可知,无论是西周作为"族"的"民",还是战国以降作为"民心"的"民"都与西方民主制以平等、独立的个人为基础的"公民"概念毫不搭界。在西方民主制中,君—民是一对矛盾的范畴,他们之间是"权利"关系,是"民"授权于"君";在中国的民本框架中,君民之间不是权利关系,而是以德相与的关系,君、臣、民共同参与宇宙的道德进程,"民本"只是"圣王理想"的一个有机组成部分。

当然,"民"在古代还有其他用法,比如,庶民、四民(士、农、工、商)、游民等,但这些用法主要是社会职业群体的划分,不在我们讨论的范围之列。我们的讨论主要集中在战国以降的"民心"(以孟子为代表)和"天下人民"(以黄宗羲为代表)这两种用法上,"民心"的用法主要在"民心—天意—君王"这一脉络中展开。虽然从理论上讲,民心是君王之权力合法性的依据,但在实践中,"天下人民"自身并不是权力的来源或权力主体,"民"之重要,并不是它本身重要(如西方的个人权利),而是因为它体现了"天意"。但什么是"民心—天意"呢?"民"本身并无缘置喙,其解释权在"士"(道的承担者)的手中,并且,如何解释在很大程度上受到"君"(势的拥有者)的制约,其依凭的是"士"的"铁肩担道义"的精神和"君"的宽宏与大度,但这一支点未免太过于脆弱。因此,在这种缺乏制度化保障的情况下,"民心"不可能成为一个具有实质意义的"本"。

"天下人民"的用法主要在"臣—民"的框架中展开,谈的是具体的行政治理问题,这里的"民"是作为被统治者的面目出现,就是我们常说的"大人—小民""父母官—子民"。这样,理论上高高在上的"民"和实践中地位卑微的"民"合而为一,其关键就在于,无论是"民心"还是"天下人民"都是抽象的、整体性的概念,根本不具备可操作性。①

---

① 钱永祥先生指出,罗马以其高度发达的法治理念,建立了一个以法律规范为组织原则的社会,并且它的法律明确以人民(populus)为正当性的来源,看来极为有利于限制权力的法治制度。可是主权在民的观念,在当时缺乏制度上的坚强表现和支撑,共和制度疲弱后,君主便很快豁免于法律之外(1egibus solutus:君主不受法律约束),同时也很快便取得了独立的立法权(quod principi placuit habet vigorem:君主所中意者即有法律的效力)。见钱永祥:《个人抑或共同体?》,载《公共论丛》第4辑,北京,生活·读书·新知三联书店,1998。缺乏制度保障的理念终究过于脆弱,"主权在民"尚且如此,更何况抽象的"民心"!另外,还可参考张灏:《中国近代转型时期的民主概念》,载《二十一世纪》,1993(8)。

第二节　"民之主"与"民做主"

　　既然"民"在古汉语语境中并没有我们现代意义上的"人民"或"公民"的含义，"民主"的含义甚至与现代意义上的"民主"大相径庭，那为什么现在我们一说到"民"，首先想到的就是人民、公民或人民群众，一提"民主"，首先想到的就是人民群众当家做主呢？这一变化应归功于近代以来的思想家对"民"的重新诠释，而重新诠释的动力则来自西方思想的输入，并且这种重新诠释是静悄悄地发生的，即在使用的过程中"民""主"的含义不知不觉地发生了漂移。下面我们就通过"民主"一词的翻译和使用情况来考察这种漂移是如何发生的。

　　就翻译的情况而言，"民主"一词在近代可谓一身兼三职：它既用来翻译我们今天所熟悉的"民主"（democracy），也用来翻译我们今天所谓的"共和"（republic），以及作为民主、共和体制之重要组成部分的"总统"（president）。并且，用"民主"来翻译 republic 和 president 比用它来翻译 democracy 要早，使用也更频繁。

　　"民主"一词在中文翻译中最早是出现在北京同文馆 1864 年出版的由亨利·惠顿所著的《万国公法》（*Elements of International Laws*）中。译者丁韪良（W. A. P. Martin）在书中用"民主"来译"republic"，惠顿讲的是"monarchical（君主）"政府和"republic（共和）"政府之间的区别，丁韪良将后者译作"民主之国"；[①]同一时期的《万国公报》等报刊上则有人将"president"译为"民主"，有所谓"大美国民主华盛顿"云云；而用"民主"来翻译"democracy"则出现得稍晚，至 1872 年，王芝在《海客日谭》中才第一次将"democracy"译作"民主"。[②]并且，在整个 19 世纪，这几种用法是并行不悖的，"民主"

---

①　马志尼：《现代汉语词汇的形成》，230 页，上海，汉语大词典出版社，1997。republic 在 19 世纪没有较为固定的中文对应概念，多用"民主"，即"民主之国"的简称。在 19、20 世纪之交才较多地以"共和国"译之，此后，"共和"对应 republic，"民主"对应 democracy 的设定才逐步确定下来。

②　刘禾：《语际书写·序》，7 页，北京，生活·读书·新知三联书店，1999。但方维规指出，究竟是何时开始用"民主"与 democracy 对应，还有待于进一步考证，并且，这是一个极难考证的东西。这不仅涉及史料的进一步发掘，而更不可忽视的是，当我们见到史料中"民主"二字的时候，并不一定马上就能确定它就是西方某个概念的译词，见方维规：《"议会""民主"与"共和"概念在西方与中国的嬗变》。有意思的是，日本在 1870 年代曾用"民权"翻译 democracy，这一用法在五四时期仍为少数中国人使用，其他用于翻译 democracy 的词还有"民政""民治""平民主义""庶建之制"及音译"德谟格拉时""德谟克拉西"等。

一词的用法相当混乱而芜杂。不同学术背景的学者都根据自己对中学和西学的不同理解，努力地在中学、西学之间寻找对应物，"民主"与"democracy"之间的对等性设定直到20世纪初仍没有固定下来。甚至进入20世纪以后，用"民主（之）国"对应republic亦不罕见，还有"英国人之发明代议制民主政，即美国人所谓共和政者"之说；[①] 严复在1906年出版《法意》时，仍是用"庶建之制"来翻译democracy，而用"民主"来翻译polity；梁启超写于1903年的《政治学大家伯伦知理之学说》中，仍用"民主"指代帝王而不仅仅是民主国家的总统。[②]

而我们知道，republic（共和）与democracy（民主）在西方思想脉络中，正如萨托利所指出的那样，是两个不同甚至曾经一度相互对立的概念，"共和"所表达的观念，指的是属于每个人的事务，它关注的是普遍利益和共同福祉，这个观念本质上完全不同于"民主"所表达的权力属于人民的观念。并且，从历史上看，这两个概念曾经互不相容到如此程度，以至"共和国"的含义竟与民主制度的含义成了对立面。1795年，康德严厉抨击那些把民主政体混同于共和政体的人，他指出，就所涉及的统治政体来说，一切统治，不是"共和政体"就是"暴政"，而民主政体，就其本意而言，"必定是暴政"。在西方文明的框架中，"共和"比"民主"更稳健，也更有节制，它摒弃与人有关之事（无论这人是"一个人"还是"人民"），而"民主"所强调的恰恰是权力属于"人民"而不是某"一个人"。[③] 但问题是，在19世纪中叶，西方传教士和中国的士人们为什么会用"民主"这同一个词来翻译democracy和republic这两个含义几乎相反的西方概念呢？

有论者指出，传教士们将"republic"译作"民主"，正是借鉴了"民主"作为"各族盟主"的用法；他们苦于无法在中文中找到合适的词来表达民选的国家元首，因此也把美国总统称为"美皇""美主"；但因其明显有误，因此

---

① 方维规：《"议会""民主"与"共和"概念在西方与中国的嬗变》。1890年，出使欧洲的薛福成，在向法国总统递交的国书中，便称"泰西立国有三类：曰蔼姆派牙（empire），译言王国，主政者或王或皇帝；曰恺痕特姆（kingdom），译言侯国，主政者或侯或侯妃；二者皆世及。曰而立泼勃立克（republic），译言民主国"。

② "波氏所谓民主者，兼大统领及帝王言之，拿破仑两帝亦此类之民主也"，见梁启超：《梁启超哲学思想论文选》，181页，北京，北京大学出版社，1984。

③ 萨托利：《民主新论》，冯克利、阎克文译，323～324页，北京，东方出版社，1998。

一开始用音译"伯理玺天德"。① 由此，他还进一步提出一个假设：传教士之所以用"民主"翻译 democracy，是为了用"民之主"来指涉不同于皇帝的民选统治者。"民主"也就用来形容相应的政治制度，而那些由民选决定其元首的国家则被简称为"民主国"。② 这种说法虽有一定的解释力，但与事实有一定的距离，并且没有充分注意到"民"与"主"在这些用法中的歧义性。

需要补充的是，这些对早期民主思想的翻译和传播曾起过重要作用的来华传教士如丁韪良、马礼逊、麦都思等人，其在西方受教育的时间恰好在1850年代之前，而此时在西方流行的观念中，democracy 是指我们今天所谓的"直接（direct）"民主，即非代议制民主，republic 则经常被用来指称我们今天更倾向于称作代议制（representative）的民主。而这种今天被我们称之为代议制的民主，在当时根本就不能被称为"民主"，而只能被称为"共和"，如对于美国的政体，麦迪逊的说法始终是"代议制共和国"，从不说"民主政体"；当年的费城会议也没有从民主的角度考虑问题，虽然它产生了第一部现代民主国家的宪法，但它的建构者们只将其视为共和宪法，而不是民主宪法。③ 而美国的联邦体制与商周时期的部落联盟之间也的确存在着某种形式上的相似性，这就难怪丁韪良们会将指称商周时期部落联盟的"民主"和指称美国联邦体制的 republic 关联起来。

事实上，早些时候的中国士人们正是借助商周时期"部落联盟"的历史经验来理解美国的"联邦体制"的，如出版于1847年的六十卷本《海国图志》中，魏源介绍说，美国"立一国之首曰统领，其权如国王；立各部之首曰首领"，"一部中复分中部落若干"，"再分小部落若干"。而出版于1852年的百卷本《海

---

① 《万国公报》即曾对之加以辨析，"外国称皇称王者皆系世及，即称大公，亦属传位，唯称伯理玺天德则知为民主之国而无世及之例也"，强调其民选而非世袭。见《万国公报》第三百十一卷。其时的中国士人对此也是颇费思量，据熊月之考证，在19世纪，中国人对 president 共有九种译法：头人（1817年，蒋攸铦），总理（1819年，麦都思），国主（1838年，郭实腊、蒋敦复），酋长（魏源），邦长（洪仁《资政新篇》），统领、总统领或总统（从鸦片战争以前到1870年代，这类称呼很多。如梁廷楠、徐继畬、冯桂芬、王韬均用过），国君或国皇，民主，音译伯勒格斯、伯理喜顿、伯理玺天德。见熊月之：《自由、民主、总统三词汇在近代中国的翻译与使用》，载《百年潮》，1999年5月号。除此而外，马建忠在《上李伯相言出洋工课书》中还曾使用过"监国"的译法。

② 金观涛、刘青锋：《〈新青年〉民主观念的演变》。

③ 同上书，324页。以及罗伯特·达尔：《民主理论的前言》，顾昕译，10页，北京，生活·读书·新知三联书店，1999。

国图志》中，更以"大酋"（即大酋长）来称呼总统。[①] 与魏源同时的徐继畬、叶钟进等人亦有类似的说法，徐继畬更称："总统领，居于京城，专主会盟、战伐之事，各部皆听命。"[②] 这些早期的翻译实践无疑会通过传教士们的中文助手影响中外政治思想之间的互译。

当他们用"民主"来翻译 republic 的时候，他们使用的是"民"作为"氏族"的原始含义，其"主"为动词性的"主持""做主"，所谓"民主之国"即由各邦共同主持政事的国家；当他们用"民主"来翻译 president 的时候，"民"虽然仍为"氏族"，但"主"是名词性的"盟主"，用的是"民主"一词的古典含义；但当他用"民主"翻译 democracy 的时候，"民"对应的是 demo（民众），"主"对应的是 cracy（支配、统治）。并且，"民"和"主"的这些不同含义在具体使用过程中，并未加以仔细区分，如《万国公报》中将美国选举总统称为"选举民主"："美国民主，曰伯理玺天德，自华盛顿为始已百年矣，例以四年换举，或者在位深得民望者再行接位四年亦曾见过，即现今之美皇古难得亦已续接四年是两次也，而古君在位惠及民，兹逢更举之期，民照又欲再举古君四年为美主，据云古君已力辞不受矣。"显然，这里的"选举民主"的"民主"用的是"各族盟主"，而"深得民望"和"惠及民"中的"民"则为"民众"。

正是这种具体使用上的模糊性，使得中国士人们在很长一段时间内都无法区分 democracy 和 republic，这就造成了中文原有的意义"民之主"和外文中"人民支配"的意义混合在一起，"民主"从一开始就成为一个具有内在矛盾的词汇。一方面，"民主"使人想起"民之主"，当它不是同君主相对立使用时，人们很容易将其理解为人民的主人，甚至是皇帝；另一方面，当它明确被用于指涉西方国家时，又代表一种和君主对立的元首民选制度，甚至可进一步推出人民支配和人民主权。[③]

由此，"民主"由偏正结构的"民之主"变成了主谓结构的"民做主"。类似的情况在几部较早的英汉双语词典中亦有反映，马礼逊的《五车韵府》（1822

---

① 魏源：《海国图志·弥利坚即美里哥国总记》。
② 徐继畬：《瀛环考略》，卷下，转引自熊月之：《中国近代民主思想史》，78 页，上海，上海社会科学院出版社，2002。
③ 金观涛、刘青峰：《〈新青年〉民主观念的演变》。

年）将 democracy 译为"既不可无人统率亦不可多人乱管"。麦都思的《英汉字典》（1847 年）将 democracy 译为"众人的国统，众人的治理，多人乱管，小民弄权"。① 罗存德的《英华字典》（1866 年）将 democracy 译为"民政，众人管辖，百姓弄权"。"这里的民与众通，很显然有西方的人民、民众甚至暴民的意味，在外国传教士的笔下，"民"的含义随着翻译实践发生了某种偏转，并且，随着这些翻译著作的广泛流传，这些偏转了的含义逐渐在汉语语境中获得了合法性，虽然这一转变的过程漫长而复杂。"② 但它们确实在逐步改变着中国士人们对传统本身的理解。

第三节　民主与民权

正是借助这些外来新知，本土思想家开始重释传统，以"西学中源""中体西用"等思考框架来接引这些异域经验，并通过这些异域经验来重新检视传统，这个过程是一个中西双方的经验交互阐释的过程。本章当然无力处理这样一个复杂的课题，笔者在这里关注的是，近代的中国士人们是以什么环节作为中介来接引西方的民主思想，以及这样的中介对后来民主思想的传播和民主制度的建设产生了什么样的影响？

就前一个问题而言，正如我们一开始所指出的那样，"民本"思想充当了这样一个中介。虽然"民本"并不就是"民主"，但近代的中国人的确就是通过"民本"来接受"民主"的。并且所谓的"民本"思想本身也是在对"民主"思想的接受过程中，通过中西方思想的互释而被建构出来的。这一思想实践，

---

① 方维规：《"议会""民主"与"共和"概念在西方与中国的嬗变》。以"民政"译 democracy 在很长一段时间内成为与"民主"并行不悖的通行用法，如蒋敦复在写于 1860 年的《〈英志〉自序》中称，"立国之道，大要有三：一君为政"，"一民为政"，"一君民共为政"。在同一篇文章中，他也用到"君民共主"，二者似乎可以互换。但在有些思想家那里，二者则不可通约，而是有着明确的分工，如梁启超的"民主"主要指国家元首，并且不一定是民主国家的元首（"波氏所谓民主者，兼大统领及帝王言之，拿破仑两帝亦属此类之民主也"），而"民政"则侧重于民主的政治体制（"自由民政者，世界上最神圣荣贵之政体也"），这两段话发表于同一时间段，均为庚子前后，说明在梁启超的心目中，"民主"与"民政"并不是一个概念，而与 democracy 相对应的显然是"民政"而不是"民主"。

② "在十九世纪七八十年代，《万国公法》是中国通商口岸地方官员以及一切涉外人员必备书，影响相当广泛。"熊月之：《西学东渐与晚清社会》，318 页，上海，上海人民出版社，1994。

一方面，虽然突显了"民本"思想并改变了它在传统思想架构中的位置；但另一方面，这一解释路径也导致了我们对西方民主思想的曲解，成为后来"民主"与"民权"之争的思想根源。

近代思想家对"民本"思想的阐发虽是受异质文化的影响和刺激，但其思想资源则主要是《尚书》和《孟子》，他们将西方民主文明的成果理解为三代圣人之遗意，重新挑起"天下之治，以民为先，所谓'民惟邦本，本固邦宁'""天下何以治？得民心而已。天下何以乱？失民心而已"等话题。他们对此一话题的回答也基本是在传统的框架内进行，将希望寄托于圣主明君，强调"民心之得失，在为上者使之耳"。[①]但世易时移，近代思想家对"民本"思想的重新阐发也显示出与以前很不相同的特点。下面我们以王韬为例来展示戊戌前中国士人对这一问题的思考。[②]

王韬对"民本"思想的重新阐发和对西方民主思想的介绍主要体现在他的《重民》一文中。此文撰于 19 世纪 70 年代末，此时的王韬与外人接触已 20 多年，且于 1867 年年底至 1870 年年初在国外生活了 28 个月，对西方民主理论和实践较同时代的其他人有着更为深入的了解。因此，他对传统"民本"思想的重新阐发也呈现出与前人不同的特点。

首先，"民本"理想的主要目标已不是"得天下"，而是挽救民族危机。虽然身处近代中国"天下观"转变之时的王韬在具体表述时仍需借助"天下"等传统语汇，[③]但在他的心目中，中国已不是"天下"的中心，而只是世界众多国家中的一个，并且不是处于中心位置的一个，而是处于边缘。因此，中国所面

---

① 王韬：《重民》，载王韬：《韬园文录外编》，北京，中华书局，1959。

② 之所以选择"口岸知识分子"王韬而不是郑观应等人为例，这不仅因为王韬与外人接触多年，且有在国外生活的经历，既接受过中国经典的教育，又深受西方文明的熏陶，对西方民主理论和实践较同时代的其他人有着更为深入的了解，并且他还较早地撰有专文《重民》来阐发这一问题，相形之下，郑观应在其大部头的专著《盛世危言》中却没有专章；同时，王韬提出的有些思路对后来严复、梁启超等人有着重要的启发意义，因而在整个思想链条中居于重要的位置。

③ 近代以来，随着帝国主义全球扩张带给中国士人的屈辱感和现代地理知识在中国的传播，中国逐步由一个非民族国家变成一个处于与其他民族国家的体系性关系中的民族国家，在这一过程中，传统的"天下观"逐步崩溃，中国人的民族意识和国家意识（现代民族国家而不是传统的王朝国家）逐步形成，不过，这一转变要到 20 世纪初方告完成，在王韬写作《重民》的 1870 年代才刚刚起步。见张汝伦：《现代中国思想研究》，第二章，上海，上海人民出版社，2001；以及张灏：《中国近代思想史的转型时代》，载《二十一世纪》，1999 年 4 月号；柯文：《在传统与现代性之间——王韬与晚清改革》，第三章，南京，江苏人民出版社，1995。

临的问题已不复再是孟子的"得民心"进而"得天下"，而是要通过"富民""教民"等手段以达到"富国强兵"的目的。正是在这个意义上，王韬才痛陈："今夫富国强兵之本，系于民而已矣。"[①]"国之有民，亦犹人身之有元气也。"[②]

其次，对传统"民本"理想的论述框架做了一定程度的修正，随之而来，"民"的含义也发生了偏转。在传统的论述框架中，"民"作为"民心"的用法主要在"民心—天意—君王"这一脉络中展开，到了近代，这个框架中抽象的"天意"一环被实体化的"议院"所取代。王韬在比较中西的基础上认识到，"夫欧洲诸邦，土地不如中国，人民不如中国，然而能横行于天下者，在乎上下一心，君民共治"，而"我中国人民为四大洲最，乃独欺藐于强邻悍敌"的结症所在即由于"上下之交不通，君民之分不亲，一人秉权于上，而百姓不得参议于下也"；[③]要改变这种状况，就必须学习"犹有三代以上之遗意"的西方议会制度，才能使"民隐得以上达，君惠亦得以下逮"。[④]其实，这样一种思路在当时可以说是一种共识，比王韬小14岁的郑观应有一段话说得最为明白："欲张国势，莫要于得民心；欲得民心，莫要于通下情；欲通下情，莫要于设议院。"[⑤]时人力图借助异域经验为传统的"民心"寻找到一个更为可靠的支点，而不是虚无缥缈的"天意"。

但与此同时，由于缺乏西方个人权利观念的支撑，原来试图解决政治合法性问题的"民心—天意—君王"公式在变成西方式"民心—议院—君王"公式以后，失去了其政治合法性的意味，只具备解决行政合法性的功能。而在"大人—小民""父母官—子民"这一脉络中的"民"的含义也随着民族国家意识的觉醒而发生偏转，"人民"的含义开始凸显出来。并且，王韬对"人民"的理解已不像黄宗羲那样将其理解为"天下人民"（黄宗羲的《明夷待访录》中有"原君""原臣"，但没有"原民"，君、臣、民均以"天下"为中心来加以组织），而是"国民"。

在传统意义上，当"民"作为"民心"使用时，它与"天下"相连，作为"天下人民"使用时，它是与"臣"相对的，在"君—臣—民"的框架中展开；由"天

---

① 王韬：《粤逆崖略》，载王韬：《韬园文录外编》，北京，中华书局，1959。
② 王韬：《重民》，载王韬：《韬园文录外编》，北京，中华书局，1959。
③ 王韬：《与方铭山观察》，载王韬：《韬园尺牍》，北京，中华书局，1959。
④ 王韬：《重民》，载王韬：《韬园文录外编》，北京，中华书局，1959。
⑤ 郑观应：《盛世危言》，50页，沈阳，辽宁人民出版社，1994。

下观"转向"民族国家"观念以后，"民"作为"国民"使用时，它则直接与"君"相对。王韬在介绍完"泰西之立国有三：一曰君主之国，一曰民主之国，一曰君民共主之国"之后，紧接着说："《书》有之曰：'民惟邦本，本固邦宁。'苟得君主于上，而民主于下，则上下之交固，君民之分亲矣。"这里的"民"显然不是"民心"或"天下人民"，而是"国民"。[①] 这既显示了西方的影响，又显示了传统的主导性作用。

最后，作为具体的"人民"，当他们由王朝国家的臣民转化为民族国家的国民后，既不是传统的整体论意义上的"天下人民"，也不是西方个体论意义上的"公民"。在王韬的观念中，"民"是分成很多部分的，即所谓"众民"，那么，王韬所推崇的"君民共治"的"民"究竟是哪一部分的"民"呢？而被他斥为"法制多纷更，心志难专一，究其极，不无流弊"的"民主"的确切含义又是什么呢？

由于中国思想传统本身模糊性的思维方式，无论是郑观应还是王韬，对他们所使用的一些基本概念都缺乏严格的界定，即使在同一篇文章中，同一概念的不同含义之间也在不断切换，其确切含义都必须根据上下文来进行判断。在王韬的用法中，无论是"民"还是"主"，它们在"民主之国"和"君民共主之国"中的用法都不相同。就"民"而言，它在"民主之国"中是指"小民"，而在"君民共主之国"中则是指所谓"秀良之民""贤能之士"；就"主"而言，它在"民主之国"中是指对"政权"的掌握，而在"君民共主之国"中则是指对"治权"的参与。王韬所要解决的问题是君臣相隔、上下不通，而不是推翻君主专制；是如何提高行政效率，而不是重新设定权力的来源。正是在这个意义上，王韬盛赞英国的君主立宪政体（"君民共主"的典型），而痛斥法国大革命时期的"暴民"政治（"民主"的极端形式），对美国也颇有微词。

在时人的眼中，"君民共主"和"民主"是两个很不相同，甚至是对立的概念（虽然二者在西方的思想脉络中同属于民主政体的不同表现形式），这种差别还不能仅用代议制民主和直接民主等西方概念来加以分疏。因为"君民共主"的构想虽然借助了英国君主立宪的经验，但王韬用来消化这一经验的思考

---

① 　但必须指出的是，在王韬的年代，"国民"概念只是刚刚萌芽，真正的"国民"概念的产生要到 1890 年代以后。并且，"国民"之所指，前后差别很大，在王韬那里，主要指具有一定参政、议政能力的士绅，而在严复、梁启超那里，更侧重于普通民众。

框架是"君与民近而世治"的"三代理想"。因此，他的"君民共主"更多的是在传统的经世脉络中展开，强调的是君与臣、臣与民的沟通和协调，是上下同心、众志成城而来的国力强盛。在这样的脉络中，他关注的是如何通过士绅对政治决策和政治治理过程的参与来加强政治凝聚力，其倡议院、办报纸均着眼于此。时人所谓的"民权"亦着眼于此。所谓的"民权"实为"绅权"，而绝不是什么"庶民"掌握国家政权，这就是为什么当时的思想家普遍倡民权而反民主的原因所在。

由于大家的着眼点在于行政合法性而不是政治合法性，因而对行政合法性的强调必然走向精英主义而与强调平等的民主背道而驰，[1] 以至于到 1890 年代末，当何启、胡礼垣已开始借助西方的社会契约论来为民权进行辩护时，亦不得不谓："然民亦不自为也，选立君上，以行其权。"但他们此处的重心所在并不是西方式的"权力来源于人民"的政治合法性问题，而是选贤与能之必要性的行政合法性问题。因为他们紧接其下便说在上者是"凡以能代民操其权"，并且力辩"民权"与"民主"的区别："民权者，其国之君仍世袭其位；民主者，其国之权由民选立，以几年为期。吾言民权者，谓欲使中国之君世代相承，践天位勿替，非民主之国之谓也。"[2] 也正是在这样的脉络中，1901 年，梁启超才会说："欲翊戴君主者，莫如兴民权。"[3] 陈炽才会一边讲民权、倡议院，一边又说："民主之制，犯上作乱之滥觞也。"[4]

第四节　"人民做主"与"公民自主"

值得注意的是，王韬并不接受他所认为的以法国、美国为代表的民主制度，"民为主，则法制多纷更，心志难专一。究其极，不无流弊"。[5] 王韬在其出

---

① 西方民主思想的发展亦证明了这一点，以至于当代民主思想发展到熊彼特、达尔手中，不得不走向程序民主一路，参前揭萨托利《民主新论》第六章。

② 何启、胡礼垣：《〈劝学篇〉书后》，收入冯天瑜编：《劝学篇·劝学篇书后》，武汉，湖北人民出版社，1991。

③ 梁启超：《立宪法议》，陈书良选编：《梁启超文集》，103 页，北京，北京燕山出版社，1997。

④ 陈炽：《盛世危言序》，载郑观应：《盛世危言》，8～11 页，沈阳，辽宁人民出版社，1994。既然是为《盛世危言》所作的序言，当然也为《盛世危言》的作者郑观应所赞同。

⑤ 王韬：《重民》，载王韬：《韬园文录外编》，北京，中华书局，1959。

版于 1890 年的《重订法国志略》中，以否定的口吻评论法国革命："读法史至此，不禁掩卷而长叹也。共和之政，其为祸之烈乃一至于斯欤？叛党恃其凶焰，敢于明目张胆而弑王，国法何在？天理安存？"一个"叛"字、一个"弑"字，带着极为强烈的传统式的道德判断，这种叛党、暴民显然不是王韬所主张的"君民共主"之"民"。① 这种从贬义的角度来界定"民"的思路是传统所没有的，在传统的思考框架中，作为"民心"或"天下人民"的"民"一直都是正面的形象，王韬所赋予"民"的暴民色彩显然来自西方。② 其中"重民"与"教民"的矛盾实暗含着后来严复和梁启超的"新民"思路。

严复和梁启超继承了王韬对"民"的重新界定，从"国民"的方向来理解"民"。同时，他们也看到"夫君权之重轻，与民智之浅深为比例。论者动言中国宜减君权兴议院，嗟呼！以今日民智未开之中国，而欲效泰西君民共主之美政，是大乱之道也"。③ 因此，当务之急是"新民"，其要有三："一曰鼓民力，二曰开民智，三曰新民德"，④ 以造就合格之"国民"。

但严复在"民"的问题上最大的贡献尚不在此，而在将"民"的思考由"人民"引向"公民"，这一转向与严复"自由为体，民主为用"的理念紧密相关。在严复看来，民主只是实现自由的手段，自由才是最终目的。⑤ 下面我们就通过对严复的翻译实践的考察，来看一看严复是怎样使用民主和自由，又是怎样改变着"民"的观念的。

实际上，严复很少使用"人民"或"公民"，而是用"民""国民""小己"来表达"公民"的意涵，但此处的"民"或"国民"的含义与王韬甚至梁启超都有很大差别，我们可以透过严复译《群己权界论》来体会一下他们之间的差别。

---

① 陈建华在其《"革命"的现代性》一书中从"革命"的角度考察了这一矛盾，见氏著，30～32 页。
② 萨托利指出，自亚里士多德开始，一直到 19 世纪上半叶，"民主"在西方一直有贬义的意味，与暴民政治相联。如麦迪逊曾写道："民主制度一直就是骚乱与争斗之大观，而且始终表明与人身安全或财产权不能相容；一般来说，它们总是短命的，而且总是暴死。"只是到 19 世纪中叶，民主才开始成为政治过程中的积极的建设性因素。萨托利：《民主新论》，323～326 页，北京，东方出版社，1998。
③ 严复：《中俄交谊论》，载《严复集》（第 2 册），473 页，北京，中华书局，1986。
④ 严复：《原强》，载《严复集》（第 1 册），27 页，北京，中华书局，1986。
⑤ 早在《论世变之亟》一文中，严复就指出，西方之强于中国者主要有两条，"于学术则黜伪而崇真，于刑政则屈私以为公"，这些本与上古三代之道相去不远，但西方行之而常通，中国行之而常病，究其根本，"则自由不自由异耳"。《严复集》（第 1 册），2 页。

密尔一开篇就指出：

The subject of this Essay is not the so-called Liberty of the Will，So unfortunately opposed to the misnamed doctrine Of Philosophical Necessity；but Civil，or Social Liberty：the nature and limits of the power which can be legitimately exercised by society over the individual.①

程译："这篇论文的主题不是所谓意志自由，不是这个与那被误称为哲学必然性的教义不幸相反的东西。这里所要讨论的乃是公民自由或称社会自由，也就是要探讨社会所能合法施用于个人的权力的性质和限度。"②

严译："有心理之自繇，有群理之自繇，心理之自繇与前定对；群理之自繇，与节制对。今此篇所论释，群理自繇也。盖国，合众民言之曰国人（函社会国家在内），举一民而言之曰小己。今问国人范围小己，小己受制国人，以正道大法言之，彼此权力界限，定于何所？"③

有意思的是，严复在这里用"国人"来译 Civil 和 Social，而用"一民"和"小己"来译 individual（实即"公民"citizen，严复在《群己权界论》和《法意》中曾多次用"国民"来译 citizen），我们可以从中体会中西观念的冲突和严复"一名之立，旬月踟蹰"的焦灼。严复没有使用"人民"这一用法，而是按照先秦时的用法将其分开使用。"人"和"民"在先秦文献中是经常出现的两个彼此区分的词汇，在周代，国人指居于城郭之内的人（实际上就是氏族贵族），以区别于郊外的鄙人或野人。熊十力先生在《原儒》一文中曾指出："古代所谓'民'者，即指天下劳苦众庶而言，'人'字多指统治者。"

严复正是在这种意义上用"国人"来指代超出个人之上的社会与国家，而用"国民"来指代作为个体的公民。④ 国人之自由即"群理自繇"（public sphere），国民之自由即个人自由（private sphere）。虽然严复没有能够表达

①　John Stuart Mill. Utilitarianism Liberty Representative Government. Edited by H B Acton，Dent：London and Melbourne，1984. 69.

②　密尔：《论自由》，程崇华译，1 页，北京，商务印书馆，1962。

③　约翰·穆勒：《群己权界论》，严复译，1 页，北京，商务印书馆，1980。

④　以"国民"来译 citizen 是日本人借用中国古典用法"先神命之，国民信之"（《左传·昭公十三年》），再传回中国，在 1880 年代晚期，"国民""国家"两词在日本突然变得非常流行（黄克武：《自由的所以然》，353 页，注 10，上海，上海书店出版社，2000.），但严复是否受其影响尚不确定，按严复的风格，他是不愿使用日本传过来的概念，而宁可到古籍中去找的。

公民（Civil）和社会的（Social）区别，并且是用带有贬义色彩的小己来译 individual，但毕竟是通过这一渠道将"个人"以及围绕着个人而展开的自由主义种种理念带入汉语语境中来，[①] 如他以"民直"译 rights（今译权利），[②] 以"利害"或"权利"译 interest，以"民之私计"译 private conduct，等等。经过严复的翻译，"民"开始具备了以往所没有的个人主义色彩。[③]

与严复对密尔的介绍形成鲜明对比的是梁启超对卢梭的大力鼓吹。梁启超在其《破坏主义》一文中说："欧洲近世医国之国手不下数十家，吾视其方最适于今日之中国者，其惟卢梭先生之《民约论》乎！"与梁启超的热情相比，严复对卢梭的态度则比较冷漠。蔡乐苏先生曾对《严复集》做过一个统计，直接提到卢梭、《民约论》或天赋人权的共 64 处，其中意思比较完整的有 38 个条段，2 条赞赏，6 条客观介绍，30 条是批评。[④] 严复的这一态度与其所接受的英美自由主义的影响有关。

我们知道，卢梭和密尔正好代表着西语语境中两种不同的民主观。有人称之为"高调民主观"和"低调民主观"（张灏），也有人称之为"应然态民主观"和"实然态民主观"（杨念群），还有人称之为"积极民主观"和"消极民主观"（肖滨）。但不管怎么说，其实质正如亨廷顿在《第三波》一书中所言："一种是理性主义的、乌托邦的和理想主义的民主概念；另一种是经验的、描述的、制度的和程序的民主概念。"卢梭代表的是前一种，而密尔代表的是后

---

① 黄克武先生已指出，由于文化传统的差异，严复无法完全了解西方围绕着个人主义展开的相关词汇，在翻译时遭遇的种种困难，见氏著第三章。但不可否认的是，在当时的中国人中，对英美一系自由主义理念了解最深的恐怕还是严复。

② 严复在 1902 年给梁启超的一封信中曾仔细地说明了此词的翻译，《严复集》第 519 页，从中我们可以看到严复会通中西的努力，也可体会不同的文化传统在翻译实践中的张力。其实早在 1860 年代《万国公法》就以权利译 rights，严复独创"民直"是为了突显个人作为终极价值的意蕴，"直"有正、当之意，民直即民所当有者，严复有时也把它译作"天直"，其终极意味更浓。

③ 但"民"的这种个人主义色彩并没有在汉语中确立下来，有意思的是，严复当年思考的问题在五四时期以另一种方式被重新提起，如 1917 年杜亚泉在《个人与国家之界说》、1915 年高一涵在《国家非人生之归宿论》中重提"人民"与"小己"，并以人民为国家的潜在挑战者。见刘禾《个人主义话语》，载氏著《语际书写》。汪晖则考察了不同的学术背景在接受个人主义观念中的作用，如章太炎在佛教唯识学"自性"理念基础上对"个人观念"的阐释，见《个人观念的起源与中国的现代认同》，载氏著《汪晖自选集》。

④ 蔡乐苏：《严复与卢梭思想关系之新见》，载王晓秋：《戊戌维新与近代中国的改革》，北京，社会科学文献出版社，2000。

一种。就我们所关心的问题而言，卢梭式的民主观关注的是应由人民进行统治（即汉语语境中的"人民当家做主"），而人民主权又是不可分割的，因而必然走向一种整体主义的"人民"概念；而密尔式的民主观关注的是个人自由神圣不可侵犯，因而倾向于一种个体主义的"公民"概念。[①] 由此，严复翻译《群己权界论》的意义就凸显出来。

但是，我们也不能忘记，在中国知识分子大规模吸收西方民主思想的30年中（1895—1925年），他们对密尔式的民主观甚少措意，[②] 大家热烈欢呼的是卢梭的"人民主权"。到五四时期，随着俄国民粹主义和无政府主义思想的输入，民主思想向平民化方向发展，"人民"一方面同"劳动"相结合，[③] 一方面又同"群众"结合在一起，在革命动员的过程中形成20世纪二三十年代的"民众"以及稍后的"劳动人民""人民群众"等提法。[④] 随着革命的胜利和新中国的成立，"劳动"和"群众"成为"民"的核心内涵，翻开任何一本现代汉语词典，你都会看到，"人民"即"以劳动群众为主体的社会基本成员"，"民主"由此成为"人民群众当家做主"或"劳动人民当家做主"。

第五节　结　语

"民主"的含义在近代的演变可以说是外国传教士和中国知识分子"共谋"的结果，他们共同努力用"民"将中西双方的想象扭合在一起，改变了"民"在传统的文化架构中的位置和意义，同时也重新塑造了传统。　"民"由天朝模

---

① 萨托利指出，意大利语中的 popolo（人民）及其在法语和德语中同义词（peuple 和 volk）都含有单一整体的意思，指的是一个有机的整体，它可经由一个不可分割的普遍意志表现出来；而在英语中，people（人民）是一个复数词，虽然是集体名词，却有复数形式，是由"每一个人"的单位构成的可分的众人。因此，对民主的整体论解释来自用法语、德语和意大利语进行思维的学者并不是偶然的。见氏著《民主新论》第 24 页。
② 张灏：《中国近代转型时期的民主概念》，载《二十一世纪》，1993 年 8 月号（总第 18 期）。
③ 关于"人民"与"劳动"之间的关联，可参考顾昕的一组文章：《无政府主义与中国马克思主义的起源》，载《哲学与文化月刊》，1997（9）；《从"平民主义"到"劳农专政"——五四激进思潮中的民粹主义和中国马克思主义的起源（1919—1922）》，载《当代中国研究》，1999（2）；《德先生是谁？五四民主潮与中国知识分子的激进化》，载《儒家与自由主义》，北京，生活·读书·新知三联书店，2001。
④ 关于"群众"身份的构造，可参刘小枫：《现代性社会理论绪论》，第五章，上海，上海三联书店，1998。

型（殷海光语）下抽象的"民心""天下人民"变成民族—国家模式下的整体论的"人民""国民"，再一变而为民族—国家模式下的个体论的"国民""公民"，其道路艰辛曲折，至今仍是一个有待完成的任务。在这一过程中，本土的思想资源与外来的西洋新知纠缠在一起，其间既有语言符号的强力引导，也有政治权力的暴力运作，最终将斑驳、模糊的图像聚焦、定格为一幅清晰的画面，"民主"一词的具体含义就是在这一过程中被逐渐勘定的。

第十一章　当代中国的协商民主：理论嵌入与实践发展 [*]

协商民主（deliberative democracy）理论是西方民主理论最新的发展，其在西方的产生和发展也不过是最近30年的事情。在世纪之交，这一最新的理论被引入中国，并很快在国内掀起了一股协商民主热。本章拟从知识社会学的角度来分析这一理论是如何被引进中国的，这一视角意味着本章的分析不会将重心放在协商民主理论本身，而是关注这一理论在引进过程中的各种策略选择（理论输入本身的策略、理论与实践相结合的策略），以及这种策略选择所产生的效果。

第一节　问题的提出

协商民主理论最早进入中文世界大约是1998年，首先登录的是中国的台湾地区，并且，最早关注这一理论的还不是政治学界，而是社会学界。是年，杨意菁发表《民意调查的理想国———一个深思熟虑民调的探讨》一文，这是笔

---

[*] 本章曾以"Deliberative Democracy in China: A Sociology of Knowledge Perspective"为题，发表于 Economic and Political Studies, Vol. 1, No. 1, 2013, pp. 156～177. 后被收入多本文集中：阎孟伟主编：《协商民主：当代民主政治发展的新路向》，345-363页，北京，人民出版社，2014；韩福国主编：《基层协商民主》，36-58页，北京，中央文献出版社，2015；Yuejin Jing, Xiaojin Zhang, and Xunda Yu, eds., Understanding China Politics: The Key Words Approach, UK: Path International Ltd, 2017, pp. 91-110. 由于本章不拟对当代中国协商民主的发展状况进行全面梳理，而是仅仅关注西方协商民主理论在传入中国初期是如何嵌入既有的知识体系和实践之中，因此，此次收入未做改动，相关统计数据也未做更新。关于协商民主在中国的发展情况更为全面的讨论，请参考笔者的另一部专著：谈火生：《协商治理的当代发展》，广州，广东人民出版社，2018。

者查到的关于协商民主的最早的中文论文。[①] 很快，政治学界也跟进，有更为系统的研究成果问世。[②] 与台湾地区不同的是，该理论进入大陆则是借了哈贝马斯的东风，随着哈贝马斯《民主的三种规范模式》一文的翻译，大陆学者开始接触这一理论，最早正面处理该问题的可能是汪行福于 2002 年出版的《通往话语民主之路》一书。[③] 次年，北大改革引发争议，许纪霖以协商民主来对之进行解析，其《北大改革的"商议性民主"》一文使得这一理论不胫而走，引起学界的注意。[④]

尽管 2004 年有陈家刚编译的《协商民主》一书问世，[⑤] 并且，这一年 8 月还在杭州召开了"协商民主理论与中国地方民主国际学术研讨会"，但学界对此的反响并不热烈。在我们的学术期刊上，2004 年仅有 5 篇关于协商民主的论文，其中 2 篇引论均出自陈家刚之手；另外两篇文章，一篇是译文，一篇是对《协商民主》这本文集的书评。2005 年，有 16 篇文章问世，其中，7 篇是 2004 年的会议成果。但是，从 2006 年开始，关于协商民主的文章猛增，据笔者 2011 年 4 月 28 日在中国知网上检索，2008—2010 年，仅标题中含有"协商民主"或"审议民主"的文章每年都达到 160～180 篇。从 2004 年到 2013 年 10 月，相关文章的总量达到 1 362 篇（见图 11-1）。

与此类似，与协商民主相关的硕士论文也呈逐年上升趋势。根据笔者在中国知网收录的"全国优秀硕士学位论文"数据库检索，2004—2010 年，共有 75 篇相关论文，其中，仅 2009—2010 年两年就有 46 篇，占 61.3%。可见学界对协商民主理论的热情仍是与日俱增（见图 11-2）。

---

① 杨意菁：《民意调查的理想国——一个深思熟虑民调的探讨》，载《民意研究季刊》，1998（204），63～76 页。

② 陈俊宏：《永续发展与民主：审议式民主理论初探》，载《东吴政治学报》（台湾），1999（9）；许国贤：《商议式民主与民主想象》，载《政治科学论丛》（台湾）第十三期，2000 年 12 月，61～92 页。李尚远：《从 Seyla Benhabib 与 Joshua Cohen 谈审议式民主的概念》，台湾大学 2000 年硕士论文。

③ 汪行福：《通向话语民主之路：与哈贝马斯对话》，成都，四川人民出版社，2002。

④ 许纪霖：《北大改革的"商议性民主"》，载《中国新闻周刊》，2003（28），2003 年 8 月。

⑤ 陈家刚编：《协商民主》，上海，上海三联书店，2004。

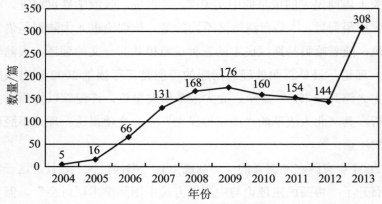

图 11-1　学术期刊中关于协商民主的文章数量：2004—2010 年

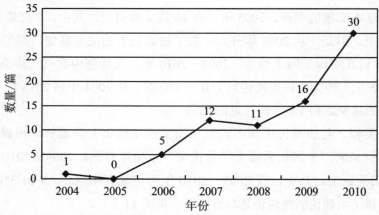

图 11-2　关于协商民主的硕士学位论文数量：2004—2010 年

协商民主理论从引进到现在不过 10 年时间，但相关的研究不仅数量巨大，而且发表得相当集中，83.6% 的期刊论文和 92% 的硕士学位论文是在 2007—2010 年这 4 年的时间内完成的。如果我们将其与学界对其他类型民主理论的介绍做一个对比，我们会发现，这一数量是非常惊人的（见图 11-3）。

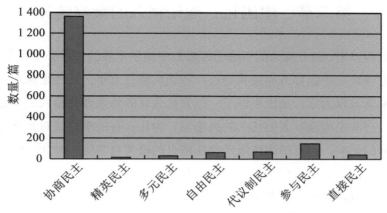

图 11-3　中国学术文献网络出版总库收录的与民主理论相关的文章：
2004 年 1 月 1 日—2013 年 10 月 18 日
注：2013 年 10 月 18 日在中国学术文献网络出版总库中检索，检索位置均为文章标题。

　　从图 11-3 中我们可以看到，在过去 10 年中，学界对其他各种民主理论的介绍，其总量（370 篇）只有对协商民主理论进行介绍的文章的 27%，仅略高于 2013 年 1—10 月标题中含有"协商民主"的文章（308 篇）。非但如此，在短短几年之中，这一理论在中国的实践还引发了国际学术界的兴趣，并很快有相关的文章和论著问世。[①] 这就不禁让人感到好奇，为什么协商民主理论引入中国后会引发人们的极大兴趣，并且，其本土经验还很快在西方学术界产生了反响呢？本章即试图从知识社会学的角度对协商民主理论在中国的研究状况做一个初步的探讨，本章主要关注的是如下两个问题：协商民主理论作为一种西方理论是如何被引入中国的？它是通过什么方式进入我们的知识体系，乃至政治社会实践之中的？

[①] Leib，Ethan，Baogang He，eds. The Search for Deliberative Democracy in China. New York：Palgrave，2006；Hess，Steve. Deliberative Institutions as Mechanisms for Managing Social Unrest：The Case of the 2008 Chongqing Taxi Strike. China：An International Journal，2009，7（2）：336 ～ 352；Fishkin，James，Baogang He，Robert C Luskin，Alice Siu. Deliberative Democracy in an Unlikely Place：Deliberative Polling in China. British Journal of Political Science，2010，40（2）：435 ～ 448；Baogang He，Mark E Warren. Authoritarian Deliberation：The Deliberative Turn in Chinese Political Development. Perspectives on Politics. Vol. 9，No. 2，June 2011. 269 ～ 289.

第二节 中国化：理论输入的策略选择

自五四以来，西方理论的引进已经成为中国学术界的一道必不可少的风景，各种西方理论在中国你方唱罢我登台，各领风骚三五年，这种景象对于中国学人来说早就习以为常、见怪不怪了。但为什么有的外来理论输入之后很快就烟消云散，有的则能激发人们长久的兴趣呢？为什么有的理论能对社会政治实践产生实际的影响，而有的则仅限于象牙塔里的孤芳自赏呢？对此，学界似乎很少进行相关的探究。协商民主理论最近几年在中国的传播为我们提供了一个很有意思的案例，透过这一案例我们有可能对上述问题做出一个初步的解答。在本节中，我们将通过对两个问题——谁在输入？如何输入？——的考察来对之进行透视。当然，这两个问题是紧密联系在一起的，理论输入策略的选择非常明显地影响了输入主体的构成。协商民主理论在输入的过程中出现了一个和以往的理论输入不一样的地方，那就是不少政府部门从事政策研究的人，甚至政府官员都加入了关于协商民主的讨论中来，这与当初学界输入该理论时的基本策略——强调这种源于西方的民主理论与中国政治传统之间的相通性——有很大的关系。

一种外来的理论要想在本国产生影响，首先要做的工作就是对基本文献的翻译和对理论自身发展脉络的系统介绍；其次，要自觉对之进行本土化，使之适应本国的土壤。应该说，在这方面，协商民主理论的引介工作做得是比较成功的。

第一，学术界对协商民主理论的翻译工作取得了丰硕的成果。从2004年第一本关于协商民主的文集问世以来，至今已有10本专著或文集被译为中文。中国学者自己主编的关于协商民主的文集有三本，即陈家刚编译的《协商民主》、谈火生编译的《审议民主》，以及陈剩勇、何包钢主编的《协商民主的发展》。[①]前面两本收集了西方协商民主理论发展过程中的一些核心论文，对其基本脉络、核心观念和争论均有涉及，已经成为中文学界研究该问题的基本参考文献。并且，《审议民主》一书还编制了一份长达17页的进一步阅读书目，按照主题

① 陈家刚：《协商民主》，上海，上海三联书店，2004；谈火生编译：《审议民主》，南京，江苏人民出版社，2007；陈剩勇、何包钢主编：《协商民主的发展》，北京，中国社会科学出版社，2006。

收录了截至 2005 年的相关参考文献，为研究者的进一步研究提供了很好的指南。后一本书则是 2004 年杭州会议的会议论文集，其中收录了若干篇海外学者（包括菲什金、德雷泽克等代表人物）的近期研究成果。

除此而外，俞可平主持翻译了"协商民主译丛"，持之以恒地将一些核心文献翻译过来，对协商民主理论在中国的发展起到了重要的推动作用。至今该译丛已推出 8 本，其中，2006 年 4 本，2009 年 4 本。收入该丛书的几本文集均是该领域最重要的文献，其中，既有 1990 年代在协商民主理论发展过程中曾发挥重要推动作用的文集，如《协商民主：论理性与政治》《协商民主：挑战与反思》和《民主与差异：挑战政治的边界》；[①] 也有能反映 2000 年以后最新动态的文集，如《协商民主论争》和《作为公共协商的民主：新的视角》。[②]

但是，对协商民主理论的翻译工作还是存在一些缺憾，其中，最大的遗憾是，尽管关于协商民主的期刊文章数量庞大（相对而言），但译文很少。已有的翻译工作除了《审议民主》是独立运作之外，其余的几乎均是出于中央编译局之手。在学术期刊上，我们很少能见到关于协商民主的译文。据笔者在中国知网上检索的结果，2004—2011 年，在学术期刊上，标题中包含"协商民主"的译文只有 6 篇，仅占 760 篇论文总量的 0.79%，这对于一个来自西方的理论研究而言似乎太不成比例了。如果再分析这 6 篇文章的分布情况就会发现，2005 年的两篇译文系杭州会议的与会论文；2004 年和 2006 年各有 1 篇，也是由中央编译局组织翻译的；2007—2009 年，一篇都没有；2010 年有 1 篇，发表在中央编译局的刊物《经济社会体制比较》上；只有 2011 年的 1 篇是出自中央编译局系统之外。

第二，对协商民主理论的介绍工作在最近两三年颇有起色。尽管这几年关于协商民主的文章很多，但真正对协商民主理论本身进行深入探讨的文章并不多。在 2004 年至 2011 年第一季度的 760 篇文章中，对协商民主理论本身进行探讨的文章只有约 171 篇（含 6 篇译文），占 22.5%。这一数量看上去好像也不少，

①　詹姆斯·博曼、威廉·雷吉主编：《协商民主：论理性与政治》，陈家刚等译，北京，中央编译出版，2006；塞拉·本哈比主编：《民主与差异：挑战政治的边界》，黄相怀、严海兵等译，北京，中央编译出版社，2009。
②　毛里西奥·帕瑟林·登特里维斯主编：《作为公共协商的民主：新的视角》，王英津等译，北京，中央编译出版社，2006；詹姆斯·菲什金、彼得·拉斯莱特主编：《协商民主论争》，张晓敏译，北京，中央编译出版社，2009。

但是，如果再仔细分析就会发现，此类文章中绝大部分是一般性的综述，并未深入协商民主理论内部对该理论的某个问题进行深入的探讨，文章之间从选题到论述，雷同度都很高。例如，对选举民主和协商民主进行比较的文章就有25篇。其结果是，介绍的范围却比较局限，不仅很多重要的问题基本无人问津，而且对相关思想家的介绍基本局限于哈贝马斯一人（有13篇之多）；同时，除了何包钢、陈家刚等少数作者的文章之外，对相关主题进行深入介绍的文章不多。

但是，这种情况在最近两三年有了改善，一些年轻学者以协商民主作为其硕博论文的主题，他们在学位论文基础上发表的若干单篇论文，研究较为深入，开始涉及公民精神、理性、平等、共识、合法性、代表问题、偏好、差异政治、公共政策等核心问题，其中不乏精彩之作。[①] 就思想家而言，也开始扩展到爱丽丝·杨这样重量级稍微轻一些的人物。[②]

与理论自身的相对单薄形成鲜明对比的是，77.5%（共计589篇）的关于协商民主的文章都是在谈中国问题。就我们此处所关心的问题而言，这种明确的实践指向有两个方面的问题值得注意。

其一，这是理论输入之策略选择的必然结果。学术界在输入协商民主理论之初，其实就有明确的实践指向，理论的输入本身并非仅仅基于求知的冲动，而是为了以之作为理论资源来推进中国的民主政治建设。对"deliberative democracy"一词的翻译就体现了这一点。据笔者有限的阅读，"deliberative democracy"一词自引入汉语学界以来，在中文文献中至少有以下7种不同的译法："审议民主"（或"审议式民主""审议性民主"，江宜桦、何明修、陈东升、林国明、陈俊宏、谢宗学、霍伟岸）、"商议民主"（或"商议性民主""商议民主制"，许国贤、许纪霖、李惠斌）、"协商民主"（许纪霖、陈家刚）、"慎议民主"（刘莘）、"商谈民主"（童世骏）、"审慎的民主"（钱永祥）、

---

① 例如，张秀雄：《审议民主与公民意识》，载《学术研究》，2008（8）；刁瑷辉：《差异政治与协商民主》，载《浙江社会科学》，2009（6）；闫飞飞：《协商民主中的代表问题研究》，载《中共天津市委党校学报》，2010（5）；杜霁雪：《民主审议与正当性》，吉林大学博士论文，2009。

② 马晓燕：《社会正义研究的新视角：交往民主对审议民主的反思与批判》，载《学术月刊》，2009（1）。

"慎辩熟虑的民主"（刘静怡）。[①]

在台湾地区，最常见的译法是"审议民主"；而在大陆，最常见的译法则是"协商民主"。[②] 这其中所透露出来的消息就是，将其译为"协商民主"，以便其易于与本土资源结合，并更容易在中国推行。关于这一点，几乎所有的人都是有高度共识的，何包钢先生曾不止一次在私下表示，就译名的正确性而言，可能译为"慎议民主"或"审议民主"更准确；但是，就理论的实践意义而言，译为"协商民主"则更合适。因为"协商民主"的译法能与政协会议和整个群众路线结合起来，使协商民主有一个发展的空间。[③]

对此，即使是像笔者这样主张将其译为"审议民主"的人也是赞成的，而笔者之所以坚持将其译为"审议民主"，并不仅仅是为了对理论自身进行深入的解读，其实也是出于实践的目的。因为当我们将其译为"协商民主"，使之能更容易为国人接受的同时，却可能会削弱该理论所具有的启发意义。"审议民主"的译法刻意地和中国拉开一定距离，就是为了造成一种陌生感，从而促使我们据此对我们自身的政治实践进行反思。

就此而言，这两种译法的初衷其实是殊途而同归，其出发点均是为了以之作为理论资源来推进中国的民主政治建设。应该说，这一策略是非常成功的，协商民主理论的引入不仅很快引起了学界和社会的广泛兴趣，还在基层的政治社会实践中显示出蓬勃的生命力。早在 2006 年，中央党校副校长李君如就多次在报纸杂志上撰文，提出"协商民主是一种重要的民主形式"，[④] 由于其特殊的身份，这一观点经人民网和新华网等网络媒体转载后，在社会上引起热烈讨论。2010 年"两会"期间，中央电视台新闻频道以"协商民主　在生动实践中美丽绽放"为题，对协商民主在中国政治生活中的现实场景做了简短评论。这反映出协商民主不仅为基层民众所接受，而且也为高层所接受。

其二，这些文章所涉及的主题之构成。据笔者统计，这 589 篇以协商民主

---

① 关于这几种译法各自的优缺点，可以参考笔者的相关论述，此不赘述。谈火生编译：《审议民主》，6 ～ 7 页。

② 在 760 篇文章中，使用"审议民主"这一译法的只有 21 篇，仅占 2.76%，使用"慎议民主"这一译法的只有 1 篇。

③ 何包钢：《协商民主：理论、方法和实践》，144 页，北京，中国社会科学出版社，2008。

④ 李君如：《协商民主是一种重要的民主形式》，载《同舟共进》，2006（6）；李君如：《协商民主：重要的民主形式》，载《文汇报》，2006（7）。

理论作为理论资源来讨论中国问题的文章大致可以分为如下几类（见表 11-1）：

表 11-1　协商民主论文的内容分布

类　　别	数量 / 篇	比例 /%	包含的内容
中国特色协商民主	127	21.56	此类文章均是概论性质
政治制度	169	28.69	政协：94 篇；政党制度：50 篇；统一战线：5 篇；人大制度：5 篇；宪政制度：15 篇
基层治理	85	14.43	主题涉及：新农村建设、村民自治、基层选举、残疾人权利保障、社区治理、工资谈判、乡镇治理、信访、群体性事件、弱势群体、民主恳谈、预算改革
公民社会与政治参与	61	10.36	公民社会：12 篇；媒体：23 篇；政治参与：21 篇
服务型政府与和谐社会建设	51	8.66	和谐社会：33 篇；民族问题：5 篇；服务型政府：13 篇
公共政策	41	6.96	听证会、决策科学化、决策民主化
协商民主与意识形态	13	2.21	主题涉及：群众路线、科学发展观，以及毛泽东、周恩来、邓小平、江泽民、胡锦涛的协商民主思想
中国现代历史上的协商民主实践	6	1.02	历史时段涉及：抗战、解放战争、新民主主义革命时期、旧政协、新中国成立初期
其他	36	6.11	内容涉及：社区警务、医院、学校、共青团等

从表 11-1 中我们可以发现以下几个比较有意思的问题：一是有相当一批文章是将协商民主解读为中国特色社会主义政治实践的重要形式，这些文章的标题往往会突出强调，"协商民主是中国特色社会主义民主的重要形式""协商民主是中国30年政治建设的重要创新成果""协商民主：中国式的民主形式"。这其中的大多数文章其实并不关心"协商民主"理论本身到底是怎么回事，它与中国的政治实践之间有何异同。二是数量最大的是关于协商民主与中国政治制度的讨论，其中，尤其以政治协商制度和与其相关的政党制度为多。这倒是一点都不奇怪，因为学界将 deliberative democracy 译为"协商民主"时，心目中其实就已经暗暗地将这二者挂起钩来。三是数量居于第二位的是基层治理。

在这部分文章中，涉及的主题范围十分广泛，基层治理中一些重要问题基本上都有相关的文章来加以讨论。四是不少部门（主要是党群口的部门）从事政策研究的人，甚至官员都加入了此次对西方理论的引进过程中来，这些部门主管的相关杂志也成为宣传协商民主理论的重要阵地。据笔者统计，在 760 篇文章中，有 35.3% 的文章是发表在这些杂志上的（具体情况见表 11-2）。

表 11-2　协商民主论文的杂志分布

部　　门	数量 / 篇	杂志的分布
政协系统	49 篇	中国人民政协理论研究会会刊：29 篇；江苏政协：11 篇；政协天地：1 篇；同舟共进（政协广东省委员会主办）：2 篇；团结（民革中央主办）：6 篇
统战系统	116 篇	各地社会主义学院学报：113 篇；中国统一战线：1 篇；四川统一战线：2 篇
党校系统	103 篇	各地党校学报：54 篇；行政学院学报：40 篇；党政论坛：6 篇；行政与法（吉林省行政学院学报）：3 篇
合计	268 篇	

注：党校和行政学院尽管在中央层面和少数几个省份是分开的，但二者实际上是一个系统，因此，在计算时将二者合并计算。

第三节　嵌入式发展：寻找理论楔入实践的切入点

当我们说学界将协商民主与中国当代政治实践紧密地联系在一起时，联系的方式既不能是想当然地将中国的政治实践当作协商民主理想的实现，也不能是削足适履式地将协商民主理论硬套在中国的政治实践之上，要求我们的政治实践严格按照协商民主理论所设定的理想标准来实施。而是应该一方面警醒地意识到此协商（consultation）非彼协商（deliberation）[1]；另一方面则因地制宜，秉承"有限协商民主"的理念，将协商民主的技术嵌入中国的社会现实中去，通过渐进的方式不断完善和改进。[2] 事实上，协商民主理论引进之后很快就进入了实践领域，可以说，理论的引进工作和实践领域的试验几乎是同步展开的。

---

[1]　金安平、姚传明：《"协商民主"不应误读》，载《中国人民政协理论研究会会刊》，2007（3）。
[2]　何包钢、王春光：《中国乡村协商民主：个案研究》，载《社会学研究》，2007（3），56 ～ 73 页。

但是，到目前为止，尽管已经发展出很多类型的协商民主形式——公民评议会、城市居民议事会、乡村村民代表会议、听证会等，但这些试验几乎都发生在基层。因此，下面我们拟以比较成熟的浙江温岭的协商民主实践为例来分析理论与实践之间是如何互动的。

浙江温岭的协商民主实践其实是温岭"民主恳谈会"的一个有机组成部分。正如有论者指出的，无论其政治后果如何，仅就一项活动所产生的学术文献而言，温岭的"民主恳谈"活动就已经创造了一项奇迹。仅在 2003 年 1 月至 2009 年 9 月期间，不到 7 年的时间内，在国内学术期刊上公开发表的以温岭"民主恳谈"为研究对象的论文达 39 篇，国际学术期刊上公开发表的论文 1 篇。[1] 这些文章从不同的理论视角对温岭的"民主恳谈"进行了解析，但是，就我们此处所关心的问题——理论是如何与实践相结合的？——而言，现有的文献似乎还没有给出一个令人满意的答案。

何俊志曾提出，权力、观念和治理技术的结合，是温岭"民主恳谈会"得以形成的根本原因；权力、观念与治理技术的出场顺序和结合方式，是决定温岭何时、以何种方式进行"民主恳谈"的结构性原因。[2] 这一解释是很有启发性的，但是，它仍然没有清楚地说明它们到底是如何结合在一起的。而何包钢和王春光则对其结合方式提出了自己的看法，他们认为应该将协商民主嵌入中国的社会现实中去。[3] 遗憾的是，他们对此只是一笔带过，并未做进一步的阐释。笔者拟沿着他们的思路，提出"嵌入式发展"（embedded development）的概念，来解释协商民主的理论和技术是如何与温岭的"民主恳谈"实践结合起来的。

这一思路来源于社会学中的"嵌入"（embeddedness）概念。嵌入概念最早是由著名的社会学家波兰尼提出来的。当波兰尼 1944 年提出这一概念时，他面对的是现代社会的复合特征，他想解释的是现代社会中各种异质性成分之间的关联问题。他指出，经济并不是一个孤立而自足的领域，它是社会系统的一部分。因此，经济的运行不仅仅受经济制度的影响，而且受政治、宗教、社

---

① 何俊志：《权力、观念与治理技术的接合：温岭"民主恳谈会"模式的生长机制》，载《科学》，2010（9），49～56 页。

② 同上。

③ 何包钢、王春光：《中国乡村协商民主：个案研究》，载《社会学研究》，2007（3），56～73 页。

会关系和文化观念的影响。[①]

40 年后，当格兰鲁维特在《经济行为与社会结构：嵌入性问题》这篇经典文献中对此问题进行系统阐释时，他一方面批评波兰尼利用这一概念对经济社会史的解释所存在的不足，另一方面试图从更微观的角度丰富这一概念。他努力在既有的两种路径之间寻找一条中间路线：一种路径是新古典经济学的路径，从社会化不足（undersocialised）的角度来观察经济行为，将个体视为抽离了社会背景的原子化个人；另外一种路径则是帕森斯的结构功能主义，从过度社会化（oversocialised）的角度来观察人类行为，将个体视为社会的傀儡，完全缺乏自主性。格兰鲁维特强调，行为者不是一个孤零零的个体，他是被镶嵌在特定的社会结构之中的，因此，广泛存在的各种社会联系会持续地对生活于其中的行为者的行为产生影响。[②]

其后，有大量关于嵌入问题的相关文献问世，用嵌入概念来解释人类行为和制度变迁。这些文献不仅仅局限于社会学领域，也扩散到经济学、政治学和法学等其他社会科学领域。当然，也有学者试图用这一概念来解释中国的发展。例如，早在 1994 年，欧博文就利用这一概念来解释中国的人民代表大会制度在改革开放时期的发展。他通过对人大工作人员和人大代表的访谈发现，改革开放以来，人大的发展得益于它与党委和政府的合作。党委和政府部门的支持和重视是其组织发展和能力提高的重要因素。[③]

值得注意的是，欧博文在文章的结论部分警告道，不要将该文的结论做不恰当的类比，不可用嵌入概念来规划中国的民主之路。人大制度的嵌入性最终只会提高国家能力并强化其威权统治，而走向民主需要的是系统化的、非增量式的变迁，需要超越嵌入性。[④]很显然，在欧博文看来，对于中国的民主化而言，嵌入性是一个负面因素，是需要被超越的。对此，我想借布洛克为波兰尼大作

[①]　卡尔·波兰尼：《大转型：我们时代的政治与经济起源》，冯钢，刘阳译，杭州，浙江人民出版社，2007. 关于这一概念，可以参考布洛克为该书所撰写的导言。

[②]　Granovetter Mark. Economic Action and Social Structure：The Problem of Embeddedness. American Journal of Sociology，Vol. 93，No. 3，November 1985. 481 ～ 510.

[③]　O'Brien，Kevin J. Chinese People's Congresses and Legislative Embeddedness："Understanding Early Organizational Development. Comparative Political Studies，Vol 27 No. 1，April 1994. 80 ～ 109.

[④]　Ibid，pp. 101 ～ 102.

所写的导言中的一个小标题——为什么脱嵌（disembedding）不可能成功——来表达我的疑虑。如果脱嵌不是一个理想的选择，那么，如何直面"嵌入"就是一个无法回避的问题。就我们此处所考察的问题——协商民主理论如何与中国的政治实践结合——而言，本章所考察的"嵌入"问题与欧博文有一个重要的差别。欧博文所考察的人大制度是既有的制度安排，其合法性不成问题，问题是如何将原有的制度潜能充分发挥出来，因此，只要关注政治系统中其他成分对它的支持和重视即可。

而协商民主理论作为一种新生事物，所面临的首要问题则是其合法性问题，然后才是欧博文谈到的支持问题。因此，其嵌入性表现在两个方面，一是意识形态的嵌入性；二是权力结构的嵌入性。同时，就嵌入的后果而言，笔者也不能同意欧博文的悲观结论。对于中国的民主化而言，嵌入式发展也许是一个可行的选择，其结果可能不是像欧博文所设想的那样，而是有可能因此推动社会政治结构的更新，激活既有制度的潜能。

据此，笔者这里提出的"嵌入式发展"指的是，将某种新的异质性成分嵌入原有的社会政治结构中，通过它激活或改造原有社会政治结构的某些功能，并通过不断地完善、改进和扩展，从而逐步实现整个结构的更新。具体言之，嵌入式发展强调的是以"嵌入"的方式来谋求发展空间，这意味着我们不能削足适履地强求实践来适应理论，而是要让理论适应实践，在现有的社会政治结构不变的情况下，让新的要素以化整为零的方式渗入现有的社会政治结构之中。

与此同时，"嵌入式发展"要求新的异质性成分能够"嵌入"，这意味着它必须在原有的社会政治结构中找到某种对应物，以便存活。换句话说，它必须找到与原有体制和意识形态相衔接的结合点。只有这一步实现之后，它才有可能激活原有的某些沉睡的功能，并通过不断完善的方式来实现自身的扩展。同时，其扩展也是在体制内循着现有的权力路径扩散的。在这一过程中，应以新的方式来理解原有的体制，重新设定原有体制的功能。这种"嵌入式发展"的路径很容易和人们通常所说的"路径依赖"相混淆。在笔者看来，"嵌入式发展"和路径依赖最重要的差别在于，路径依赖是一种被动的适应，而嵌入式发展则可以是主动的选择，通过嵌入的方式获得发展的空间，获得发展所需的各种资源（体制资源、合法性资源）。

下面，我们就来看看温岭的协商民主实践，乃至整个民主恳谈实践在多大程度上符合笔者所提出的这种解释模式。

众所周知，温岭的"民主恳谈"在创建之初并不是作为一种新型的民主形式，而是作为农村基层思想政治工作的一个创新载体。后来逐渐从"思想政治工作的创新载体"变为"原创性的基层民主形式"，[①] 又通过注入了"协商民主"的成分而成为"协商民主"的实践形式，并跃居当代民主理论的实践前沿。[②] 这每一步都是通过将新的治理技术"嵌入"原有的结构之中来实现的，在既有的框架内实现改进与创新。[③] 在此，既有的框架主要指既有的权力结构和既有的意识形态话语。

从权力结构的角度来观察，当"民主恳谈"这种新的思想政治工作形式在1999 年诞生之时，它是在省委的统一部署下，在台州和温岭市委宣传部门的领导下进行的。当时，市委宣传部门选定松门镇作为"农业农村现代化教育论坛"的试点，并与镇党委和镇政府共同商定了具体操作办法。正是此次借鉴记者招待会而发展出来的"与群众双向对话"的方式成了"民主恳谈"的初始形态。其整个过程都是在既有的权力框架内运行的。当"民主恳谈"在现有的制度框架中获得合法地位之后，它就成了后来"协商民主"和"预算民主"实践的培养基。实际上，温岭的协商民主实践是将"协商式民意调查"（deliberative polling）的技术植入原有的民主恳谈之中来实现的。这一过程同样是在泽国镇镇党委和镇政府的领导下进行的。整个过程就像有学者所指出的，充分体现了中国基层协商式参与的中国特色，即党委和政府的主导性。[④]

关于这一点，我们只要看看其操作程序即可一目了然。例如，镇级民主恳谈会的程序是这样的：镇党委、镇人大、镇政府、市镇人大代表或政协委员、各种团体、群众观点→政府民主恳谈信息来源→镇党政人大联席会确定恳谈主题→办公室制定恳谈会实施方案→公布时间、地点、对象、主题、会场布置、人员分工及材料准备→民主恳谈会程序→报告恳谈目的、意义、主题及注意事

① 陈奕敏：《温岭民主恳谈会：为民主政治寻找生长空间》，载《决策》，2005（11），32 ～ 33 页。
② 何俊志：《权力、观念与治理技术的接合：温岭"民主恳谈会"模式的生长机制》，载《科学》，2010（9），49 ～ 56 页。
③ 张小劲：《民主建设发展的重要尝试：温岭"民主恳谈会"所引发的思考》，载《浙江社会科学》，2003（1），21 ～ 25 页。
④ 郎友兴：《商议式民主与中国的地方经验：浙江省温岭市的"民主恳谈会"》，载《浙江社会科学》，2005（1），33 ～ 38 页；王进芬：《群众路线的创新与协商民主》，载《马克思主义与现实》，2005（5）。

项，报告主题内容，围绕主题开展平等对话（记录材料和整理建档）→领导班子研究落实意见建议→公布→政府组织实施→党委人大监督并征求反馈意见。[①]

可以说，"嵌入式"的发展策略之所以能取得成功，就是因为它是由党委和政府主导的，是可控的。"由于不直接冲击既有的权力结构，改革阻力和政治风险大大降低；从技术角度看，温岭模式具有很强的可操作性！对于负责领导工作的干部来说，其可控程度也较大，至少不用担心'翻船'的问题。"[②]

从意识形态话语的角度来观察，其每一步演变也都是在既有的意识形态框架内展开的。在民主恳谈建立之初，它就很顺利地与主流意识形态接轨，被纳入思想政治工作的话语系统中，被解读为"密切联系群众"的优良传统在新时期的体现。后来，当它从思想政治工作的新方法变为基层民主的新形式后，它又被纳入党的十五大对民主的解释体系之中。按照十五大的解释，民主包括"民主选举、民主决策、民主管理和民主监督"四大环节，"民主恳谈"不但涵盖了其中三个方面的内容，而且谨慎地避开了民主选举这一地方难以轻易开启的环节。这就既能充分体现落实党的十五大报告的要求，又做到了在政治上比较保险。[③] 并且，按照专家的解读，"民主恳谈"不仅体现了党的领导、人民当家做主和依法治国这三者的统一，而且包含着这样一个命题：中国共产党作为一个执政党执政方式如何改变、执政能力如何提高的问题。[④]

后来，当协商民主的方法被嵌入民主恳谈中以后，尽管在理论上可以用西方理论来加以阐释，但是，在实践中仍是沿用原有的术语，在"民主恳谈"的框架内展开。从而赋予其合法性。当然，这也与协商民主的进入方式有关，它是以一种技术化的方式（新型的民意调查技术）嵌入进来的。尽管进入之后，它必然会将其蕴含的平等、自由、理性等价值引入其中，但在进入之初，在某种意义上，它是中性的，是没有什么意识形态色彩的。进一步讲，这种新型的民意调查技术还可以被解读为群众路线的制度化和程序化，它一方面可以使群

---

① 郎友兴：《中国式的公民会议：浙江温岭民主恳谈会的过程和功能》，载《公共行政评论》，2009（4），48～70页。

② 景跃进：《行政民主：意义与局限——温岭"民主恳谈会"的启示》，载《浙江社会科学》，2003（1），25～28页。

③ 何俊志：《权力、观念与治理技术的接合：温岭"民主恳谈会"模式的生长机制》，载《科学》，2010（9），49～56页。

④ 陈奕敏：《温岭民主恳谈会：为民主政治寻找生长空间》，载《决策》，2005（11），32～33页。

众了解并实践以商议式的方式而不必以极端的方式表达自己的政治意愿或对政府的要求；另一方面又可以让政府官员体验到民主行政的具体意涵。因此，协商民主被视为群众路线在新时期的创新体现。①

可以说，民主恳谈从一种政治思想工作的新方法到协商民主，每一步都在原有的意识形态话语中找到了自身的对应物，并通过新的阐释为自身找到意识形态上的合法性依据。这是其能够获得持续发展的一个重要前提。如果说民主恳谈本身是被"嵌入"思想政治工作的框架中获得其成长空间的话，那么，协商民主和预算民主则是被"嵌入"民主恳谈的框架中获得其成长空间的。民主恳谈在思想政治工作的框架中存活下来以后，又蜕变为"原创性的基层民主形式"，那么，协商民主和预算民主在民主恳谈的框架中存活下来以后，是否能如有些学者所期待的那样，最终走向一种"商议—合作型治理"模式，② 从而实现中国基层治理的转型呢？这就有待进一步的工作——激活、制度化与扩散。

激活指的是异质性成分被嵌入原有的社会政治结构之后，可能唤醒原有结构中的某些处于沉睡状态的功能。例如，我们前面提到的群众路线，密切联系群众的优良传统等。这就要求异质性成分不是以异质的面目出现，而是以旧貌换新颜的方式出现，如将协商民主的协商式民意调查技术解读为群众路线的制度化和程序化。这是一种创造性的工作，它一方面需对原有的功能进行重新阐释；另一方面则需对异质的成分进行本土化的改造。这样，异质性成分才能逐渐成为原有肌体的一个有机组成部分，逐渐达到"去腐生肌"的效果。这种创造性的工作需要专家学者的参与，需要权力、观念和治理技术的结合。③

事实上，我们看到，在民主恳谈的整个发展过程中，专家学者的参与和及时的提升是一个关键性要素。民主恳谈从思想政治工作新方法转变为基层民主的新形式，就是专家学者提升的结果。据温岭市委宣传部理论科科长陈奕敏回忆，正是在 2000 年经验总结大会上，专家学者的意见使他们茅塞顿开："我

① 郎友兴：《商议式民主与中国的地方经验：浙江省温岭市的"民主恳谈会"》，载《浙江社会科学》，2005（1），33～38 页；王进芬：《群众路线的创新与协商民主》，载《马克思主义现实》，2005（5）。
② 郎友兴：《中国式的公民会议：浙江温岭民主恳谈会的过程和功能》，载《公共行政评论》，2009（4），48～70 页。
③ 何俊志：《权力、观念与治理技术的接合：温岭"民主恳谈会"模式的生长机制》，载《科学》，2010（9），49～56 页。

们当时还以为仍然是一种思想政治工作的形式，但中央党校和省里的专家则提出，论坛已经超出了思想政治工作的范畴，是一种新的民主形式。"正是在这次会议之后，温岭市委宣传部正式把这项工作当作一项新的民主形式来进行定位了。①

协商民主作为一种新的治理技术嵌入民主恳谈之后，不仅对群众路线具有一定的激活作用，而且对原有政治结构中的核心机制——人大制度——的激活作用更为明显。泽国镇的协商民主实践中有两个环节与镇人民代表大会相关。第一个环节是，邀请镇人大代表旁听整个讨论过程；第二个环节是，将由抽样产生的代表形成的决议再提交到镇人民代表大会表决，在这个过程中邀请村民代表旁听。这两个环节的设计产生了两个问题，其一，相互旁听的做法极大地强化了人大代表的自我意识。笔者 2009 年 2 月在泽国镇观摩时曾与前来旁听的人大代表交谈，不止一位人大代表告诉我，他们之所以前来旁听，并且还十分认真，主要原因是感到了很大的压力，"过几天村民代表要旁听我们的讨论，如果到时候我们的讨论还不如一般的村民，怎么还好意思当这个代表"？其二，基层人大长期以来处于沉睡的功能得到了激活。按照制度设计，人大具有对政府预算进行审议和监督执行的权力。但是，这项权力长期以来一直处于蛰伏状态，虽然在形式上人大每年也会对政府进行审议，但作用发挥得还不够。由于协商民主实践的开展，镇人大在村民代表对镇财政预算进行审议的倒逼之下，开始真正地履行起自己的权力。同时，村民代表的协商民主实践也为镇人大的审议提供了模板，使他们知道真正的审议究竟该如何操作。

如果说激活迈出了制度更新的关键一步，那么，制度化和扩散则是这种更新可持续发展的重要条件。

在温岭的民主恳谈实践中，制度化是推动其发展的重要动力。2000—2004年，温岭出台了一系列关于开展民主恳谈的政策，并制定了相关制度，使得每一阶段所取得的成果都能及时地被制度化，而制度化本身又反过来推动其进一步深化。在这个过程中，有两个关键的制度设计，其一，将民主恳谈工作的开展纳入了市委对乡镇进行综合目标考核之中，考核效果好的乡镇班子将可以在最终的考核中加分。这推动了各乡镇之间相互竞赛、民主恳谈形式百花齐放的

---

① 何俊志：《权力、观念与治理技术的接合：温岭"民主恳谈会"模式的生长机制》，载《科学》，2010（9），49～56 页。

局面。其二，建立了自上而下的领导机构，从市委到各乡镇（街道）都建立了"民主恳谈"活动领导小组，市委的领导小组下设的办公室，挂靠宣传部。这种机构性的力量后来成为推动民主恳谈活动持续发展的强大动力，因为一旦建立了专门的机构，它存在的意义就在于为"民主恳谈会"的深入和持续发展而奋斗。[①]机构自身的扩张需求会推动它不断寻求新的形式和突破口，事实上，正是在这种力量的推动之下，一旦遇到适当的机缘，各种创新性的做法就会破土而出，泽国和新河等地的实践就是这样如雨后春笋般涌现出来的。

扩散有两种形式，一种情况是某种创新性做法在不同层级、不同机构和不同领域之间的扩散。例如，泽国镇人大功能的激活不仅将其效应扩散到市人大，而且市人大常委会开始成为一股新的推动力量，在横向上将"新河模式"推广到了箬横、泽国、大溪和滨海其他 4 个乡镇，在纵向上将"新河模式"提升进了市人民代表大会的议程之中。另一种情况则是，某种创新性做法引发了其他的创新性做法。例如，各乡镇在具体的操作过程中均对原来的模板进行了某种程度的改进。这种相互激发、互相补充的创新活动正推动包括协商民主在内的民主恳谈活动持续向前发展。

值得注意的是，所有的这些扩散均是沿着现有的权力结构延展开来，无论是由市委宣传部门推动，还是由市人大来推动，力量均是来自体制内，并且，具体的开展也在各部门的党委和政府的领导下进行，创新也是由他们做出的。这就引发了一个问题：包括协商民主在内的"民主恳谈"到底是商议还是政府支配的另一种形式？[②]我们到底该如何看待这种中国特色的协商民主形式呢？

第四节　结　语

对于这个问题，学界是存在争议的。郎友兴认为，这种由政府主导的协商民主形式说到底是一种支配性的商议，一种可控性的商议。[③]它同协商民主的理想是有一定距离的。

---

①　何俊志：《权力、观念与治理技术的接合：温岭"民主恳谈会"模式的生长机制》，载《科学》，2010（9），49～56页。

②　郎友兴：《商议式民主与中国的地方经验：浙江省温岭市的"民主恳谈会"》，载《浙江社会科学》，2005（1），33～38页。

③　同上。

　　笔者认为，"党政主导型协商民主"的提法可能更合适。尽管中国与其他国家一样是"治理导向的"，但是，与其他国家不一样的地方在于，在其他国家，协商活动更多地是由民间组织推动的，而中国则是在党委和政府的领导下进行的。党委和政府主导不但是协商民主在中国发展的一个必要条件（这也是所谓"嵌入式发展"的内在要求），而且，它本身就是一种特殊的类型，我们没有必要按照西方协商民主的理想来苛责它。我们更需要思考的问题是，假如党委和政府主导是中国形态的协商民主的一个重要特征，那么，这种"嵌入式"的发展路径如何才能在此前提下，以新的方式来理解原有的体制，并重新设定原有体制的功能，通过蜕变的方式，逐步从"权威型治理"模式转变为"商议—合作型治理"模式？

参考文献

一、中文专著

1. 阿米·古特曼、丹尼斯·汤普森：《民主与分歧》，杨立峰等译，上海，东方出版社，2007。

2. 安德鲁·林托特：《罗马共和国政制》，晏绍祥译，北京，商务印书馆，2014。

3. 巴林顿·摩尔：《民主与专制的社会起源》，王茁、顾洁译，上海，上海译文出版社，2013。

4. 波考克：《马基雅维里时刻》，冯克利、傅乾译，上海，译林出版社，2013。

5. 伯格：《尼各马可伦理学义疏——亚里士多德与苏格拉底的对话》，柯小刚译，北京，华夏出版社，2011。

6. 布鲁姆：《巨人与侏儒》，张辉选编，秦露等译，北京，华夏出版社，2003。

7. 陈家刚编：《协商民主》，上海，上海三联书店，2004。

8. 陈可风：《罗马共和宪政研究》，北京，法律出版社，2004。

9. 陈剩勇、何包钢主编：《协商民主的发展》，北京，中国社会科学出版社，2006。

10. 陈思贤：《西洋政治思想史·中世纪篇》，台北，五南图书出版公司，2004。

11. 陈玮芬：《近代日本汉学的"关键词"研究：儒学及相关概念的嬗变》，上海，华东师范大学出版社，2008。

12. 程颢、程颐：《二程遗书》，潘富恩点校，上海，上海古籍出版社，2000。

13. 程颐：《周易程氏传》，王孝渔点校，北京，中华书局，2011。

14. 茨维坦·托多罗夫：《脆弱的幸福：关于卢梭的随笔》，孙伟红译，上海，华东师范大学出版社，2012。

15. 丛日云：《在上帝和恺撒之间》，北京，生活·读书·新知三联书店，2003。

16. 达维德·范雷布鲁克：《反对选举》，甘欢译，北京，社会科学文献出版社，2018。

17. 邓国光：《圣王之道：先秦诸子的经世智慧》，北京，中华书局，2010。

18. 邓小南：《祖宗之法》，北京，生活·读书·新知三联书店，2006。

19. 冯天瑜编：《劝学篇·劝学篇书后》，武汉，湖北人民出版社，1991。

20. 弗兰克·坎宁安：《民主理论导论》，谈火生等译，长春，吉林出版集团，2010。

21. 甘怀真：《皇权、礼仪与经典诠释：中国古代政治史研究》，上海，华东师范大学出版社，2008。

22. 高亨：《周易大传今注》，济南，齐鲁书社，1998。

23. 高亨著、董治安编：《高亨著作集林》（第一卷），北京，清华大学出版社，2004。

24. 管东贵：《从宗法封建制到皇帝郡县制的演变》，北京，中华书局，2010。

25. 郭华榕：《法国政治制度史》，北京，人民出版社，2005。

26. 何包钢：《协商民主：理论、方法和实践》，北京，中国社会科学出版社，2008。

27. 何晏注、邢昺疏：《论语注疏》，朱汉民整理，北京，北京大学出版社，2000。

28. 侯外庐主编：《中国思想通史》，第 1 卷，北京，人民出版社，1957。

29. 黄克武：《自由的所以然》，上海，上海书店出版社，2000。

30. 黄寿祺、张善文：《周易译注》，北京，中华书局，2016。

31. 霍布斯：《利维坦》，黎思复、黎廷弼译，北京，商务印书馆，1985。

32. 霍布斯：《论公民》，应星、冯克利译，贵阳，贵州人民出版社，2003。

33. 基托：《希腊人》，徐卫翔、黄韬译，上海，上海人民出版社，1998。

34. 吉尔丁：《设计论证——卢梭的〈社会契约论〉》，尚新建、王凌云译，北京，华夏出版社，2006。

35. 姜鹏：《北宋经筵与宋学的兴起》，上海，上海古籍出版社，2013。

36. 金景芳、吕绍纲：《周易全解》，长春，吉林大学出版社，1989。

37. 金景芳：《周易讲座》，长春，吉林大学出版社，1987。

38. 卡尔·波兰尼：《大转型：我们时代的政治与经济起源》，冯钢、刘阳译，杭州，浙江人民出版社，2007。

39. 卡尔·波普尔：《开放社会及其敌人》，陆衡等译，北京，中国社会科学出版社，1999。

40. 卡罗尔·佩特曼：《参与和民主理论》，陈尧译，上海，上海人民出版社，2006。

41. 柯文：《在传统与现代性之间——王韬与晚清改革》，雷颐、罗检秋译，南京，江苏人民出版社，1995。

42. 孔安国、孔颖达：《尚书正义》，廖名春、陈明整理，北京，北京大学出版社，2000。

43. 孔颖达：《周易正义》，卢光明、李申整理，北京，北京大学出版社，2000。

44. 昆廷·斯金纳：《近代政治思想的基础》，奚瑞森等译，北京，商务印书馆，2002。

45. 来之德：《周易集注》，上海，上海古籍出版社，2000。

46. 李光地：《周易折中》，李一忻点校，北京，九州出版社，2002。

47. 李隆基注、邢昺疏：《孝经注疏》，邓洪波整理，北京，北京大学出版社，2000。

48. 李隆基注、邢昺疏：《孝经注疏》，金良年整理，上海，上海古籍出版社，2009。

49. 梁启超：《梁启超文集》，陈书良选编，北京，北京燕山出版社，1997。

50. 梁启超：《梁启超哲学思想论文选》，北京，北京大学出版社，1984。

51. 廖申白：《亚里士多德友爱论研究》，南昌，河南人民出版社，2000。

52. 列奥·施特劳斯：《霍布斯的政治哲学》，申彤译，上海，译林出版社，2001。

53. 林安梧：《儒学与中国传统社会之哲学省察——以"血缘性纵贯轴"为核心的理解和诠释》，上海，学林出版社，1998。

54. 林文光编：《陈独秀文选》，成都，四川文艺出版社，2009。

55. 刘禾：《语际书写》，北京，生活·读书·新知三联书店，1999。

56. 刘凌、孔繁荣编：《章太炎学术论著》，杭州，浙江人民出版社，1998。

57. 刘小枫：《现代性社会理论绪论》，上海，上海三联书店，1998。

58. 刘小枫编：《政治制度论》，北京，华夏出版社，2013。

59. 刘宇：《实践智慧的概念史研究》，重庆，重庆出版社，2013。

60. 刘泽华：《中国政治思想史·先秦卷》，杭州，浙江人民出版社，1990。

61. 卢梭：《爱弥儿》，李平沤译，北京，商务印书馆，1978。

62. 卢梭：《忏悔录》（第二部），范希衡译，北京，人民文学出版社，1982。

63. 卢梭：《关于波兰政体的思考》，崇明、胡兴建译，载刘小枫编：《政治制度论》，32～137页，北京，华夏出版社，2013。

64. 卢梭：《科西嘉宪政规划》，戴晓光、秦庆林译，载载刘小枫编：《政治制度论》，186～247页，北京，华夏出版社，2013。

65. 卢梭：《卢梭散文选》，李平沤译，天津，百花文艺出版社，2005。

66. 卢梭：《论科学与艺术》，何兆武译，北京，商务印书馆，1959。

67. 卢梭：《论人类不平等的起源和基础》，李常山译，北京，商务印书馆，1962。

68. 卢梭：《论政治经济学》，王运成译，北京，商务印书馆，1962。

69. 卢梭：《山中来信》，李平沤译，北京，商务印书馆，2012。

70. 卢梭：《社会契约论》，何兆武译，修订第三版，北京，商务印书馆，2003。

71. 卢梭：《新爱洛漪丝》（第三、四卷），伊信译，北京，商务印书馆，1993。

72. 卢梭：《致达朗贝尔的信》，李平沤译，北京，商务印书馆，2011。

73. 罗伯特·达尔：《民主理论的前言》，顾昕译，北京，生活·读书·新知三联书店，1999。

74. 吕妙芬：《孝治天下：〈孝经〉与近世中国的政治与文化》，台北，联经出版事业股份有限公司，2011。

75. M. I. 芬利：《古代民主与现代民主》，郭小凌、郭子林译，北京，商务印书馆，2016。

76. 马尔蒂诺：《罗马政制史》（第二卷），薛军译，北京，北京大学出版社，2014。

77. 马尔蒂诺：《罗马政制史》（第一卷），薛军译，北京，北京大学出版社，2009。

78. 马恒君：《周易辩证》，石家庄，河北人民出版社，1995。

79. 马斯特斯：《卢梭的政治哲学》，胡兴建、黄涛译，上海，华东师范大学出版社，2013。

80. 马振彪：《周易学说》，广州，花城出版社，2002。

81. 马志尼：《现代汉语词汇的形成》，黄河清译，上海，汉语大词典出版社，1997。

82. 麦考米克：《马基雅维利式民主》，康向宇、韩广召译，上海，华东师范大学出版社，2019。

83. 蒙森：《罗马史》（第一卷），李稼年译，北京，商务印书馆，2005。

84. 孟德斯鸠：《论法的精神》，张雁深译，北京，商务印书馆，1961。

85. 孟德斯鸠：《罗马盛衰原因论》，婉玲译，北京，商务印书馆，1962。

86. 密尔：《论自由》，程崇华译，北京，商务印书馆，1962。

87. 摩根斯·赫尔曼·汉森：《德摩斯提尼时代的雅典民主》，何世健、欧阳旭东译，上海，华东师范大学出版社，2014。

88. 牛钮等：《日讲周易解义》，李升召标点注释，海口，海南出版社，2012。

89. 佩里·安德森：《从古代到封建主义的过渡》，郭方等译，上海，上海人民出版社，2001。

90. 钱穆：《论语新解》，北京，生活·读书·新知三联书店，2012。

91. 钱穆：《中国历代政治得失》，北京，生活·读书·新知三联书店，2001。

92. 渠敬东、王楠：《自由与教育：洛克和卢梭的教育哲学》，北京，生活·读书·新知三联书店，2012。

93. 萨托利：《民主新论》，冯克利、阎克文译，北京，东方出版社，1998。

94. 塞缪尔·亨廷顿：《第三波：20世纪后期的民主化浪潮》，欧阳景根译，北京，中国人民大学出版社，2013。

95. 斯科特·戈登：《控制国家——西方宪政的历史》，应奇等译，南京，江苏人民出版社，2001。

96. 谈火生：《民主审议与政治合法性》，北京，法律出版社，2007。

97. 谈火生编：《审议民主》，南京，江苏人民出版社，2007。

98. 唐纪宇：《程颐〈周易程氏传〉研究》，北京，人民出版社，2016。

99. 提图斯·李维著，桑德罗·斯奇巴克选编：《自建城以来》，王焕生译，北京，中国政法大学出版社，2009。

100. 托马斯·潘戈：《亚里士多德〈政治学〉中的教诲》，李小均译，北京，华夏出版社，2017。

101. 汪行福：《通向话语民主之路：与哈贝马斯对话》，成都，四川人民出版社，2002。

102. 王爱和：《中国古代宇宙观与政治文化》，金蕾、徐锋译，上海，上海古籍出版社，2011。

103. 王弼注、孔颖达疏：《周易正义》，卢光明、李申整理，北京，北京大学出版社，2000。

104. 王夫之：《周易内传》，李一忻点校，北京，九州出版社，2004，370页。

105. 王绍光：《抽签与民主、共和》，北京，中信出版集团，2018。

106. 王韬：《韬园文录外编》，上海，上海书店出版社，2002。

107. 王晓秋：《戊戌维新与近代中国的改革》，北京，社会科学文献出版社，2000。

108. 王宇信、杨升南：《中国政治制度通史》（第二卷），北京，人民出版社，1996。

109. 尾形勇：《中国古代的"家"与国家》，张鹤泉译，北京，中华书局，2010。

110. 吴虞：《吴虞文录》，合肥，黄山书社，2008。

111. 西塞罗：《国家篇　法律篇》，沈叔平、苏力译，北京，商务印书馆，1999。

112. 肖滨：《传统中国与自由理念》，广州，广东人民出版社，1999。

113. 萧高彦：《西方共和主义思想史论》，北京，商务印书馆，2016。

114. 萧公权：《中国政治思想史》，北京，中国人民大学出版社，2014。

115. 邢义田：《天下一家：皇帝、官僚与社会》，北京，中华书局，2011。

116. 熊彼特：《资本主义、社会主义与民主》，吴良健译，北京，商务印书馆，1999。

117. 熊十力：《现代新儒家的根基——熊十力新儒学论著辑要》，北京，中国广播电视出版社，1996。

118. 熊月之：《西学东渐与晚清社会》，上海，上海人民出版社，1994。

119. 熊月之：《中国近代民主思想史》，上海，上海社会科学院出版社，2002。

120. 许倬云：《西周史》（增订本），北京，生活·读书·新知三联书店，1994。

121. 雅各布·塔尔蒙：《极权主义民主的起源》，孙传钊译，长春，吉林人民出版社，2004。

122. 亚里士多德：《尼各马可伦理学》，廖申白译，北京，商务印书馆，2003。

123. 亚里士多德：《政治学》，吴寿彭译，北京，商务印书馆，1965。

124. 亚瑟·梅尔泽：《人的自然善好：论卢梭思想的体系》，任崇彬译，上海，上海人民出版社，2020。

125. 严复：《严复集》，王栻编，北京，中华书局，1986。

126. 阎照祥：《英国政治制度史》，北京，人民出版社，1999。

127. 杨伯峻编著：《春秋左传注》（第3版），北京，中华书局，2009。

128. 杨万里：《诚斋易传》，何善蒙点校，北京，九州出版社，2019。

129. 杨向奎：《宗周社会与礼乐文明》（修订版），北京，人民出版社，1997。

130. 杨泽波：《孟子评传》，南京，南京大学出版社，1998。

131. 尤锐：《展望永恒帝国：战国时代的中国政治思想》，孙英刚译，上海，上海古籍出版社，2013。

132. 余敦康：《中国哲学论集》，沈阳，辽宁大学出版社，1998。

133. 余敦康：《周易现代解读》，北京，中华书局，2016。

134. 余纪元：《德性之镜：孔子与亚里士多德的伦理学》，林航译，北京，中国人民大学出版社，2009。

135. 余英时：《戴震与章学诚》，第252页，北京，生活·读书·新知三联书店，2000。

136. 余英时：《朱熹的历史世界》，北京，生活·读书·新知三联书店，2004。

137. 袁贺、谈火生编：《百年卢梭》，长春，吉林出版集团有限责任公司，2009。

138. 袁贺：《公民与现代性政治：以卢梭为中心的考察》，北京，中央民族大学出版社，2013。

139. 约·埃尔斯特主编：《协商民主：挑战与反思》，周艳辉译，北京，中央编译出版社，2009。

140. 约翰·邓恩主编：《民主的历程》，林猛等译，长春，吉林人民出版社，1999。

141. 约翰·基恩：《生死民主》，安雯译，北京，中央编译出版社，2016。

142. 约翰·基恩：《市民社会：旧形象、新观察》，王令愉，魏国琳译，上海，上海远东出版社，2006。

143. 约翰·穆勒：《群己权界论》，严复译，北京，商务印书馆，1980。

144. 岳庆平：《中国的家与国》，长春，吉林文史出版社，1990。

145. 詹姆斯·博曼、威廉·雷吉主编：《协商民主：论理性与政治》，陈家刚等译，北京，中央编译出版社，2006。

146. 詹姆斯·菲什金、彼得·拉斯莱特编：《协商民主论争》，张晓敏译，北京，中央编译出版社，2009。

147. 张分田：《中国帝王观念》，北京，中国人民大学出版社，2004。

148. 张汝伦：《现代中国思想研究》，上海，上海人民出版社，2001。

149. 张舜徽：《说文解字约注》，武汉，华中师范大学出版社，2009。

150. 赵岐注、孙奭疏：《孟子注疏》，廖名春、刘佑民整理，北京，北京大学出版社，2000。

151. 朱熹：《论孟精义》，载《朱子全书》（修订版），第 7 卷，上海，上海古籍出版社、合肥，安徽教育出版社，2010。

二、中文期刊文章和论著章节

1. 陈奕敏：《温岭民主恳谈会：为民主政治寻找生长空间》，载《决策》，2005（11），32～33 页。

2. 陈赟：《"家天下"与"天下一家"：三代政教的精神》，载《安徽师范大学学报》（人文社会科学版），2012（5）。

3. 戴蒙德：《第三波过去了吗？》，载刘军宁编：《民主与民主化》，390～417 页，北京，商务印书馆，1999。

4. 方维规：《"议会""民主"与"共和"概念在西方与中国的地变》，载《二十一世纪》，2000 年 4 月号。

5. 方维规：《论近代思想史上的"民族""nation"与"中国"》，载《二十一世纪》，2002 年 4 月号。

6. 何包钢、王春光：《中国乡村协商民主：个案研究》，载《社会学研究》，2007（3），56～73 页。

7. 何俊志：《权力、观念与治理技术的接合：温岭"民主恳谈会"模式的生长机制》，载《科学》，2010（9），49～56 页。

8. 江泽林：《协商文化的"根""源"与创造性转化》，《中国政协理论研究》，2019（4），35～38 页。

9. 金安平、姚传明：《"协商民主"不应误读》，载《中国人民政协理论研究会会刊》，2007（3）。

10. 金观涛、刘青锋：《〈新青年〉民主观念的演变》，载《二十一世纪》，1999 年 12 月号。

11. 景跃进：《行政民主：意义与局限——温岭"民主恳谈会"的启示》，载《浙江社会科学》，2003（1），25～28 页。

12. 昆廷·斯金纳：《观念史中的意涵与理解》，载《什么是思想史》，上海，上海人民出版社，2006。

13. 郎友兴：《商议式民主与中国的地方经验：浙江省温岭市的"民主恳谈会"》，载《浙江社会科学》，2005（1），33～38 页。

14. 郎友兴：《中国式的公民会议：浙江温岭民主恳谈会的过程和功能》，载《公共行政评论》，2009（4），48～70 页。

15. 李君如：《协商民主是一种重要的民主形式》，载《同舟共进》，2006（6）。

16. 李义天：《知觉为什么重要——基于亚里士多德主义美德伦理学的解释》，载《学术月刊》，2018（1）。

17. 施密特、卡尔：《民主是什么，不是什么》，载于刘军宁编：《民主与民主化》，20～40 页，北京，商务印书馆，1999。

18. 孙存良：《协商民主：人类政治文明的中国智慧》，载《人民日报》，2019 年 9 月 20 日，第 009 版。

19. 谈火生：《协商民主理论发展的新趋势》，载《科学社会主义》，2015（6），10～16 页。

20. 谈火生：《中国传统政治中的协商系统》，载《天府新论》2016（5），8～11 页。

21. 王进芬：《群众路线的创新与协商民主》，载《马克思主义与现实》，2005（5）。

22. 王若弦：《最新民调：美国人支持国家分裂》，载《新民晚报》，2021 年 10 月 3 日。

23. 熊月之：《自由、民主、总统三词汇在近代中国的翻译与使用》，载《百年》，1999（5）。

24. 许纪霖：《北大改革的"商议性民主"》，载《中国新闻周刊》，2003（28），2003 年 8 月。

25. 杨意菁：《民意调查的理想国——一个深思熟虑民调的探讨》，载《民意研究季刊》，1998（204），63～76 页。

26. 约瑟夫·毕塞特：《协商民主：共和政府的多数原则》，载陈家刚主编：《协商民主与政治发展》，35～50 页，北京，社会科学文献出版社，2011。

27. 张灏：《中国近代转型时期的民主概念》，载《二十一世纪》，1993（8）（总第 18 期）。

三、外文专著

1. Aristotle，Politics. Trans. C. D. C. Reeve. Indianapolis：Hackett Publishing Company，1998.

2. Bertram，Christopher. Routledge Philosophy Guide Book to Rousseau and The Social

Contract. Routledge，2004.

3. Botting，Eileen Hunt. Family feuds：Wollstonecraft，Burke and Rousseau on the Transformation of the Family. State University of New York Press，2006.

4. Chapman J W. Rousseau：Totalitarian or Liberal？New York：AMS Press，1956.

5. Cohen，Joshua. Rousseau：a Free Community of Equals. Oxford：Oxford University Press，2010.

6. Cooper，Laurence D. Rousseau，Nature and the Problem of the Good Life. Pennsylvania State University Press，1999.

7 .Cooper，John M. Reason and Emotion. Princeton，NJ：Princeton University Press，1999.

8. Crocker L G. Rousseau's Social Contract：An Interpretive Essay. Case Western Reserve Press，1968.

9. Dodge，Guy H，ed. Jean-Jacques Rousseau：Authoritarian or Libertarian？D. C. Heath & Company，1971.

10. Fralin，Richard. Rousseau and Representation. New York：Columbia University Press，1978.

11. Freedom House. Freedom in the World 2018. Washington，DC，2018.

12. Gierke，Otto von, Political Theories of the Middle Age. Trans. By F W Maitland，1900；Reprint，Cambridge University Press，1987.

13. Goodin，Robert E. Reflective Democracy. Oxford：Oxford University Press，2003.

14. Goody，Jack. The Theft of History. Cambridge：Cambridge University Press，2006.

15. Isakhan，Benjamin，Stephen Stockwell. The Secret History of Democracy. Hampshire：Palgrave Macmillan，2011.

16. Kraut R. Aristotle：Political Philosophy. Oxford University Press，2002.

17. Kaufmann，Bruno. Rolf Büchi，Nadja Braun，eds. Guidebook to Direct Democracy in Switzerland and Beyond. Initiative and Referendum Institute Europe，2006.

18. Keane，John. The New Despotism. Harvard University Press，2020.

19. Knowles，Dudley. Political Philosophy. Routledge，2001.

20. Krastev，Ivan，Stephen Holmes. The Light That Failed：Why the West Is Losing the Fight for Democracy. Pegasus Books，2020.

21. Leyden，Wolfgang von. Aristotle on Equality and Justice：His Political Argument. New York，NY：St. Martin's Press，1985.

22. Lutz，Donald S. Principles of constitutional design. Cambridge，New York：Cambridge University Press，2006.

23. Masters R D. The Political Philosophy of Rousseau. Princeton：Princeton University Press，1968.

24. Mendelsohn，Matthew，Andrew Parkin，eds. Referrendum Democracy：Citizens，Elites and Deliberations in Referendum. Campaigns，NY：palgrave，2001.

25. Merquior J G. Rousseau and Weber: Two Studies in the Theory of Legitimacy. London: Routledge & Kegan Paul，1980.

26. Mill，John Stuart. Utilitarianism Liberty Representative Government. Edited by H B Acton，Dent: London and Melbourne，1984.

27. Miller，James. Rousseau: Dreamer of Democracy. Yale University Press，1984.

28. Mostov，Julie. Power，Process and Popular Sovereignty. Temple University Press，1992.

29. Oakley，Francis. The Conciliarist Tradition. Oxford University Press，2003.

30. Parkinson，John，Jane Mansbridge. Deliberative Systems: Deliberative Democracy at the Large Scale. Cambridge University Press，2012.

31. Qvortrup，Mads. The Political Philosophy of Jean-Jacques Rousseau: The Impossibility of Reason. Manchester University Press，2003.

32. Riley，Patrick. General Will before Rousseau. Princeton，N J: Princeton University Press，1986.

33. Riley，Patrick. Will and political legitimacy. Harvard University Press，1982.

34. Rosenblatt，Helena. Rousseau and Geneva: from the First Discourse to the Social Contract，1749—1762. Cambridge: Cambridge University Press，1997.

35. Rousseau，Jean-Jacques. The Social Contract and Other Later Political Writings. Victor Gourevitch，ed.，Cambridge University Press，1997.

36. Simpson，Peter. A Philosophical Commentary on the Politics of Aristotle. Chapel Hill，NC: University of North Carolina Press，1998.

37. Shklar，Judith N. Men and Citizens: A Study of Rousseau's Social Theory. Cambridge，1969.

38. Sim，May. Remastering Morals with Aristotle and Confucius. Cambridge University Press，2007.

39. Sonenscher，Michael. Before the Deluge: Public Debt，Inequality and the Intellectual Origins of the French Revolution. Princton University Press，2007.

40. Strong，Tracy B. Jean-Jacques Rousseau: The Politics of the Ordinary. Sage Publications，1994.

41. Ugarriza，Juan E，Didier Caluwaerts，ed. Democratic Deliberation in Deeply Divided Societies: From Conflict to Common Ground. Palgrave Macmillan，2014.

42. Urbinati，Nadia. Representative Democracy: Principles and Genealogy. Chicago University Press，2006.

43. Ullmann，Walter. Medieval Political Thought. Harmondsworth: Penguin Books Ltd.，Repeinted 1979.

44. Williams，David Lay. Rousseau's Social Contract: An Introduction. Cambridge University Press，2014.

四、外文期刊文章和论著章节

1. Affeldt，Steven G. The Force of freedom：Rousseau on Forcing to Be Free. Political Theory，Vol. 27，No. 3，June 1999. 299 ～ 333.

2. Ankersmit，Frank R. Representative Democracy：Rosanvallon on the French Experience. In：Kari Palonen，Tuija Pulkkinen，José María Rosales，ed. Ashgate research companion to the politics of democratization in Europe：concepts and histories. Ashgate Publishing Limited，2008. 17 ～ 36.

3. Bachofen，Blaise. Why Rousseau Mistrusts Revolutions：Rousseau's Paradoxical Conservatism. In：Rousseau and Revolution，edited by Holger Ross Lauritsen and Mikkel Thorup. Continuum International Publishing Group，2011. 17 ～ 30.

4. Beauvais，Edana. Deliberation and Equality. In：The Oxford Handbook of Deliberative Democracy. Edited by Andre Bächtiger，et al.，Oxford University Press，2018. 144 ～ 156.

5. Cammack，Daniela. Deliberation in Classical Athens：Not Talking But Thinking（and Voting）. paper presented at the Midwestern Political Science Association annual meeting，Chicago，IL，April 13，2012.

6. Cammack，Daniela. The Democratic Significance of the Classical Athenian Courts. APSA 2012 Annual Meeting Paper.

7. Cammack，Daniela. Aristotle on the Virtue of the Multitude. Political Theory，Vol. 41，No. 2，2013. 175 ～ 202.

8. Chambers，Mortimer. Aristotle's "Forms of Democracy". Transactions and Proceedings of the American Philological Association，Vol. 92，1961. 20 ～ 36.

9. Cherry，Kevin M. Aristotle's "Certain Kind of Multitude". Political Theory，Vol. 43，No. 2，2015. 185 ～ 207.

10. Chou，Mark，Emily Beausoleil. Non-Western Theories of Democracy. Democratic Theory，2015，2（2）：1 ～ 7.

11. Dagger，Richard. Understanding the General Will. The Western Political Quarterly，Vol.34，No.3，Sep. 1981. 359 ～ 371.

12. Destri，Chiara. Rousseau's（not so）Oligarchic Republicanism. Critical Review of International Social and Political Philosophy，Vol. 19，No. 2，2016. 206 ～ 216.

13. Fletcher，Joseph F，Patrick Neal. Hercules and the Legislator：The Problem of Justice in Contemporary Political Philosophy. Canadian Journal of Political Science，Vol. 18，No. 1，Mar. 1985. 57 ～ 76.

14. Goodin，Robert E. Democratic Deliberation Within. Philosophy & Public Affairs，2000，29：81 ～ 109.

15. Granovetter，Mark. Economic Action and Social Structure：The Problem of Embeddedness. American Journal of Sociology，Vol. 91，No. 3，November 1985. 481 ～ 510.

16. Grofman, Bernard, Scott L. Feld, Rousseau's General Will: A Condorcetian Perspective. The American Political Science Review, Vol. 82, No. 2, Jun. 1988. 567～576.

17. He, Baogang. Deliberative Culture and Politics: The Persistence of Authoritarian Deliberation in China. Political Theory, Vol. 42, No.1, 2014. 58～81.

18. Karl, Terry. Imposing Consent? Electoralism versus Democratization in El Salvador. In: Paul Drake & Eduardo Silva eds. Elections and Democratization in Latin America: 1980—1985. San Diego: Center for Iberian and Latin America Studies, 1986. 9～36.

19. Kateb, George. Aspects of Rousseau's political thought. Political Science Quarterly, Vol.76, No.4, Dec. 1961. 519～543.

20. Keyt, David. Aristotle's Theory of Distributive Justice. In: A Companion to Aristotle's Politics, eds. David Keyt and Fred D. Miller, Jr. Cambridge, MA: Blackwell, 1991. 238～278.

21. Kuyper, Jonathan W. Deliberative Democracy and the Neglected Dimension of Leadership. Journal of Public Deliberation, Vol. 8, Iss. 1, 2012, Article 4.

22. Lane, Melissa. Claims to Rule: The Case of the Multitude. In: Cambridge Companion to Aristotle's Politics, ed. Marguerite Deslauriers and Pierre Destrée. Cambridge: Cambridge University Press, 2013. 247～274.

23. Mansbridge, Jane, James Bohman, Simone Chambers, David Estlund, Andreas Follesdal, Archon Fung, Cristina Lafont, Bernard Manin, José Luis Martí. The Place of Self-interest and Power in Deliberative Democracy. The Journal of Political Philosophy, Vol. 18, No. 1, 2010. 64～100.

24. McCormick, John P. Rousseau's Rome and the Repudiation of Populist Republicanism. Critical Review of International Social and Political Philosophy, Vol. 10, No. 1, 2007. 3～27.

25. Miller J. The Challenge of Radical Islam. Foreign Affairs, 1993, 72（3）: 43～55.

26. Muhlberger S, Paine P. Democracy's Place in World History. Journal of World History, 1993, 4（1）: 23～47.

27. Nadler, Steven. Gersonides on Providence: A Jewish Chapter in the History of the General Will. Journal of the History of Ideas, Vol. 62, No.1, 2001. 37～57.

28. Nieuwenburg, Paul. Learning to Deliberate: Aristotle on Truthfulness and Public Deliberation. Political Theory, Vol. 32, No. 4, 2004.449～467.

29. O'Brien, Kevin J. Chinese People's Congresses and Legislative Embeddedness: "Understanding Early Organizational Development". Comparative Political Studies, Vol 27, No. 1, April 1994. 80～109.

30. Ober, Josiah. Democracy's Wisdom: An Aristotelian Middle Way for Collective Judgment. American Political Science Review, Vol. 107, No. 1, 2013. 104～122.

31. Peonidis, Filimon. Aristotle's Relevance to Modern Democratic Theory. Archives for Philosophy of Law and Social Philosophy, Vol. 94, No. 3, 2008.283～294.

32. Riley，Patrick. Rousseau's General Will：Freedom of a Particular Kind. Political Studies. 1991（39）：55～74.

33. Schwartzberg，Melissa. Aristotle and the Judgment of the Many：Equality，Not Collective Quality. The Journal of Politics，Vol. 78，No. 3，2016. 733～745.

34. Shklar，Judith N. General Will. In：Dictionary of the History of Ideas，Vol.2，ed.，Philip P，Wiener. New York：Charles Scribner's Sons，1973. 275.

35. Strauss，Barry S. On Aristotle's Critique of Athenian Democracy. In：Essays on the Foundations of Aristotelian Social Science，ed. By Carnes Lord，David K. O'Connor，Berkeley，CA：University of California Press，1991.212～233.

36. Tan，S. Early Confucian Concept of Yi（议）and Deliberative Democracy. Political Theory，Vol. 42，No.1，2014. 82～105.

37. Waldron，Jeremy. The Wisdom of the Multitude：Some Reflections on Book 3，Chapter 11 of Aristotle's Politics. Political Theory，Vol. 23，No. 4，1995. 563～584.

38. Waldman，Theodore. Rousseau on the General Will and Legislator. Political Studies，Vol.8，No.3，1960. 221～230.

39. Weiss，Alexander. Comparative Democratic Theory. Democratic Theory，Vol. 7，Iss. 1，2020. 27～47.

40. Williams，David Lay. Justice and the General Will：Affirming Rousseau's Ancient Orientation. Journal of the History of Ideas，Vol. 66，No. 3，Jul. 2005. 383～411.

41. Wike，Richard，Laura Silver，Alexandra Castillo. Many across the Globe Are Dissatisfied with How Democracy Is Working. Pew Research Cente，April 29，2019，https：//www.pewresearch.org/global/2019/04/29/many-across-the-globe-are-dissatisfied-with-how-democracy-is-working.

42. Wokler，Robert. Rousseau's Pufendorf：Natural Law and the Foundations of Commercial Society. History of Political Thought，Vol.15，No.3，Autumn 1994. 373～402.

43. Youngs，Richard. Exploring "Non-Western Democracy". Journal of Democracy，Vol. 26，No. 4，2015. 140～154.